Roman M. Koidl
Radio Business

Roman M. Koidl

Radio Business

Radiostationen unternehmerisch führen

GABLER

Die Deutsche Bibliothek – CIP-Einheitsaufnahme

Koidl, Roman M. :
Radio Business : Radiostationen unternehmerisch führen /
Roman M. Koidl. – Wiesbaden : Gabler, 1995
    ISBN 3-409-18894-0

© Manzsche Verlags- und Universitätsbuchhandlung, Wien 1995

Der Gabler Verlag ist ein Unternehmen der Bertelsmann Fachinformation.

© Betriebswirtschaftlicher Verlag Dr. Th. Gabler GmbH, Wiesbaden 1995

Datenkonvertierung, Satzherstellung und Druck: MANZ, A-1050 Wien

Printed in Austria

ISBN 3-409-18894-0

Meinen Eltern
Dorothee und Gerd Koidl
sowie meiner Großmutter
Maria Kölschbach

Herzlichen Dank für die Unterstützung bei
meiner Arbeit an diesem Buch an

Anya Schutzbach,

meine Lebensgefährtin, für Liebe, Geduld und Rat.

Dr. Natalie Püttmann,

die als freie Lektorin mein Buch zweimal äußerst
zuverlässig überarbeitet hat.

die Mitarbeiter

meiner Unternehmensberatung Koidl & Cie. Management
Consultants GmbH, Frankfurt,
für ihre Hilfe, insbesondere Sabine Floeth.

Inhaltsverzeichnis

Einleitung

Warum ein Buch über Radio Business?

Die Liberalisierung der Hörfunkgesetze im deutschsprachigen Raum schafft nach wie vor unzählige neue Arbeitsplätze und -funktionen. Das vorliegende Buch richtet sich an alle, die mehr über die Funktionsweise einer Radiostation – vor allem im Hinblick auf das Management – wissen wollen oder gar müssen. Das Management einer Radiostation ist anders als andere leitende Positionen. Profilorientierte Mitarbeiter, extrem schnelle Prozesse und Umgang mit Hunderttausenden von Kunden/Hörern erfordern ein Verständnis der besonderen Art für diesen ‚Job'.

Wie funktioniert das Buch?

Die in diesem Buch gegebenen Beispiele und Strukturbeschreibungen sind – häufig durchaus nachahmenswerte – Muster besonderer Organisations-, Planungs- oder Umsetzungsideen. Sie sind beispielhaft strukturierten Radiostationen aus verschiedenen Ländern entnommen worden.

Die Kapitel beginnen mit den „Off-Air"-, also den Management-Aspekten einer Radiostation, im Verlauf des Buches verlagert sich der inhaltliche Schwerpunkt hin zu „On-Air"-Themen, also Sujets, die die Programmarbeit betreffen.

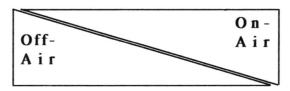

An wen richtet sich das Buch?

Das Buch soll all jenen ein Leitfaden sein, die im Radio Business aktiv sind oder es werden möchten. Als Nachschlagewerk für leitende Angestellte von Radiostationen eignet es sich ebenso, wie zur umfassenden Information für „Einsteiger" in dieses Geschäft. Volontäre, Praktikanten und Hochschulabsolventen (vor allem der Betriebs-, aber auch der Kommunikationswissenschaften/Publizistik), die einen Beruf im Bereich Radio-Management anstreben, finden hier wertvolle Hinweise und praktische Anleitungen.

I. Die vierte Dimension

„Stay tuned"

Casey Kasem (US-Radio-Legende)

A. Die Ubiquität des Radios

Radio ist ubiquitär. Überall auf der Welt empfangen Millionen von Menschen täglich Radiosendungen von mehr als 30.000 Radiostationen. Davon befinden sich allein ein Drittel in Amerika. Kein Ort auf dieser Erde, von dem aus keine Radiowellen empfangen werden könnten, kein anderes Medium, das in diesem Maße verfügbar wäre. Ob auf den Ozeanen oder tief in der Mandschurei, Radiowellen erreichen jeden Ort. Aber auch Radios gibt es überall. 99% aller Haushalte in der westlichen Welt werden vom Radio erreicht, nur 1% der Haushalte stehen dafür weniger als fünf Empfänger zur Verfügung.

Vor der Einführung des Fernsehens war das Radio ein Medium für die ganze Familie. Wie vielleicht auch Ihre Eltern oder Großeltern, so erzählt meine Großmutter von der Radiozeit der 20er und 30er Jahre, einer Zeit als die Radios so groß wie Schuhkartons waren und der Apparat, den man Detektor nannte, mit einem Akkumulator von den Ausmaßen einer Autobatterie betrieben wurde. Optisch auffällig an dem Gerät waren vor allem die großen Spulen am hinteren Teil des Kastens. Über einen an ihnen befestigten Schieber verstellte man den Sender. Es wurde auch nicht den ganzen Tag gesendet, nur zu bestimmten Zeiten sendete das Radio. Beliebt waren zum Beispiel Mittagskonzerte und Hörspiele. Ein „Straßenfeger" soll die „Bunte Sendung" am Samstagnachmittag gewesen sein. Aber nicht jeder hatte ein Radio, und so ging man zu Bekannten und hörte sich Sendungen gemeinsam an. Erst in den dreißiger Jahren, als die Nazis den Volksempfänger propagierten, wurden Haushalte verstärkt mit Radios ausgestattet.

Zu dieser Zeit nutzten die Hörer das Medium selektiv, sie schalteten, wie heute das Fernsehen, das Radio zu bestimmten Zeiten ein. Sendungen wurden gezielt und mit großer Aufmerksamkeit gehört und verfolgt. Heute hingegen ist das Radio hauptsächlich ein „Begleitmedium". Das Fernsehen hat zwar den Hörfunk von Platz eins der Unterhaltungsmedien verdrängt, dennoch steht Radio, was seine *Reichweite* anbelangt, nach wie vor an der Spitze und schlägt alle anderen Medien – ob Print- oder elektronische Medien – um Längen.

Die Gründe dafür liegen in:
- der weltweiten Flächendeckung,
- den simplen technischen Übertragungsmöglichkeiten,

Abb. 1: Radiohören in frühen Tagen

- der hohen Verfügbarkeit aufgrund kontinuierlicher, technologischer Weiterentwicklung sowie
- der Erfindung neuer Produkte und Anwendungen.

Gab es vor wenigen Jahren noch ein Radio für die ganze Familie, so finden sich heute Empfänger an allen nur erdenklichen Orten, sei es nun fest installiert oder mobil. Die aktuelle Mediaanalyse weist aus, daß 73,1 % aller Autos in Deutschland – das sind über 24 Millionen – mit einem Radio ausgestattet sind. Dazu kommen Radios in Stereoanlagen, Kofferradios, Empfänger in Walkmen, wasserfest für die Dusche oder den Strand, in Scheckkartengröße und nicht zu vergessen, als „ghetto blaster". Dieses überdimensionale Kofferradio mit seinen extrem großen Boxen hat sogar eine neue kulturelle Bewegung geboren: der „street dance" der Jugendlichen, vor allem in den Armenvierteln der U.S. amerikanischen Großstädte, wäre ohne die entsprechende mobile Musikbeschallung nicht denkbar gewesen.

B. Radio im täglichen Gebrauch

Ein Radio hat jeder, und Radio wird für jeden gemacht. Seine Mobilität und die Vielfalt der angebotenen Programme machen es zum populärsten Medium überhaupt. Die meisten Menschen stehen mit dem Radio auf, hören es auf dem Weg zur Arbeit oder zur Schule, im Büro oder abends im Bett, wenn der Radiowecker eingestellt wird. Radio gehört zum täglichen Leben, von morgens bis abends. Die Vielfalt der Programme spiegeln den Trend unserer Zeit, den der zunehmenden Individualisierung. Radio mutierte zu einem Individualmedium, das aus der Fülle der Radiostationen und deren Programme *immer fragmentiertere Zielgruppen* bedient. Analog zur Fragmentierung der Zielgruppen selektiert sich auch der Bedarf, der schon in der Nachkriegszeit durch Information und Unterhaltung gedeckt war, in individuelle Bedürfnisse. Diesen Bedürfnissen wird das Radio – ähnlich wie der Zeitschriftenmarkt – *mit immer differenzierteren Programmen* gerecht. Genügte vor Jahren der ganzen Familie ein Programm, so konsumiert heute jedes Familienmitglied unzählige Programme. Besonders in den USA haben sich in einem freien Hörfunkmarkt *Spartenradios* für jeden Geschmack etabliert. Mit der Liberalisierung des Hörfunkrechts in der Schweiz, anschließend in Deutschland, kommt nun auch dieser Trend zu uns. Über 120 Programme in UKW-Hi-Fi-Qualität sind in der Bundesrepublik Deutschland mittlerweile auf dem Markt. Hörfunk ist zwar ein Medium für alle, es wird aber immer mehr auf die Akzeptanz des einzelnen, beziehungsweise kleinerer Gruppen, zugeschnitten. In den USA stellt sich heute die Frage, ob die Segmentierung nicht zu weit getrieben wurde. Die Radiostationen nehmen dort, viel stärker als hier, ein streng abgegrenztes, sogenanntes *Format* an, um sich deutlich zu positionieren und um damit eine perfekt umrissene Zielgruppe zu erreichen. Die Herausarbeitung einer ‚*Unique Selling Proposition' (USP)* aufgrund des Wettbewerbs von etwa 10.800 Radiostationen ist dementsprechend differenzierter als beispielsweise in Deutschland.

Abb. 2: Segmentierungen im US-Radiomarkt

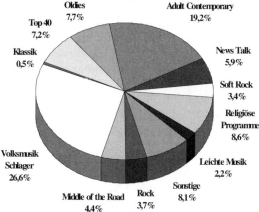

Quelle: RAB

Der *Vorteil* dieser Segmentierung für die Agenturen und Mediaeinkäufer liegt auf der Hand: *zugeschnittene Zielgruppen*. Für die Stationen bedeutet das, keine wirklichen Größenvorteile ausspielen zu können – mit Ausnahme der nationalen Networks natürlich. In einem Interview mit der Fachzeitschrift ‚Absatzwirtschaft' vom Juni 1992 erläutert der Präsident des amerikanischen Radio Advertising Bureaus (RAB), Gary R. Fries, daß seiner Schätzung nach in einem Markt wie New York, in dem es 89 Radiostationen gibt, nur circa 50% profitabel arbeiten. Dieser Wert nimmt in den letzten Jahren aufgrund des starken Konzentrationsprozesses deutlich zu. „Besonders in rezessiven Phasen", so Fries, gehe es „zuallererst den Radiostationen an den Kragen". Zum einen seien diese Stationen nicht aus Gewinnerzielungsabsicht, sondern aus politischen Gründen (z.B. der Repräsentation bestimmter Minoritäten) gegründet worden, zum anderen sei Radiowerbung nach wie vor ein Stiefkind der klassischen Kommunikation in den Werbeagenturen. Das RAB schätzt, daß nur etwa 6,8% des gesamten US-Werbevolumens mit immerhin 72 Milliarden US-Dollar an die Radiostationen fließen würden.

In Amerika wie in Europa richten die Stationen ihre Programme immer präziser nach den Tagesabläufen ihrer Hörer aus. Aufwendige Studien belegen exakt, wann sich der durchschnittliche Zuhörer die Zähne putzt, ins Büro fährt, einkaufen geht oder Mittagspause macht. Hörfunk ist ein Tagesbegleiter, der, wie Abbildung 3 zeigt, rund um die Uhr und während zahlreicher anderer Tätigkeiten genutzt wird.

Über 100 Millionen Radiogeräte sorgen in deutschen Haushalten dafür, daß der Strom der Informationen nie abreißt. Trotz eines viel geringeren Anteils von 30 für Information zu 70 für Musik ist das Radio für die Bevölkerung in erster Linie ein Informationsmedium. „Die neuesten Nachrichten besonders schnell" steht immer an der Spitze von Befragungen nach dem Nutzen des Hörfunks. An zweiter Stelle stehen „Entspannung und Ablenkung", gefolgt von „Überblick über Politik und Zeitgeschehen".

Hörfunk hat aber auch eine Orientierungs- und Lebenshilfefunktion. Immerhin 30% aller Befragten einer Umfrage gaben „Hilfe zur Meinungsbildung" als wichtigste Funktion des Hörfunks an. Im Rahmen von Moderationen einer Lebenshilfesendung bei Antenne Bayern, zu der ein Münchener Psychologe eingeladen war, hat mich immer wieder erstaunt, wie viele Menschen sich in ihrer Not an einen Hörfunkpsychologen wenden. Sie vertrauen ihm ihre persönlich Geschichte an und nehmen in Kauf, von Bekannten und Freunden erkannt zu werden. „Orientierungshilfe" ist für fast ein Viertel aller Befragten eine wesentliche Leistung des Hörfunks für seine Hörer.

In einer Zeit der Singles – über 50% aller Haushalte in einer Großstadt wie beispielsweise München sind Single-Haushalte – und der persönlichen Isolierung wird das Radio zu einem *Pseudo-Gesprächspartn*er. Nicht selten rufen Hörer zu nächtlicher Stunde den Moderator an und fragen, ob er denn nicht endlich auf die vielen, bei früheren Anrufen gestellten Fragen an das Radio antworten wolle. Wer nachts nicht schlafen kann, hört Radio und ist – scheinbar – nicht mehr allein.

Abb. 3: Mediennutzung der Bevölkerung

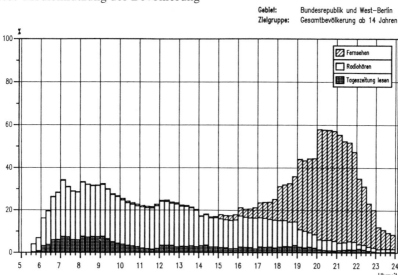

Quelle: Infratest Kommunikationsforschung 1988

Diese extreme Form der Hörerbindung wird in allen Radiostationen als krankhaft angesehen. Dabei wird alles dafür getan, genau diesen Effekt herzustellen! Entsetzt stellen die „Macher" dann fest, daß ein Teil der Hörer nicht in der Lage ist, zwischen Radio und realer Konversation zu unterscheiden. Auch rationale Hörer-Typen vergessen am Hörertelefon durchaus, daß der Moderator sie nicht kennt. Ein Trugschluß, ist der Moderator doch täglich im Wohnzimmer, im Truck oder daheim präsent.

Radio bedeutet also auch „Kontakt zur Umwelt". In vielen Befragungen wird deutlich, daß das Radio den Kontakt zur Umgebung ersetzt. „„...ich fühle mich dann nicht so abgeschlossen..." ist eine häufige Äußerung in diesem Zusammenhang. Zunehmende Isolation und andere gesellschaftliche Veränderungen bescheren dem Radio seit dem Ende der 60er Jahre eine wahre Renaissance.

Hörfunk erfüllt also zum einen sachliche Funktionen, wie Information, Unterhaltung und Fortbildung, übernimmt aber zum anderen auch emotionale Funktionen, wie allzeitige Verfügbarkeit, Lebens- und Orientierungshilfe, es leistet Gesellschaft und hat immer gute Laune. In erster Linie jedoch steht Radio für Information und gute Musik.

Erfüllt werden muß der Anspruch des Mediums als schnellste Informations-quelle der Welt. Die Mischung von sachlichen und emotionalen Einflußfaktoren macht die *Persönlichkeit einer Radiostation* aus. Sie wird für das Management unter dem Begriff *Corporate Identity* (CI) zusammengefaßt.

Sachlich kann eine Radiostation alles „richtig" machen, eingeschaltet wird aus rein emotionalen Gründen. So kann eine lokale Radiostation niemals so schlecht sein, daß sie nicht doch auf profitable Reichweiten käme. Der regionale Aspekt („aus unserer Region") gehört zu den stärksten emotionalen Hörerbindungsfaktoren. Eine 1989 veröffentlichte Studie, „Image und Akzeptanz des Hörfunks in Bayern" ergab, daß 66% der Hörer die lokale Information als einen der wichtigsten Gründe des Radiohörens bezeichneten.

Ein weiteres Instrument der „Persönlichkeitsbildung" für Radiostationen ist die *Hörerpartizipation.* Das Aktionsradio – in Deutschland zum ersten Mal bei Radio Luxemburg realisiert und dann von zahlreichen Stationen kopiert – suggeriert den Hörern, am Gestaltungsprozeß ihres Senders tatsächlich beteiligt zu sein und damit in einen Dialog zu treten. *Hörernähe* ist das Motto, das viele bei den öffentlich-rechtlichen Stationen mit ihrem Verlautbarungscharakter (Tendenz zum Monolog) vermißten. Tatsächlich ist die Chance, sich als Hörer in Form eines Musikwunsches oder einer Spielmöglichkeit zu beteiligen, bei landesweiten Radiosendern viel geringer. Aufgrund der hohen Identifikationsmöglichkeiten der Hörer untereinander ist allerdings mit einem Mitspieler aus der gleichen Stadt meist auch schon gedient. Zur Professionalisierung und Systematisierung der Hörerbindung haben viele Stationen Hörerclubs entwickelt. Aufbau und Funktion dieser Clubsysteme werden in Kapitel IV ausführlich beschrieben.

Das pluralistische als wichtigstes Charakteristikum ergibt sich heute nicht – wie es früher einmal war – aus der Flächendeckung, sondern aus der Vielzahl der Radiostationen und ihren spezifizierten, zielgruppenangepaßten Formaten. Diese *Formate*, Ausdrucksform der Unternehmensstrategie einer Radiostation auf der programmlichen Seite, werden im Verlauf des Buches noch ausführlich behandelt.

Radio ist jedem zugänglich und kostet nicht viel. Diese immer größer werdende Nähe zur Zielgruppe wird zu Recht von den Radiowerbezeiten-Verkäufern als Argumentation gegenüber dem Kunden verwendet. Schließlich geben über die Hälfte aller Befragten einer Umfrage an, sich ein Leben ohne Radio nicht mehr vorstellen zu können. Fast 80% aller Deutschen (etwa 52 Millionen) hören täglich Hörfunk – durchschnittlich fast drei Stunden. Damit wird, verglichen mit Tageszeitungen und Fernsehen, für Hörfunk die meiste Zeit aufgebracht. Dieser Wert hat sich in den letzten zwei Jahrzehnten mehr als verdoppelt.

Die Vielfalt der Medien führt hinsichtlich zwei Richtungen zu *Überschneidungen.* Zum einen innerhalb der einzelnen *Mediengattungen* (Hörfunk,

Fernsehen, Video, Print etc.), zum anderen innerhalb der verschiedenen *Radioprogramme*. Diese Überschneidungen gelten für drei Bereiche: Unterhaltung, Bildung und Information. Dabei ist leider festzustellen, daß sich die Programme immer weniger komplementär ergänzen, was bis dato als einer der wenigen Vorteile des öffentlich-rechtlichen Hörfunk- und Fernsehsystems galt. Statt dessen wiederholen sie sich gegenseitig mit nahezu identischen Angeboten.

Abb. 4: „Es würden das Radio sehr vermissen..."

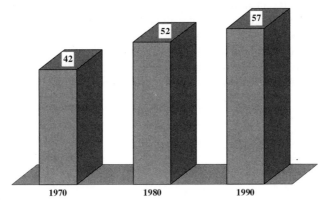

Quelle: IPA

Dr. Anne Köhler von der Infratest Kommunikationsforschung in München berichtet, daß das *Zeitbudget für alle Medien* eines bundersdeutschen Durchschnittbürgers bei etwa 6,5 Stunden (387 Minuten) liegt. Davon entfällt mit 177 Minuten mehr als die Hälfte (46 %) auf dern Hörfunk und mit 133 Minuten ein weiteres Drittel auf das Fernsehen (34 %). Die elektronischen Massenmedien beanspruchen also 80 % der gesamten Mediennutzung. 20 %, also die gesamte verbleibende Zeit, wird für alle anderen Medien zusammen aufgewendet, davon nur 30 Minuten (9 %) für Tageszeitungen.

Die starke Nutzung des Hörfunks ist dabei nur unwesentlich auf die Einführung des privaten Hörfunks zurückzuführen! Verschiedene Studien in den vergangenen Jahren haben gezeigt, daß der Hörfunk insgesamt nur 5-10 Minuten täglich mehr genutzt wird, als vor der Liberalisierung der Hörfunkgesetze. Die Marktanteile innerhalb dieses Gesamtwertes wurden dadurch natürlich neu verteilt.

Ermüdendes Interesse seitens des Konsumenten am Produkt Radio ist also nicht festzustellen. Den meisten erscheint das Radio immer jung und neu. Eine Eigenschaft, für die viele Product-Manager in der Markenartikelindustrie einiges gäben.

Der *Relaunch* (Wiedereinführung des Produktes in den Markt) erfolgt beim Radio Tag für Tag durch sich selbst. Bewirkt wird dies zum einen durch immer neue Programm- und Unterhaltungsideen, immer aktuellere und spektakulärere Berichterstattung, zum anderen aber auch durch die positive Erwartungshaltung der Hörer, die dem Radio „...immer etwas Neues zutrauen, etwas, das ich noch nicht kenne".

Damit wird das Radio selbst zum Motor des Wandels und der zunehmenden Dynamisierung uns umgebender gesellschaftlicher Faktoren. Das Medium holt Trends und Geschehnisse aus den fragmentierten Zielgruppen, die es bedient, auf der Suche nach „heißer Aktualität" immer schneller an die Oberfläche – und rückt einen solchen Trend schnell in die Nähe der Allgemeingültigkeit. Es läßt der gesellschaftlichen oder auch wirtschaftlichen Kreativ- und Entwicklungsebene – dem Untergrund und den Szenen – immer weniger Zeit für Aufbau und Entwicklung neuer Moden, die die darauf abgestimmten Lebens- und Produktentwicklungszyklen steuern. Hörfunk erscheint somit als ein Medium des ewigen Wandels, als Begleiter und Motor immer schneller fluktuierender Trends, Strömungen und Informationen.

II. Strategieansätze

A. Corporate Identity

Um es gleich vorweg zu sagen: die *Strategieformulierung* gehört zu den älteren Denk- und Managementansätzen. Sie basiert auf folgenden Grundgedanken: zunächst ein Ziel formulieren, eine entsprechende Strategie entwickeln, wie dieses Ziel erreicht werden soll und sich dabei der notwendigen Mittel bewußt sein, die in schnellen, energischen Schritten die Umsetzung steuern.

Es stellt sich in diesem Zusammenhang die Frage, ob die klassischen Methoden der Zielsetzung, die einer Strategie vorausgehen, der heutigen Zeit mit ihren vielschichtigen und rückbezüglichen Einflußfaktoren in Gesellschaft, Wirtschaft und Politik noch gerecht werden. Vielmehr scheinen der stete Wandel und die dynamisierenden Märkte geradewegs mittel- und langfristige Strategien ad absurdum zu führen. Ein Ziel zu definieren impliziert, den Weg dorthin zu kennen, ihn zumindest beschreiben zu können. Dies läßt den Glauben an die Vorhersagbarkeit der Dinge wachsen. Die Wahrscheinlichkeit, das Ziel auf dem vorgezeichneten Weg auch zu erreichen, wird hingegen immer schwieriger. Es erscheint schon nicht mehr realistisch.

Zu den Stärken des deutschsprachigen Managements gehört seit je die *Logik*: Planspiele, in denen zumeist alles so läuft, wie man es sich erdacht hatte. Mit glänzenden Augen erzählte mir der Geschäftsführer einer überregionalen Brotfabrik die „fahrplanmäßige Organisation" seines Frischdienstes. Faszinierend. Sein Unternehmen besäße jedoch eine Weichstelle, die Angestellten.

Die *Weichstelle* sind natürlich nicht die Menschen, hier synonym für alle nicht berechenbaren Einflußfaktoren, sondern die *Unternehmensstrategie*. Zahlreiche Managementbücher propagieren nun seit einiger Zeit, verkürzt gesagt:

> **„Strategie = alt / Vision = neu"**

Dem ist zwar grundsätzlich zuzustimmen, nur stellt sich die Frage, ob die Mitarbeiter in der Lage sind, dies auch nachzuvollziehen. Über Jahrzehnte geprägte Entscheidungs- und Verhaltensmuster lassen sich nicht spontan

ändern, auch wenn Unternehmer oder Manager diesen neuen Weg bereits
zu Recht als richtungsweisend erkannt haben.

Zielsetzung und Strategie bleiben also grundlegend wertvolle Instrumente,
deren Schwerpunkt sich allerdings auf den Bereich der *Mitarbeiterkommu-
nikation* verlagert. Sie sind dazu prädestiniert, Entscheidungen und operative Vorgänge gerade auch bei einer Radiostation nachvollziehbar zu machen.
Die ernsthafte Auseinandersetzung mit moderneren Begriffen wie *Emotion,
Vision, bilaterales Denken und Chaos* muß deshalb nicht unter den Tisch
fallen. Manche Unternehmen bieten ihren Mitarbeitern sinnvollerweise
Workshops zu diesen Themen an; sie wissen, wie wichtig ein durchgängiges
Verständnis für diese neuen Techniken ist, um sie wirklich vollends nutzen
zu können.

Abb. 5: Bildung der Unternehmensstrategie

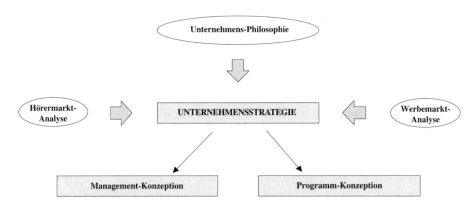

■ *Die ‚Unternehmensgröße' neu definieren*

Die Arbeit an der Unternehmensstrategie beginnt mit der Auseinandersetzung über Inhalte und Schwerpunkte der Unternehmensphilosophie. In
diesem Zusammenhang stellt sich zunächst die Frage nach der ‚*Größe*' eines
Unternehmens. Ein Begriff, der unmittelbar mit Termini wie Umsatz und
Profit verbunden wird. Durch die Wandlung vom Industrie- zum Kommuni-
kationszeitalter änderte sich allerdings die Bedeutung des Größen-Begriffs.
Ein Unternehmen ist heute nicht mehr abhängig von großen Rohstoffvor-
kommen und -reserven, sondern vielmehr von der *Größe des Netzwerkes*,
das es sich geschaffen hat. Die Metallgesellschaft, einst vierzehntgrößter
Industriewert der Bundesrepublik Deutschland, die im Januar 1994 kurz vor
dem Ruin stand, wurde unter anderem durch eine Öl-Spekulation an der
New Yorker Börse ruiniert (Verlust: 1 Mio DM pro Tag).

Es sind also nicht mehr die unsicheren Transportwege, die Rohstoff-
knappheit oder -abhängigkeit vergangener Wirtschaftssysteme, die die

Größe von Unternehmen ausmachen. Vielmehr sind es *„geistige" Faktoren*, die diese definieren:

sichere Informationen
flexible und schnelle Entscheidungen
Innovationen (geistiger Vorsprung)
Kommunikationsfähigkeit

Dazu zählen vor allem auch Verbindungen zu möglichst vielen Zielgruppen, die mit der Organisation in Verbindung stehen, einschließlich deren Beeinflussung, Steuerung und Beratung. Diese Faktoren stellen den neuen Größen-Begriff dar.

Der Chaos-Begriff in der Unternehmensphilosophie

Ein weiterer, wesentlicher Faktor in der Auseinandersetzung mit der Unternehmensphilosophie muß der *Chaos-Begriff* sein. Sein Ansatz hat zwar schon einige Modeerscheinungen überdauert, ist aber deshalb nicht weniger bedeutsam. An vielen erfolgreichen Managern ist zu beobachten, daß sie *Chaos-Management* betreiben. Kreativität und Flexibilität können zwar aus dem Chaos entspringen, haben aber nur dann eine Chance, wenn daran die persönliche Fähigkeit gekoppelt ist, die damit verbundenen Ansätze zu artikulieren, sie anderen verständlich zu machen. Damit werden – wie beim neuen Größen-Begriff – erneut die Vorteile von Zielsetzung, Strategie und Umsetzung angesprochen. Chaos hat nichts mit operativer Unordnung oder Unorganisiertheit zu tun, ganz im Gegenteil. Chaos ist eine Geisteshaltung, die die Fähigkeit beschreibt, außerhalb eigener, eingefahrener Bahnen zu denken. Das Agieren als Resultat dieses Prozesses muß, wie die Japaner sagen, „mi no mawari ni" (um den eigenen Körper herum) sein. Positives Chaos im Kopf, das – von den Händen strukturiert – exekutiert wird.

In Zukunft muß erst geklärt werden, inwieweit es von Bedeutung ist, die dem Chaos entspringenden Ansätze nicht mehr über Strategien praktisch umzusetzen, sondern *Chaos-Instrumente* zu entwickeln, die in der Lage sind, nicht nur dem ursprünglichen (im wahrsten Sinne des Wortes) geistigen Ansatz zu entsprechen, sondern auch den bereits beschriebenen Prozessen gerecht zu werden, die auf mehreren Ebenen, gleichzeitig, immer schneller, in unterschiedlichen Richtungen ablaufen.

Vielleicht kennen Sie das Bild vom großen Frachtschiff (Konzern), das nicht durch eine enge Stromschnelle fahren kann (Rezession). Die Ladung wird auf Kanus (kleine, flexible Units) umgeladen, deren Kanuten (Manager) sie durch die Schnellen bringen soll (die Schnelle erweist sich zwischenzeitlich als unendlich). Überleben werden jene Kanuten, die das Unwägbare, das Schnelle, die rasche Veränderung nicht nur akzeptieren, sondern sich das Wesen des Gewässers zu eigen machen. Ein Kanute, der mit seinem Boot umkippt und versucht, gegen den Sturz zu steuern, wird untergehen. Jener wird überleben, der dem vermeintlichen Untergang zusätzlich Schwung gibt und mit einer Eskimorolle auf der anderen Seite wieder auftaucht.

Chaos ist Lebens-, nicht Überlebensprinzip. Solcherlei Gedanken tragen sicherlich auch zu einer grundsätzlich positiven, persönlichen Lebenshaltung bei.

Die Unternehmensleitlinie

Auf diese Bewußtseinsgrundlagen, die für die Steuerung von Organisationen immer wesentlicher werden, ist im Abschnitt ‚Management‘ nochmals zurückzukommen.

Im Mittelpunkt sollen nun *praktische Ansätze* stehen, die in die Unternehmensphilosophie einfließen.

In der sogenannten *Unternehmensleitlinie* –, die allerdings nicht so linear oder starr sein darf, wie ihr Name sagt –, sollten alle wesentlichen Aspekte interner und externer Beziehungen festgehalten werden. Die Unternehmensleitlinie ist im Grunde nur eine ‚Krücke‘: ihre Aufgabe ist es, sich als Maßstab des Handelns permanent hinterfragen zu lassen, Diskussionen und Debatten aufzuwerfen, um in der ständigen Konfrontation mit dem Umfeld selbst lebendig zu bleiben und zugleich Lebendigkeit zu initiieren. Mit ihr geht es also keinesfalls darum, einen Kodex zu verfassen; dies wäre kontraproduktiv. Vielmehr ist die Leitlinie eine Möglichkeit zur Kommunikation aller Vorstellungen einer lebendigen, am Menschen orientierten Organisation.

In Unternehmen wie gerade den Hörfunksendern ist zu bedenken, daß die *Fluktuation* sehr hoch ist. Eine solche Leitlinie gibt neuen Mitarbeitern die Möglichkeit, ein *Verständnis der Corporate Identity (CI)* zu erhalten. Viele Mitarbeiter haben das Bedürfnis, sich einzuordnen; jene, die es nicht tun, sind hingegen das Aktivpotential jedes Unternehmens. Gerade diesen Mitarbeitern kann solch eine Leitlinie der inhaltlichen und atmosphärischen Zielsetzungen der Organisation vermittelt werden.

Die Leitbildbeschreibung hat allerdings auch einen *Nachteil*. Meist ist sie das Papier nicht wert, auf dem sie geschrieben steht. Da wird von Loyalität, kooperativem Führungsstil und individueller Weiterqualifizierung gesprochen, und die Mitarbeiter erleben Entlassungen, Intrigen, Machtansprüche und konnten den Seminarraum noch nie von innen sehen. Das, was dort geschrieben steht, muß – wie soll es anders sein – dem gelebten Alltag entsprechen. Zahlreiche Unternehmensberater haben sich dem Spott von Mitarbeitern öffentlich-rechtlicher Sender ausgesetzt, da in aufwendigen Broschüren über eine Firmenkultur gesprochen wurde, die nicht einmal im Ansatz vorhanden war. Die Leitlinie ist ein Versprechen. Sie muß durch die Unternehmensstrategie getragen werden. Die Herausarbeitung eines solchen Kataloges ist also eher Grundverständnis des ‚Selbst‘ einer Organisation, auf das sich die Mitarbeiter geeinigt haben oder dem sie zumindest zustimmen können.

Eine Leitlinie für einen Hörfunksender sollte folgende Punkte umfassen:

Zentrale Punkte einer Unternehmensleitlinie für Hörfunksender

1. Unternehmenskultur
2. Profil
3. Verhältnis zum Publikum
4. Grundsätze des Programms
5. Selbstverständnis
6. Unternehmenspolitik
7. Bild des Senders in der Öffentlichkeit
8. Richtlinien der Zusammenarbeit
9. Wertesystem (wie Sinn, Orientierung, etc.)
10. Vision und Ziel

Das Verhalten des Senders nach innen
(Punkte 1 und 2 der Unternehmensleitlinie)

Die *Unternehmenskultur (Corporate Culture)* umfaßt das Selbstverständis als Dienstleister gegenüber den Hörern und den Werbekunden. Praktische Maßnahmen, die zu Aufbau und Erhalt einer Corporate Culture beitragen, sind in erster Linie *Information* und *Führungsstil*.

Vor allem öffentlich-rechtliche Anstalten kranken an mangelndem Informationsfluß. Nicht nur, daß eine Abteilung nicht weiß, was die andere plant, auch der Informationsfluß von den leitenden Angestellten zu den Mitarbeitern ist spärlich bis gar nicht existent.

Information kann auf unterschiedlichsten Wegen erfolgen: neben persönlichen und bereichsinternen Gesprächen sind *übergreifende Meetings* von großer Bedeutung. Es geht dabei nicht nur um konkreten Informationsaustausch, sondern auch um die *Bildung einer Gemeinschaft*.

Manche Stationen haben zu diesem Zweck neben dem wöchentlichen ‚Station Meeting‘, bei dem alle Mitarbeiter des Hauses zusammenkommen, eine ‚Blue Hour‘ eingerichtet, zu der das Management ein paar Drinks spendiert. Das ‚Wir-Gefühl‘ sollte sich aber natürlich entwickeln und keinesfalls zur Religion ausarten. Die Achtung der persönlichen Freiheit des einzelnen Mitarbeiters bleibt stets höher zu werten.

Es spricht nichts gegen Offenheit im Umgang mit Information, sogar mit Zahlen und Fakten aus dem Finanzbereich des Senders. Transparenz bezüglich der Umsätze, Aufwendungen und Erträge bewirkt die Einbindung der Mitarbeiter in die Gestaltungsprozesse des Senders. So werden Entscheidungen durchgängig nachvollziehbar.

Folgende Faktoren sind weiterhin zu berücksichtigen:
- der Abbau von Produktivitätshindernissen,
- das Senken von Gemeinkosten und
- die Zustimmung zu Einsparungsmaßnahmen.

Wichtig ist aber auch, zur Ausschöpfung möglicher Ertragsquellen, *abteilungsübergreifende Kreativität* zu entwickeln. Die Kostenverantwortung muß von einem auf alle verteilt werden. Dies beginnt bei einfachen Dingen, wie dem Haushalten mit Materialien und Mitarbeiterleistungen des Senders. Moderne Unternehmen, darunter Werbeagenturen und Consultants, haben diese Notwendigkeit längst erkannt. Sie offerieren ihren Mitarbeitern *Beteiligungen am Unternehmen*, um die oben genannten Ziele in die Praxis umzusetzen.

Keineswegs soll damit der Motivations-Zauber der 80er Jahre gutgeheißen werden (gemeint sind Geschenke, Incentivereisen, Sachprämien und Gratifikationen). Wohl haben diese Instrumente eine Berechtigung, mehr jedoch als Unterhaltungswert denn als Leistungsansporn. Die Sache an sich, nämlich *die Radiostation, muß der eigentliche Kern der Motivation bleiben* und sich permanent aus sich selbst rekrutieren. Sachgeschenke und Geldpreise hingegen müssen immer aufwendiger werden, um noch als Anreiz verstanden und nicht dem Bereich der selbstverständlichen Arbeitgeberleistungen zugerechnet zu werden. Die Reizschwelle ist hier nämlich schnell sinkend.

Auf dem Weg der Zielerreichung soll eine *aufgabenorientierte, flexible und dezentrale Organisationsform* geschaffen werden. Daher steht der *Ausbau der individuellen Verantwortung* in den einzelnen Abteilungen ganz vorn. Die Möglichkeit, die flachen Hierarchien in eine Organisationsstruktur und damit auch ein Organigramm zu ordnen, wird in Kapitel III näher erläutert.

Wesentliches Merkmal solcher Unternehmen sind die vielfältigen Kommunikationswege, die *Corporate Communications*. Die Politik der Offenen Tür, die Workshops, die Newsletter gehören zu den praktischen Umsetzungsmaßnahmen. Der ‚kleine Dienstweg‘ fällt dabei ebenso unter den Tisch wie das hierarchische ‚Berichtswesen‘. Vor allem wird in Unternehmen mit einer gut eingeführten flachen Organisationsform der Dialog gepflegt. Unabdinglich ist hierbei die Fähigkeit der Vorgesetzten, zuzuhören und Verbesserungvorschläge zu honorieren, relevante eventuell monetär. Abbildung 6 zeigt die verschiedenen Formen der hausinternen Kommunikationstechnik, die auch für den Auftritt der Abteilung nach außen Gültigkeit hat.

Der hier beschriebene Ansatz einer gesunden Unternehmenskultur ist genauso das Papier nicht wert, auf dem er geschrieben steht, wenn der *Wille zur Umsetzung in die Praxis* fehlt. Fadenscheinige Vorwände, man wisse und verstehe, aber in Wirklichkeit sei doch alles anders, sind in Wahrheit Bekenntnisse des Unverständnisses und der Bequemlichkeit. Hier erweisen sich die tatsächlichen Führungsqualitäten der hochbezahlten Manager. Oft haben sie sich mühsam durch alte Strukturen nach oben gequält. Manchen fällt es dann sehr schwer, zu ihrer eigenen Genugtuung nicht all ihr Leid an die Untergebenen zurückzuzahlen und dabei eben genau die alten Strukturen beizubehalten. Personen, wie hier beschrieben, müssen zuerst mit sich selbst ins reine kommen, bevor in ihrem Umfeld andere Zeiten anbrechen können.

Abb. 6: Grundstruktruren der Kommunikationstechnik

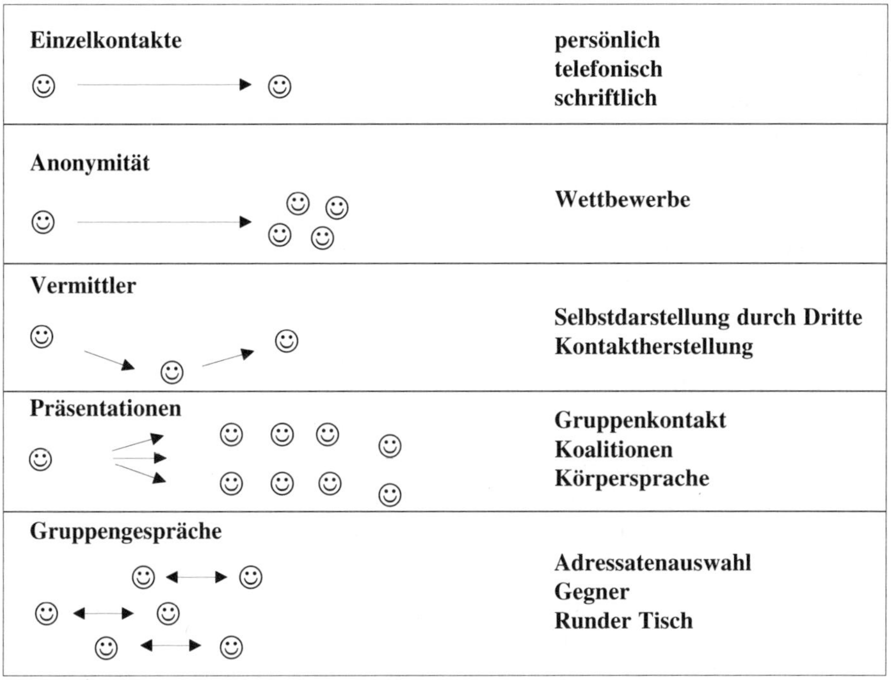

Quelle: Lehrkanzel für Kunst und Wissenstransfer, Hochschule für angewandte Kunst, Wien

Daß die Unternehmensziele und -strategien allen Mitarbeitern bekannt sind, sollte also eine Selbstverständlichkeit sein. Wesentlicher ist, sie am konzeptionellen Prozeß, beispielsweise an Workshops zu beteiligen, um sie frühzeitig in den Gestaltungsprozeß und die damit verbundene Verantwortung einzubeziehen. Schnell werden allerdings solche Maßnahmen als unseriös entlarvt, wenn die Ergebnisse dieser Meetings sich nicht in den Ansätzen zur Unternehmensstrategie wiederfinden, wie dies bei der Umstrukturierung großer Programmanbieter mitunter zu beobachten ist.

Die Fortführung dieses Ansatzes zieht die Frage nach der *Selbstbestimmung der Mitarbeiter* nach sich. Viele Manager haben Angst vor den Fehlern ihrer Mitarbeiter, scheuen sich daher, wichtige Aufgaben zu delegieren. Dies ist aus zwei Gründen ein gravierender Trugschluß: zum einen überlastet sich der Vorgesetzte mit Entscheidungen und Arbeit und macht infolgedessen selbst Fehler. Zum anderen erhalten die Mitarbeiter keine Chance, durch ihre eigenen Fehler zu lernen.

Die *Politik ‚Selbstverantwortlichkeit'* in einer Organisation (ein wesentlicher Motivationsfaktor) ist also weniger eine Leistung der Mitarbeiter, als vielmehr die der Vorgesetzten, die sich in *Vertrauen* üben müssen. Vor allem ängstliche, in puncto auf ihre eigene Karriere unsichere Manager, versagen hier oft.

Das Auftreten des Senders nach außen
(Punkte 4 – 6 der Unternehmensleitlinie)

Neben den nach innen gerichteten Zielen ist das Auftreten des Senders nach außen, die *Corporate Behaviour,* von zentraler Bedeutung.

Zunächst wirkt der Sender über das Programm. Nicht alleine die Musik und die redaktionellen Inhalte sind es, die beim Publikum auf ‚Gehör' stoßen. Es sind die kleinen, verräterischen Imagebausteine zwischen den Zeilen, die die Zuhörer vernehmen.

„War da Arroganz in der Stimme?" oder „Wie spricht die Moderatorin denn mit dem Hörer?", solche und ähnliche Fragestellungen sind oft wesentlicher als das, was inhaltlich gesagt wird. Genau so werden beliebte von unbeliebten Moderatoren und die guten von den schlechten unterschieden.

All das hat natürlich direkte Auswirkungen auf das Image des Senders insgesamt. Dazu zählt auch das Verhalten in der Öffentlichkeit, zum Beispiel der Fahrstil der Reportagewagen im Stadtbild oder der Auftritt von Mitarbeitern auf Messen und öffentlichen Veranstaltungen.

Im Bereich der Öffentlichkeitsarbeit ist es weniger die Pressearbeit, die zu beanstanden wäre. Hier arbeiten meist Profis, die wissen, wie man einen vorteilhaften Kontakt zur Presse herstellt. Eine Schwachstelle ist häufiger die Art und Weise der Hörerbetreuung: am Hörertelefon sowie in der Beantwortung der Hörerpost.

Der optische Auftritt, der im Abschnitt ‚Positionierung' dieses Kapitels noch näher beschrieben wird, stellt in diesem Zusammenhang nur einen Teilbereich der Darstellung des Unternehmens in der Öffentlichkeit dar und wird unter dem Begriff *Corporate Design* zusammengefaßt. Fälschlicherweise wird Corporate Identity oft als Synonym für die Fragen des grafischen/optischen Auftrittes verwendet.

Vision und Ziel
(Punkt 10 der Unternehmensleitlinie)

Wahrscheinlich kommt man den unterschiedlichen Denkweisen – ‚harte Zielsetzung' auf der einen und ‚Visionen' auf der anderen Seite – näher, wenn man die Unternehmensleitlinie nicht als konkrete Wegbeschreibung,

Abb. 7: Konzeptioneller Ansatz Markenartikel-Radio

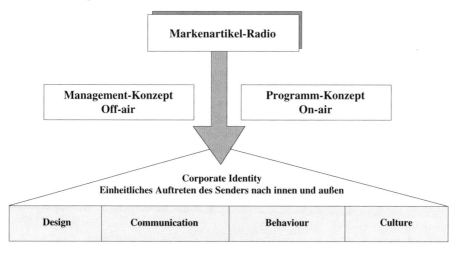

Abb. 8: Umfeldanalyse zur Strategiefindung

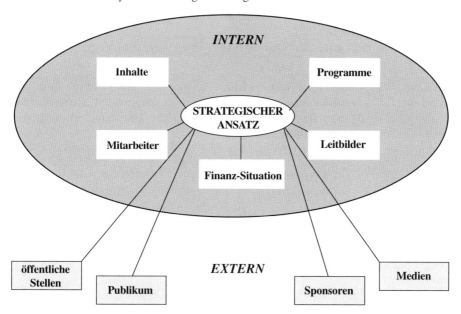

sondern als richtungsweisenden Kompaß versteht. Die Wege der Strategiefindung sind nämlich so vielfältig wie die Lösungen und Ziele, die man mit ihnen zu erreichen versucht.

Die verschiedenen Zielgruppen und Anforderungen bilden die Rahmenbedingungen. Konkret lassen sich mehrere Arbeitsschritte und Maßnahmen aus dem in Abbildung 8 befindlichen Ansatz ableiten. Neben der Formulierung einer zentralen Zielvorgabe (oder eines Kataloges) sieht die klassische

Abb. 9: Dialektische Strategiefindung

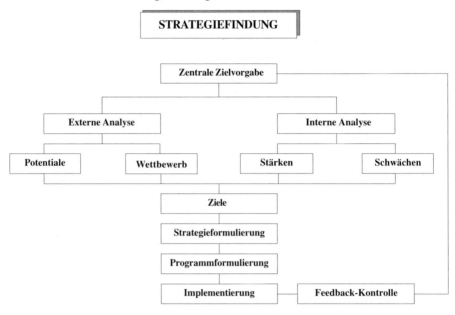

Strategiefindung externe und interne Analysemaßnahmen vor (siehe Abb. 9).

Externe Analysemaßnahmen: sie enthalten Fragen zu *Potentialen.* Zum Beispiel eine *Strukturdatenanalyse* (wie in Kapitel III vorgestellt), die neben den Einwohnerstrukturen des Sendegebietes auch die Handelslandschaft und ihre Werbevolumina festhält.

Weiters eine *Wettbewerbsanalyse*, die beispielsweise in einem ‚Mapping' darstellt, welche Zielgruppen andere Sender bedienen und welche Reichweiten sie damit erzielen.

Interne Analysemaßnahmen: sie sollten präzise Vorstellungen von den Potentialen geben. Dies geschieht durch eine *Stärken/Schwächen-Analyse.*

Erst nach diesen externen und den oft stiefmütterlich behandelten internen Analysen kann ein detailliertes Zielsystem erstellt werden.

Beim Aufbau einer Sendestation sind *zwei Ziel-Prioritäten* zu berücksichtigen:

1. *Inhaltliche Zielsetzungen und Visionen,* die den verschiedenen Bereichen Möglichkeiten eröffnen, eigene Formulierungen vorzunehmen. Sie besitzen langfristige Gültigkeit.

2. *Die Zeitachse,* auf der die umsetzungsorientierten Ziele anvisiert werden. Eine konkrete Darstellung von Maßgaben mit definierten Zeithorizonten hilft allen Mitarbeitern, die notwendigen Schritte zur Einführung eines

Senders im Auge behalten zu können. Ein solches Timing muß etwa so aussehen:

Phase 1 (ein bis sechs Monate): Erlernen des organisatorischen Systems, Aufbau eines Fundamentes, Schulung der Mitarbeiter auf die spezifischen Anforderungen.

Phase 2 (vier bis sieben Monate): Perfektionierung des Erlernten, Festigung des Fundamentes, Investition in Aus- und Weiterbildung.

Phase 3 (offener Zeitraum): sie stellt den ersten kritischen Punkt beim Aufbau einer Station dar: Infragestellung bisheriger Maßnahmen, Durch-führung notwendiger Kurskorrekturen, auch bezüglich Zielsetzungen und Strategie; Einbeziehung der Mitarbeiter in diesen Umsteuerungsprozeß.

Phase 4 (offener Zeitraum): natürliches, kompetitives Ziel, die Wettbewer-ber zu überrunden; besitzt höchsten Motivationsaspekt für alle Mitarbeiter.

Phase 5 (offener Zeitraum): Einleitung des Gegengesteuerungsprozesses; Gefahr besteht, diese Phase als Stufe der ‚Positions-Verteidigung‘ (Leistung halten, Absicherungs-Instrumente entwickeln) anzusehen – alleine die Wortwahl drängt das gesamte Unternehmen in die Defensivrolle.

Statt dessen: Fortsetzung des Kreativprozesses; Zulassen permanenter Ver-änderungen. Grund: Der Erfolg von gestern läßt sich nicht noch einmal mit den gleichen Mitteln erzielen.

Abb. 10: Zentrale Zielvorgabe

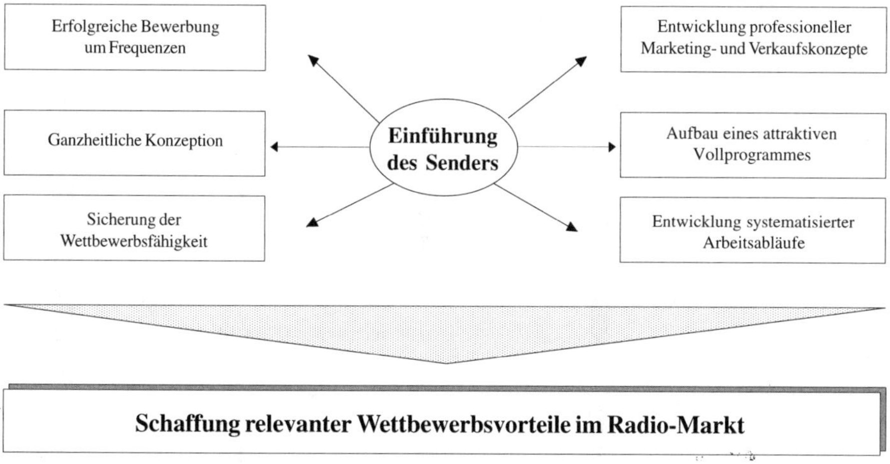

Die Formulierung genereller, konkreter und atmosphärischer Ziele auf in-haltlicher wie zeitlicher Ebene bildet die Basis zum eigentlichen Strategie-ansatz. Vielfach fußen diese Ansätze auf einer *Markenstrategie*. Radiostatio-nen werden also ähnlich aufgebaut und geführt wie Markenartikel.

Das Markenmodell bildet die Basis der folgenden Abschnitte und Kapitel dieses Buches, in dessen Verlauf vielfach auf den Ursprung „Unternehmensstrategie als Organisations- und Handlungsleitbild für die einzelnen Abteilungen" hingewiesen wird. Grundgedanke ist, die Organisation *ganzheitlich* zu betrachten: nur in einem gut gesteuerten Miteinander der verschiedenen Elemente gelingt die optimale Nutzung der daraus resultierenden Synergien.

Abbildung 11 zeigt deutlich die Basis der Unternehmensstrategie: eine Vernetzung der einzelnen Abteilungen untereinander. Diese Vernetzung wird sich in den Ansätzen zur Organisationsform (Matrix-Organisation) ebenso wiederfinden, wie im Marketing oder bei Promotions. Nicht zu vergessen, gliedert sich die Radiostation in die beiden Bereiche On-Air (Programmkonzept) und Off-Air (Management-Konzept).

Zusammenfassend kann gesagt werden, daß die *Vision* Kern der Unternehmenskultur ist. Um die Vision als Kern legt sich der Bereich ‚Strategie und Organisation' wie ein Mantel herum, dem wiederum in einer nächsten Hülle der Bereich ‚Umsetzung' folgt. Ähnlich wie bei einer Zwiebel bestehen alle Häute aus den gleichen Stoffen und verdichten sich zum Kern hin.

Abb. 11: Ganzheitliche Unternehmensstrategie

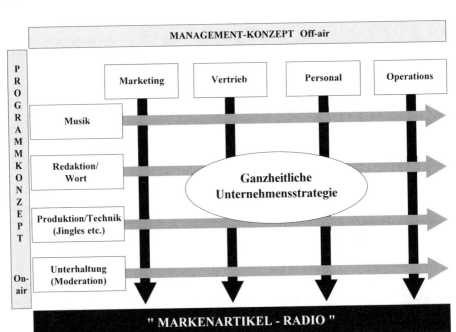

B. Markenpositionierung

Es gibt auf diesem Weg *drei Möglichkeiten*, eine Unternehmens- oder Corporate Identity-Struktur zu schaffen:

Erstens: die *monolithischen Identität* – eine Organisation, die stets den selben Namen und visuellen Stil verwendet. Das Produkt heißt immer so wie der Sender, zum Beispiel ‚Antenne Bayern‘.

Abb. 12:   Monolithische Identität

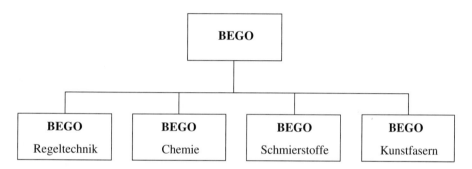

Zweitens: die *gestützte Identität* – eine Organisation faßt ihre vielfältigen Tätigkeitsbereiche unter dem Namen einer Dachorganisation zusammen. Die Herausarbeitung einzelner Marken ist eine Budgetfrage, da jede einzelne Marke einen ähnlich hohen kommunikativen Aufwand benötigt, wie die Dachmarke selbst. Beispiel: RTL Fernsehen. ‚Tutti Frutti‘ von RTL ist zu einer Marke geworden, mit der Fernsehzuschauer ganz spezifische Assoziationen verbinden. Aber auch ‚Der Preis ist heiß‘, ‚Traumhochzeit‘ und andere Sendungen sind Bestandteil des RTL Markenkonzeptes, das sich unter dem Gesamt-CI-Dach des Senders vereinigt.

Abb. 13:   Gestützte Identität

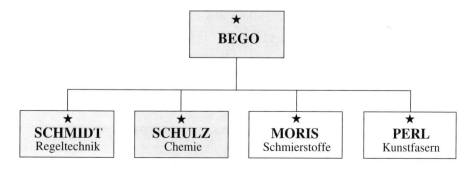

Drittens: komplementäre Identität – die Dachmarke tritt in den Hintergrund, die Marken werden unabhängig voneinander geführt. Beispiel: Ferrero, Hersteller von Schokoladenwaren. Von vielen Marken (Überraschungseier, Kinderschokolade, Milchschnitte, Tic Tac) ist den meisten Verbrauchern nicht bekannt, daß sie aus dem Hause Ferrero stammen.

Abb. 14: Markenkonzept

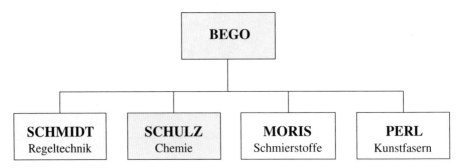

Die zuletzt genannte Form von Markenkonzept scheidet für Radiosendestationen aus. Ein Sender muß sich immer als Ganzes den Hörern und Werbekunden präsentieren.

Gerade bei der derzeitigen Fülle verschiedener Sender setzen viele Stationen sinnvollerweise auf Durchhörbarkeit, auf klaren Wiedererkennungswert und damit auf *monolithische Unternehmenskonzepte.*

In der Anfangszeit der bayerischen Lokalradios sendeten drei bis vier Radiostationen auf einer Frequenz. Keiner der beteiligten Anbieter war mit dieser Situation zufrieden, da die Hörer durch die verschiedenen Konzepte verunsichert waren und nicht mehr nachvollziehen konnten, wer da eigentlich sendet.

■ *Positionierung einer Radiostation*

Anders als bei klassischen Konsumgütern der Markenartikelindustrie ist die Wahl der favorisierten Radiostation nicht einzig eine Frage der Produktqualität. Wie bereits erläutert, spielen hier *emotionale Faktoren* eine entscheidende Rolle; sie stellen im weitesten Sinne auch eine ‚Qualität‘ dar. Wie sieht diese aus?

Viel mehr als um die tatsächliche, objektive Qualität (Berichterstattung, Aktualität, technische Qualität, Inhalte etc.) geht es um den *subjektiven Eindruck*, der
– vom *generischen Produkt* geprägt,
– vom *Image der Radiostation* (= den individuellen Assoziationen des Hörers) bestimmt wird.

Individuelle Assoziationen und Meinungen können sein:

Service	**Unterhaltung**	**Information**
Behilflich	Lustig, humorvoll	Glaubwürdigkeit
Vertraut	Sympatisch	Kritisch
Persönlich	Menschlich	Aktuell

Solche Positionierungsbausteine stehen nie allein. Das Markenimage besteht stets aus einer *Assoziationskette*, die bei jedem Hörer anders aufgebaut sein kann. Es lassen sich jedoch *strategische Schwerpunkte herausarbeiten*, die Bestandteil einer jeden beliebigen Kette sein müssen. Sie verankern die Marke in einem bestimmten, zuvor festgelegten Umfeld.

Assoziationen sind Vorstellungen in Verbindung mit Bildern. Insbesondere beim Radio, das zunächst auditiv rezipiert wird, muß dies als Positionierungskriterium unbedingt in Betracht gezogen werden. Die vom Hörer akustisch initiierten Bildvorstellungen müssen mit dem optischen Auftritt unbedingt in Einklang stehen.

Auditiv sind: alle Slogans, die in Form von Moderation, vorproduzierten Jingles, Sendungs- und Rubriknamen erscheinen.

Optisch sind: alle Umsetzungen in der klassischen Werbung, also auf Plakaten, Taxis oder im Kino.
- Alle *Versprechen* müssen auch eingelöst werden. Stumpfe Slogans, wie „allzeit gut informiert mit Radio XY" haben nur begrenzte Wirkung. Der Hörer muß die gute Information auch tatsächlich erleben.
- *Strukturelemente* haben einen unterstreichenden Charakter. So wird ein Sender schnell als „die mit den Oldies" eingeschätzt, wenn vor oder nach einem älteren Musiktitel ein entsprechendes Jingle (gesungenes Sendeelement) folgt, das dies unterstreicht. Der Sender wird als Oldie-freundlich empfunden, auch wenn er insgesamt tatsächlich nur zwei Oldies pro Stunde spielt. Das positive Hör-Erlebnis wird also aktiv verkauft und damit ein Imageschwerpunkt gesetzt.
- Erfolgreicher als die direkte Aussprache einer Positionierung (Beispiel „Frankens Infowelle") ist die Erzeugung von Bildern im Kopf des Hörers. *Allusionen*, Anspielungen, sind wirksamer. Die Entscheidung darüber, wie das Bild – das Image – auszusehen hat, wird vom Hörer selbst bestimmt. Es ist seinen Bedürfnissen näher, als jedes andere, von außen gegebene. Dabei können die Schwerpunkte durchaus die gleichen sein, die Verankerung bleibt bestehen. Beispiel: statt direkter Aussprache des Regionalbezuges ‚Bayern': ‚weiß-blau'.

Somit setzt sich der *Wert des Markennamens*, also des Namens der Radiostation, aus zahlreichen Image-Assoziationen zusammen: Hörerbindung, positive Einstellung und angenehme Gefühle multiplizieren die Motivation, ein- oder umzuschalten.

Die Positionierung des Senders präsentiert sich im Kontext mehrerer Eigenschaften und im Wettbewerb mit anderen Radiostationen. Zumeist besteht zwischen der Positionierung, wie sie vom Hörer gesehen wird und wie das Unternehmen sich selbst einstuft, eine Kluft. Tatsächlich zählt allein die *Positionierung aus der Sicht des Verbrauchers*!

Die Hauptaufgabe lautet: Abgrenzung gegenüber dem Wettbewerb. Die Herausarbeitung eines *Unique Selling Proposition (USP)*, also eines oder mehrerer Alleinstellungsmerkmale, steht dabei im Vordergrund.

Die USP-Merkmale orientieren sich an den angenommenen *Bedürfnissen der Hauptzielgruppe* des Unternehmens. In ihren Positionierungsbemühungen haben Radiostationen in der Konzeptionsphase bestimmte Zielgruppen im Visier, deren Bedürfnisse im Markt noch nicht abgedeckt sind. Oft sind es die haushaltsführenden Personen – hauptsächlich Frauen – im Alter zwischen 25 und 49, auf die es die Stationen im Namen ihrer Werbekunden ‚abgesehen‘ haben. Wird dieser Zielgruppe bereits durch einen Wettbewerber entsprochen, müssen weitere Alleinstellungsmerkmale definiert werden, die das eigene Programm von dem des Wettbewerbers abgrenzen.

Abb. 15: Markenkonzept

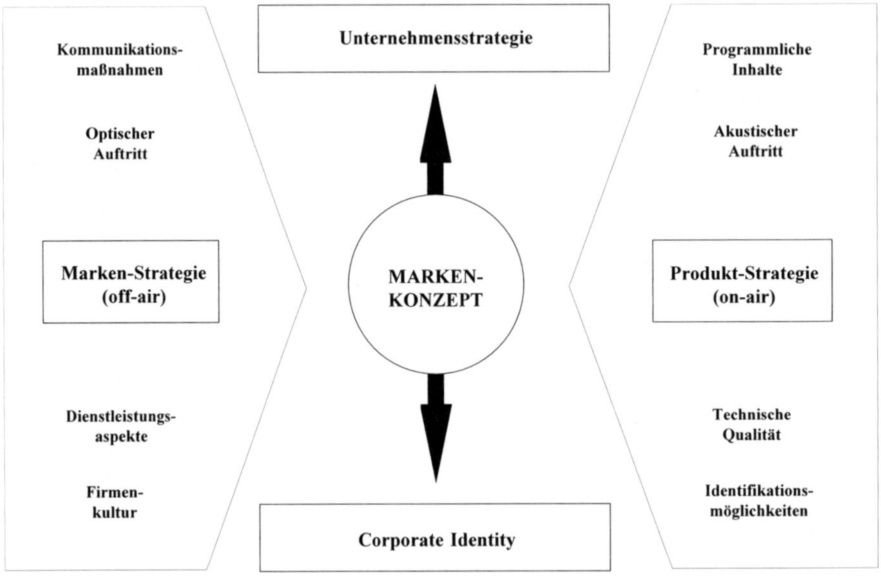

Auf welchem Gebiet kann eine Radiostation Alleinstellungsmerkmale herausarbeiten? USP-Merkmale lassen sich sehr vielfältig gestalten; sie können im Bereich des Namens, des Logos, des Slogans oder Mottos, auch der

Qualität, des Preises, der Produktmerkmale, des Services oder einfach im Image bestehen.

Beispiel 1: Stellt ein Staubsaugerhersteller als einziges Unternehmen ein Gerät her, das neben dem Aufsaugen von Staub auch Absaugen von Flüssigkeiten leistet, ist dies der USP gegenüber anderen Geräten.

Beispiel 2: Vor allem Mineralölgesellschaften haben das Problem, sich abzugrenzen, verkaufen sie doch alle den gleichen Sprit, das gleiche Öl. Dies hat zur Folge, daß der Wettbewerb nicht mehr im eigentlichen Geschäftsbereich der *Mineralöl*-Gesellschaften stattfindet, sondern sich auf den Bereich Service (Beispiel DEA-Slogan „Was können wir für Sie tun?") oder auf das Shopgeschäft (Warenverkäufe von Lebensmitteln bis hin zu Konzertkarten, Reisen und Schallplatten) verlagert.

Beispiel 3: Manchmal wird das Image zum (fast einzigen) Alleinstellungsmerkmal. Bei Kreditkartenorganisationen beispielsweise, deren Leistungen weitestgehend identisch sind. Der Verbraucher kauft – über die eigentlichen Leistungen hinaus – die ‚Markenwelt‘, das Bild, welches er von der Kartenorganisation bekommen hat. Geradezu paradigmatisch steht hier American Express, die mit immer neuen Imagekampagnen die Vorstellung am Leben erhält, es sei etwas Besonderes, ‚Amexco‘-Mitglied zu sein. Das Preis-Marketing (der Jahrespreis der Karte liegt deutlich über dem Wettbewerbsniveau) wird dabei zum zentralen Imagebaustein, läßt er doch den Verbraucher die Exklusivität spürbar erleben.

Die Positionierungsstrategie beruht hauptsächlich darauf, eine Eigenschaft des Produktes oder das Produkt selbst in eine gewisse Assoziations-Welt zu betten. Das gilt genauso für Radiostationen. Ist die Eigenschaft von Relevanz, so bildet diese Kombination den Grund einzuschalten und dem Sender treu zu bleiben. Dabei darf nie vergessen werden, wie wichtig der *Wahrheitsgehalt* in der Kommunikation solcher Eigenschaften ist.

Beispiel: In den Vereinigten Staaten warb der für seine Solidität und Karrosseriesicherheit bekannte Automobilhersteller Volvo mit Crash-Tests, von denen sich später herausstellte, daß sie teilweise manipuliert waren. Die Fahrgastzellen der Wagen waren für die Crash-Tests verstärkt worden. Volvo wurde von der weltweit veröffentlichten negativen Publicity um so stärker getroffen, als die *Positionierung des Markenkerns*, das Hauptalleinstellungsmerkmal ‚Sicherheit‘, *in Frage gestellt* wurde.

Alleinstellungsmerkmal: Name

Der Name einer Radiostation ist das zentrale Signal. Unzählige Male wird er auf dem Sender genannt, gesungen, gesprochen, verwendet.

Beispiel 1: Der *Name des französischen Radiosenders NRJ*, der sich hauptsächlich an eine jugendliche Zielgruppe wendet, ist zugleich Programm. Die drei Buchstaben werden im Französischen *wie ‚Energie‘ ausgesprochen* und verweisen somit auf die Kernpositionierung des Senders: jung, dynamisch, energiegeladen.

Beispiel 2: Der Wettbewerber von NRJ, *Radio Nostalgie*, positioniert sich auch gleich durch seinen Namen. Das nationale Network sendet hauptsächlich Oldies und französische Chansons. Der Name der Station ruft also Assoziationen hervor und beschreibt, besser als jede Formulierung, was der Sender (= die Marke) bietet.

Im deutschsprachigen Raum werden die Vorteile, den Namen als Kernsignal zu verwenden, kaum genutzt! Die Tatsache, daß die Namensgebung die Essenz des Markenkonzeptes ausmacht, hat sich noch nicht durchgesetzt. Wie sonst könnte sich die Radiolandschaft aus *lediglich zwei Namenskategorien* zusammensetzen:

A. Abkürzungen ohne Aussagekraft. Beispiele: FFH, FFN, RTL, NTV, RSH, PRO, RPR, RSA, MK, KW, NWO.

B. *Sach- und ortsbezogene Namen.* Beispiele: Antenne Bayern, Antenne Austria, Antenne Brandenburg, Antenne Niedersachsen, Antenne Düsseldorf, Antenne Ruhr, Antenne 3, Antenne 1 sowie mit verstärktem Lokalbezug: Mainlandradio, Ruhrwelle Bochum, Radio Emscher-Lippe, Radio Lippe Welle Hamm.

Die Namen sind wenig kreativ und reihen sich brav in das bestehende Schema der Namensfindung ein. Auf differenziertere Möglichkeiten der Senderpositionierung durch die Namensgebung wird verzichtet.

Abgesehen von der Möglichkeit, bestimmte Namen auf dem Sender in Sprache oder Gesang (Jingles) umzusetzten, kann der Hörer mit dem Sendenamen ‚Radio Lippe Welle Hamm‘ nichts assoziieren, was auf Inhalte und Positionierung des Sender schließen ließe.

Im Vergleich zu anderen Zweigen der Markenartikelindustrie ist die Namensfindung mittlerweile zu einem eigenen Dienstleistungszweig geworden. Kreativteams wie das von Manfred Gotta oder ‚Nomen‘ suchen in wochenlanger Arbeit – mit Hilfe des Computers – nach treffenden Namen für neue Produkte. Bekannte Namensschöpfungen wie ‚Kelts‘ (alkoholfreies Bier), ‚Corrado‘ (Auto), ‚Birdie‘ (schnurloses Telefon) oder Plantaren (biologisch abbaubarer Waschmittelzusatz) tragen unmittelbar zum Erfolg des Produktes bei.

Die Namensfindung läuft auf unterschiedlichen Wegen ab. Besonders attraktiv können dabei Namen sein, die eine Neuschöpfung darstellen, wie ‚Kelts‘ zum Beispiel. Ein Wort, das bisher nicht existierte, aber aufgrund des Wortstammes bei bestimmten Zielgruppen von Biertrinkern Assoziationen hervorruft, die sich vorteilhaft auf den Absatz auswirken.

In jedem Fall muß der Name einprägsam sein, indem er vielleicht ungewöhnlich klingt, sich dahinter ein Wortspiel versteckt oder er schlichtweg sinnvoll ist. Warum sonst sollte die Marke ‚Vileda' (Wie-leda) so erfolgreich unter den *Stoff*-Wischtüchern sein?

Alleinstellungsmerkmale: Slogan und Logo

Der Markenname kann mit zwei wertvollen Komponenten unterstützt werden:

I. dem Slogan,
II. dem Logo (oder Symbol).

Der *Slogan* unterstützt die Kernpositionierung des Unternehmens beziehungsweise der Marke. Radio Antenne Niedersachsen unterstreicht die Tatsache, daß es sich hierbei um eine Radiostation handelt, mit dem Slogan „Das Radio". Sie versucht, die Alleinstellung durch konkrete Formulierung zu erzielen. Die Kraft des Slogans geht, ähnlich wie beim Markennamen, von den Assoziationen aus, die sich im Kopf des Hörers abspielen. Jedem ist klar, daß es außer Antenne Niedersachsen auch noch andere Sender gibt. Der Slogan ‚Das Radio' bietet keinen Hinweis auf die viel zentralere Frage, „warum dieses Radio?". ‚Das Radio' ist also keine positionierungsfähige Aussage. Bestenfalls in der Betonung der Aussprache auf dem *‚das'* vermag der Name, die Vorstellung hervorzurufen, unter allen Radiosendern dasjenige zu sein, das es zu hören gilt.

Der Slogan
– muß nicht zwingendermaßen auf die Kernpositionierung verweisen;
– er darf lediglich auch *unterhaltend, einprägsam, originell* sein.

Die Geschichte der Werbung zeigt, daß es zahlreiche gelungene Markenartikelslogans gibt, die als Meilensteine in die Werbegeschichte eingegangen sind. Solche Slogans können:
– einen *starken Produkt- und Anwendungsbezug haben*
  (Beispiel: ‚Im Falle eines Falles, klebt Uhu einfach alles')
– durch *Originalität und bewußte Bezugslosigkeit zur sprichwörtlichen Aussage werden*
  (Beispiel: ‚Nicht immer, aber immer öfter', ‚Alles Müller, oder was?')
– oder *direkt auf die Kernpositionierung verweisen*
  (Beispiel: ‚Ellen Betrix, The Care Company').

Der französische Radiosender NRJ wirbt seit Jahren auf Aufklebern, im Programm und auf Plakaten mit dem Slogan *‚La plus belle Radio'* (Das Schönste aller Radios). Ein Slogan, der bewußt einfach, fast dünn klingt, der aber gerade aus diesem Grunde ins Ohr geht (und damit über ein simples „das Radio" hinaus). Der NRJ-Slogan steht allerdings nie allein. Er ist immer in die Gesamtheit des NRJ-Markenauftrittes eingebunden, der sich aus Namen, Logo und Slogan zusammensetzt (siehe Abb. 16 im Bildteil). Die Entwicklung des Logos folgt der Markenstrategie und damit der Kernpositionierung des Senders: jung, dynamisch, erfolgreich und dient der besseren

Abgrenzung gegenüber Wettbewerbern im stark von Vergleichbarkeit geprägten Radiomarkt.

Corporate Design

Die Kreation des *Logos* beginnt mit der Suche nach einem *Key Visual,* also
nach einer zentralen optischen Aussage. Ziel ist es, daß dieses Symbol – auch
ohne direkte Namensnennung – das Unternehmen oder die Marke assoziieren läßt.

Beispiel: die Deutsche Bank besitzt als Logo ein *Quadrat,* in dem eine
Diagonale von links unten nach rechts oben aufsteigt. Das Quadrat steht seit
den griechischen Philosophen für rationales Denken, die Diagonale läßt
Assoziationen zu Wachstum, Steigerungsraten etc. zu. Mercedes Benz ist mit
dem *Stern* berühmt geworden, Opel mit dem *Blitz,* der Chemiekonzern Azko
mit dem die *Arme ausbreitenden Menschen.* All diese Symbole sind kongru-
ent geworden mit dem Namen, den sie vertreten.

Neben den klassischen Symbolen können aber auch *ikonographisch jüngere
Figuren* zur Identitätsbildung beitragen. Gerade für zahlreiche Radiostatio-
nen scheinen diese eine besonders angemesse Form zu sein. So setzen viele
Sender auf Sympathieträger wie *Tiere oder Phantasiefiguren.*

Beispiele: Bei NRJ ist der Markenname mit der Figur des *Panthers* verbunden worden. Dieser stellt eine Imagekomponente dar, die aus der Kernpositionierung des Senders resultiert: der Panther ist schnell, dynamisch, voller
Kraft (Energie) und überdies elegant – alles paßt zum Namen ‚energy‘.
Radio 100,6 in Berlin wirbt mit einem *Frosch,* Radio Gong Nürnberg mit
einem *Bären,* bei RTL Radio bekommt das *Mikrofon Augen und Mund.* Ziel
dieser Figuren: sie wecken Sympathie und personifizieren den Sender. In
Kapitel IV (Promotion) wird darauf nochmals eingegangen.

Zusammenfassung

Der grafische Auftritt ist also ein Zusammenspiel aus den Faktoren:
– *Name*
– *Logo*
– *Slogan*

Das Image des Senders und seine Positionierung müssen sich im optischen
Auftritt ebenso wiederfinden wie im Programm. Ziel ist es, das Wesen, die
Persönlichkeit und damit eben die Inhalte des Programmes schnell und
einleuchtend über die drei genannten Faktoren zu transportieren.

Tabelle 1 zeigt, daß die Gestaltung des *Corporate Design* bestimmten Grundsätzen hinsichtlich *Farb- und Formsymbolik* folgt.

Tabelle 1 **Corporate Design Richtlinien**		
Stimmung/Atmosphäre	*Image*	*Farbkombinationen*
im Hintergrund, neutral	warm gefällig soft	Pastelltöne warme Töne grauer Hintergrund
persönlich, gesellig, gemütlich	kräftig bodenständig liebenswert	pfirsich, blau grün, dunkelrot
solide, reif, erwachsen	gewichtig seriös kühl	hellbraun, dunkelblau violett, gold, kupfer
jugendlich, flexibel, flott	kraftvoll dynamisch vielseitig	Kombination der Spektralfarben
pulsierend, anregend	schnell hot, dynamisch	rot, dunkelorange gelb, Schwarztöne
unstrukturiert, vielschichtig, frei	vielseitig, bunt, für alle	Blautöne mit dunkelrot, gold

Beispiel: Auch hinsichtlich der Farbgebung erweist sich der NRJ-Markenauftritt als vorbildlich (Abb. 16 im Bildteil). Der Schriftzug des Namens ist knallrot, mit einer gelb-schwarzen Kontur, der daraus entspringende Puma schwarz. Damit sind energiereiche, positive und Selbstbewußtsein assoziierende Farben gewählt worden.

Beispiel: Im Überangebot des amerikanischen Radiomarktes, inbesondere in Ballungszentren wie New York City, geht es den Stationen um die Penetration ihrer Frequenzen. Das Beispiel in Abbildung 17 (siehe Bildteil) zeigt auf schwarzem Hintergrund in gelben Ziffern die Frequenz 102,7 von Radio WNEW-FM mit dem Slogan ‚Where Rock lives‘, beide Schriften in weißen Lettern. Das Komma zwischen 102 und 7 wird ersetzt durch einen lokalen Imagebaustein, die Freiheitsstatue New Yorks in zielgruppenangepaßtem Layout: in grün. Auch der Erfolgssender ‚Kiss FM‘ setzt auf plakative Aussagen. Ein knallroter Kußmund, als naheliegendes Key Visual auf schwarzem Hintergrund und weißer Schrift setzt auf schnelle Wiedererkennbarkeit und Einprägsamkeit(siehe Abb. 18 im Bildteil). Die dunkelrote Farbe des Kußmundes auf schwarzem Hintergrund paßt zur Solid-Gold-Positionierung des Senders.

Abschließend läßt sich die Suche nach der geeigneten Unternehmensstrategie einer Radiostation in einer Checkliste von 10 Punkten zusammenfassen, die ihre Wirkung in der Summe der einzelnen Ergebnisse erzielt:

Checkliste Unternehmensstrategie

1. Hörermarkt

2. Werbemarkt

3. Unternehmensphilosophie

4. Zielgruppe

5. Leitlinien – Vision

4. Positionierung

5. Kommunikation

6. Organisationsstruktur

7. Marken-Konzept

8. Optischer Auftritt

9. Management-Konzept

10. Programm-Konzept

Ständige Flexibilität

Trotz aller Checklisten, Formulare und Techniken muß die Unternehmensstrategie der Fähigkeit zur ständigen Flexibilität entspringen. Die daraus resultierende Kontinuität im Erfolg eines Senders beweist seine Fähigkeit, jederzeit zu Änderungen bereit gewesen zu sein und Flexibilität als eine der höchsten Prioritäten erkannt zu haben.

III. Management Konzept

„Don't plan it, do it"

Tom Peters

Die über 2000 Jahre alte taoistische Aussage des Zhuang-zi, nach der sich alles im Fluß befindet, hat heute mehr denn je Gültigkeit. *„Nach Zhuang-zi also befinden sich alle Dinge in einem unaufhörlichen Zustand der Wandlung, jedes auf seine eigene Art. In dieser ewig währenden Wandlung erscheinen und verschwinden die Dinge. Was wir ‚Zeit' nennen, spielt nicht die geringste Rolle."*
Auch der niederländische Autor Cees Nooteboom legt in seinem Roman, ‚Rituale', der Figur Philip Taads diese Erkenntnis in den Mund. Die Idee der im Fluß befindlichen Welt, dem Immergleichen im ewigen Wandel haben von den Buddhisten bis hin zu Schopenhauer Gelehrte und Denker als zentrale Aussage ihrer Philosophien für sich erkannt. Gerade für das Radio, das unter anderem seine Daseinsberechtigung in der Bedienung immer dynamisierterer Prozesse der Informationsgesellschaft zieht, muß dieser Ansatz gültig sein.

A. Grundsätze des Radio-Managements

Theorie und Praxis sind die polarisierenden Faktoren jedes Managements. Beide haben Vor- und Nachteile. Der Praktiker wartet mit konkreten Tips auf, die leider meist viel zu stark aus der Retrospektive eigener Erfahrungen geprägt werden und zu wenig Einflußfaktoren interner und externer Beziehungsfelder in aktuelle Entscheidungsprozesse einbeziehen. Theoretiker hingegen fühlen sich auch im Tagesgeschäft fürs Denken bezahlt und versuchen, die Sicherheiten des akademisch-universitären Lebens auch in der täglichen Praxis anzuwenden (häufig gesehenes Phänomen in Unternehmensberatungen).

Daher wird nicht nur eine Lösung entwickelt, sondern gleich mehrere Varianten, die zum Ziel führen sollen. Es mangelt zumeist an Erfahrung und pragmatisch orientiertem Denken, eine Disziplin, für die andere zuständig sein müssen. Ohne gleich für die bewährte ‚goldene Mitte' plädieren zu wollen, die prinzipell kein schlechter Ansatz sein muß, soll zunächst der inhaltlich-mentale Aspekt hinter diesen Verhaltensmustern betrachtet werden.

Die Frage der Entscheidung zwischen Theorie oder Praxis stellt sich weniger, als die Forderung, von verwalterisch orientierten Typen zu gestalterisch motivierten Managern zu kommen. Für die Führung einer Radiostation bedeutet dies, daß das Konzept, allein nach betriebswirtschaftlichen Standards alles im Griff zu haben, nicht ausreicht.

Über der eigentlichen Radioarbeit in Programm und Management muß eine *faszinierende Vision* stehen, die keineswegs ausformuliert sein muß. Im Gegenteil, sie *atmosphärisch zu leben*, bewegt mehr als jede Formulierung. Dies ist allerdings auch ungleich schwerer.

Die harten Management-Faktoren weichen also nicht – wie in Management-Büchern oft beschrieben – den weichen Faktoren, sondern sie bilden das *Fundament zu längst überfälligen, neuen Denkansätzen im Management*. Die Instrumente der klassischen Managementlehre wie Zielsetzung und Strategie bleiben hervorragende Mittel, um den Mitarbeitern die Vorstellungen der Führungsebene verständlich zu machen.

Die weichen Faktoren prägen hingegen die *tatsächlichen, neuartigen Leistungen*, die von Begriffen wie Vision, Kultur, Lebensgefühl und Emotion bestimmt werden. Es ist die Aufgabe des Geschäftsführers und der Direktoren, solche Ansätze vorzu*leben*. Zahlreiche Manager sind stolz auf die Tatsache, alles im Griff zu haben. In Darstellungen ihrer Managementansichten bieten viele Analogien zu Extremsituationen wie Bergsteigen, Segeln oder gar Militär.

Beispiel: Der Wiener Kultur-Manager Dr. Ernst Strohal gab auf Nachfrage bei einem schwierigen diplomatischen Problem mit einem Beratungskunden den Tip: „*confuse them*" (verwirrt sie). In zahlreichen Fällen ist das der denkbar einzige Ansatz, um festgefahrene Situationen mit Verhandlungspartnern, aber auch verkrustete Strukturen im eigenen Unternehmen zu lösen.

Das Geordnete, Geregelte läßt einen Betrieb in den ewig gleichen Abläufen und Strukturen denken. Vor allem in öffentlich-rechtlichen Hörfunkprogrammen regiert der Bürokratismus, den es endlich zu zerschlagen gilt. Die Devise lautet:

1. Verwirrung stiften
2. neu organisieren
3. neu strukturieren.

Diese Form des gezielt eingebrachten Chaos bewirkt, daß alle die derzeitige Situation überdenken müssen, Altes neu zusammengefügt wird und der Satz „Das war bei uns schon immer so" keine Chance mehr hat.

Überkommenes Verhalten ist es:
  – wenn Manager, die meinen, *alles wissen* zu *müssen*, sich aus Angst vor Kompetenzverlust nicht trauen, zu fragen.
  – wenn Programmdirektoren und Geschäftsführer sich mit Mitarbeitern umgeben, vor denen sie „nichts zu befürchten haben". Der treu Untergebene ist ein Langweiler, der um seinen Job zittert.

Subversives Verhalten dagegen heißt:

- Hierarchien zu zerstören und andere Systeme aufzubauen; Schluß zu machen mit der Posten- und Pöstchenschieberei. Sich zutrauen, zu desorganisieren: die Bürokratie läuft ohnehin wie geschmiert.
- zu wissen, daß Chaos nicht Ziel- und Planloses bedeutet; vielmehr eine Methode, Zusammenhängen, die mit klassischen Ordungsprinzipien nicht mehr steuerbar sind, mit äquivalenten Mitteln gerecht zu werden. Die tradierten Sicherheitsvorstellungen konventioneller Manager werden daher so schnell zu Fall gebracht, wie der Prozeß des Wandels voranschreitet.
- die unterschiedlichsten Typen einzustellen. Denn: Langweiler haben langweilige Ideen, gelernte Journalisten journalistische Ideen (die es alle schon einmal gegeben hat) usw. Querdenker sind Leute, die einem vielleicht das Leben schwer machen, die aber helfen, interdisziplinär, also übergreifend, zu denken.
- nie Angst um den eigenen Job zu haben, im Gegenteil. Am besten umgibt man sich mit Mitarbeitern, die sich alle am liebsten sofort selbständig machen würden. Deren Enthusiasmus zu nutzen, ihn zu kanalisieren für die Ziele des Senders und des Programmes, muß die Absicht sein.
- Leute zu pflegen, die anderer Meinung sind. Mit Chaoten, Exoten und ähnlichen zu sprechen.
- Dinge zu machen, die man noch nie zuvor getan hat: Ungewöhnliches, das überhaupt nicht zum eigenen Arbeitsbereich gehört.
- die Möglichkeit zu ergreifen, Vorträge oder Kurse über die eigene Tätigkeit und deren Problemfelder abzuhalten. Dort ist das feed-back entscheidend: derjenige, der die vorgeschlagenen Thesen ablehnt, ist der wichtigste Gesprächspartner.

■ *Unternehmenshierarchien*

Die weichen Faktoren müssen durch die Mitarbeiter der Station getragen werden. Dazu kann eine *Dezentralisierung von Entscheidungsprozessen* beitragen:
- sie hat motivierenden Aspekt (unternehmerisches Denken, Selbstkontrolle, eigenständiges Agieren),
- erfüllt aber auch ganz praktische Anforderungen, wie Delegierung von Aufgaben und effizientere Durchsetzung von Projekten.

Der Vorteil, der bei vielen privaten Radiostationen entstanden ist, indem aus der Not eine Tugend gemacht wurde, muß sich im Sinne der Wettbewerbsfähigkeit nun auch bei den öffentlich-rechtlichen Radioprogrammen durchsetzen.

Hierarchien zu verdammen, wäre allerdings ein Fehler. Zwar stimmt es, daß diese Strukturen für die Zukunft nicht mehr tragfähig sind, ersetzt werden können sie allerdings nur, wenn den Mitarbeitern *andere Möglichkeiten* eröffnet werden, *sich gegenüber Kollegen in bezug auf Leistung und Karriere abzugrenzen.*

Für viele ist nämlich die klare Positionierung und damit auch die eigene Bedeutung in einem Unternehmen wichtigstes Element des Selbstverständnisses – bedauerlicherweise. Vor allem in Unternehmen, in denen stark kompetitiv denkende Mitarbeiter beschäftigt sind, wie bei Radio- oder Fernsehstationen, ist oftmals der höhere ‚Rang‘ ein wesentlicherer Faktor als die Gehaltserhöhung.

Die beiden wesentlichen Komponenten in der Unternehmensorganisation von Radiostationen sind:

1. *die Organisationsstruktur,* in die sich die Mitarbeiter mit ihrem Arbeitsfeld einordnen,
2. *die Lebensphasen* der Radiostation.

Die Organisationsstruktur wird hauptsächlich von der bereits getroffenen strategischen Grundausrichtung des Unternehmens bestimmt. An dieser Stelle müssen die abstrakten, strategischen Ansätze des Gesamtkonzeptes in eine operative, konkrete Organisationsform umgesetzt werden.

Der Traum aller ‚militärisch‘ denkenden Manager erfüllt sich in der *Linienorganisation,* der *klassischen Organisationsform.* Grundidee ist die Verbindung einer Stelle durch eine einzige Linie mit der vorgesetzten Instanz. Das bedeutet natürlich auch, daß die Kommunikation, in der konsequenten Durchsetzung, nur in diese beiden Richtungen, die Entscheidung ohnehin nur in eine erfolgen. Manager, die in diesen starren Hirarchieformen oben stehen, versprechen sich von dieser Organisationsform eine optimale Durchsetzung ihrer Machtansprüche.

Diese tradierten Vorstellungen der Strukturierung von Unternehmen sind häufig zu finden. Sie sind bequem und sichern die Machterhaltungsansprüche der Vorgesetzten.

Die eindeutigen Unterstellungsverhältnisse haben zwar den Vorteil der klaren Kompetenzen und Verantwortungen, um so nachteiliger wirkt sich jedoch aus, daß diese Hierarchiestufen in kleinen Unternehemen wie Radiostationen (zwischen 10 und 100/120 Mitarbeitern im privaten Hörfunk pro Station) nicht eingehalten werden.

Dies führt zu
1. einer *absoluten Überlastung der Spitze,*
2. langfristig zu *Kommunikationsproblemen.* Nur stark gefilterte Informationen dringen nach oben, da die Hierarchiestufen gegen den natürlichen Informationsstrom durchgesetzt werden.

Eine Abwandlung dieser Unternehmensorganisation ist die *funktionale Organisationsstruktur.* Sie basiert deutlicher auf den Kerntätigkeiten der Ra-

Abb. 19: Organigramm, landesweiter Sender

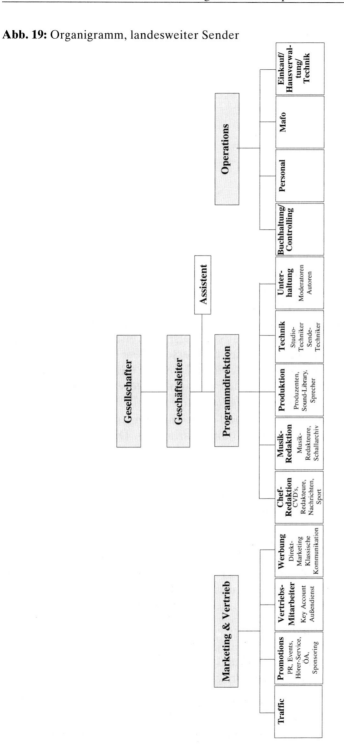

diostation wie Programm und Management und gliedert Stellen um diese Struktur, wie in Abbildung 20 dargestellt.

Abb. 20: Organigramm, Stabskonzept

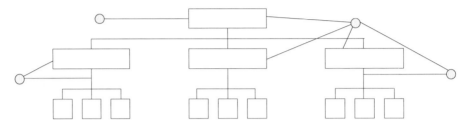

Nach: Gomez, Unternehmensorganisation

Für Radiostationen, insbesondere für öffentlich-rechtliche Hörfunkprogramme mit ihren komplexen Strukturen, empfiehlt sich daher die *„Stab-Linien-Organisationsform"*. Diese basiert auf der Idee, daß eine Position nicht nur einer übergeordneten Instanz, sondern darüber hinaus auch einer Stabsstelle zugeordnet ist. Hierbei kann es sich beispielsweise um einen Fachbeirat handeln, der direkt in der Linie, auf verschiedenen Ebenen, Projekte realisiert, berät oder planerisch eingreift. Ein Stab stellt also keine Instanz dar und hat keine direkt ausführende Funktion. *Vorteile solcher Stabsstellen für einen Programmdirektor / Geschäftsführer:*

– qualifizierte Problemanalyse und Entscheidungsvorbereitung durch Fachleute des Vertrauens, die unmittelbar an den Direktor angebunden sind,
– Entlastung der Linieninstanzen oder des Geschäftsführers selbst.

Oft kommt es vor, daß solche Stabspositionen zu hausinternen Planungs-, Beratungs- oder Serviceabteilungen ausgebaut werden.

Nachteil dieser Organisationsform:
– Kompetenz-Streitigkeiten zwischen Linie und Stab,
– Entwicklung einer Zweiklassen-Gesellschaft innerhalb des Unternehmens, die jene Mitarbeiter demotiviert, die den einflußreicheren Stabsmitarbeitern nicht angehören bzw. sich von diesen belehren lassen müssen.

Eine *Organisationsform der Zukunft* stellt für Radiostationen sicherlich die *Matrixorganisation* dar. Sie folgt der bereits beschriebenen Unternehmensstrategie, deren wesentliches Merkmal die *Unterteilung der Organisation in die Bereiche „Management" und „Programm"* ist.

Die Matrixorganisation entsteht durch die Verknüpfung dieser beiden Unternehmensfelder. Eine solche Organisationsform beendet die ‚klare Zuständigkeit' nicht, um zu verwirren, sondern um die Teamarbeit in den

Vordergrund zu stellen. Es entsteht eine *duale Unterteilung der Kompetenzen und Verantwortlichkeiten.*

Die Aufgabe für das Klein-Unternehmen Radiostation im Hinblick auf die Mitarbeiterzahl besteht darin, eine solche koordinationsintensive Unternehmensstruktur gerade noch bewältigen zu können. *Ihre Chance* besteht darin, in flachen Hierarchien zu außergewöhnlichen Leistungsergebnissen durch synergetische Nutzung der Mitarbeiterproduktivität und -kreativität zu kommen.

Abb. 21: Die Matrixorganisation

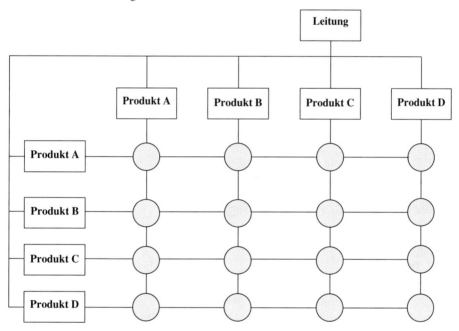

Nach: Gomez, Unternehmensorganisation

Bei dieser Betriebsform teilen sich also ein Kollege aus dem Management und ein Kollege aus dem Programm die Kompetenz für ein zuvor definiertes Feld. Die Art der Zusammenarbeit wird an den Positionen Traffic (Verkauf) und Continuity (Programm) am praktischen Beispiel dargestellt.

Vorteile dieser Organisationsform:

– höhere Flexibilität,
– bessere Kommunikation und Informationsaustausch,
– Notwendigkeit der gemeinsamen Lösungssuche,
– Beendigung des Grabenkampfs zwischen Management und Programm.

Dazu notwendig:

– hohe soziale Kompetenz der Mitarbeiter, um lähmendes Kompetenzge-
  rangel und Machtkämpfe zu vermeiden.

Die Beschreibung von Organisationsformen wie dieser richtet sich eher an
große landesweite Stationen und öffentlich-rechtliche Sender. *Kleinere und
regionale Radioanbieter* leben doch mehr oder weniger davon, daß jeder alles
macht. Es ist durchaus nicht unüblich, daß Mitarbeiter aus der Salesabtei-
lung auch moderieren und Redakteure Kundenpromotions entwickeln, Se-
kretärinnen ein Talent für das Schreiben von Werbespots offenbaren und
der Bote seine Stimme für Spots leiht. *Fast* handelt es sich um eine *natürlich
gewachsene Matrixorganisation*, deren *Schlüsselwort „Flexibilität"* lautet.

Abbildung 22 verdeutlicht die Unterteilung der Managementkonzeption in
vier wesentliche Bereiche:

Personal, Marktforschung, Verkauf und Marketing.

An dieser Strukturierung orientieren sich auch die folgenden Abschnitte.

Abb. 22: Aufbau der Management-Konzeption

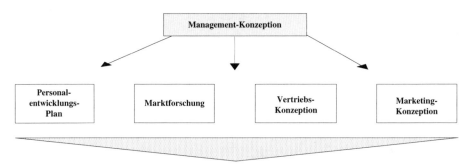

B. Personal

Radio machen und für das Radio arbeiten hat ein außergewöhnliches Flair,
eine Faszination, an der jeder Mitarbeiter teilhat, vom Programmdirektor
bis zur Sekretärin, vom Geschäftsführer bis zur Rezeptionistin. Besonders
in den Phasen des Aufbaus einer Radiostation wachsen die Mitarbeiter zu
einer echten Gemeinschaft zusammen. Die Kunst, diese Euphorie des An-
fangs nach 12 Monaten in das Alltägliche der Zusammenarbeit hinüberzu-
retten, ist bislang kaum einem Programmdirektor oder Geschäftsführer
wirklich geglückt.

So ist die *Fluktuation enorm.* Nach 18 Monaten ist in der Regel der Mitarbeiterstamm zu 50% bis 80% ausgewechselt. Bedauerlicherweise gilt auch heute noch die alte Regel, daß jene, die eine Station aufbauen, sie nicht betreiben. Worin liegen die Ursachen?

Zum einen in der Beschäftigung überqualifizierter Mitarbeiter in der Aufbauphase, die sich dann neuen Projekten zuwenden, zum anderen in der Haltung vieler Mitarbeiter, den Sender als Durchgangsstation und Karrieresprungbrett zu betrachten.

Die Wünsche-Hitliste sieht im allgemeinen so aus:
– regionale Station, landesweiter Sender oder
– öffentlich-rechtlicher Hörfunk und dann Fernsehen.

Der amerikanische Autor Michael Keith beschreibt Radiostationen als eine Mischung aus Theater und Autoverkauf – zum Leidwesen vieler Programmleiter überwiegt jedoch oft der theatrale Aspekt. Es folgt eine kurze Typisierung der Nischen, in deren Nähe sich viele Sendestationsmitarbeiter erfahrungsgemäß aufhalten.

Verschiedene Mitarbeitertypen

Typ A: Die „Primadonna"

Sie mag ohne Bestätigung durch die Kollegen oder den Programmdirektor nicht richtig arbeiten und verschickt im Falle von Kritik eingeschriebene Kündigungsandrohungen. Wirklich kündigen wird sie nie, da sie nur von hier Bestätigung erfahren kann, die sie vermeintlich zum Leben braucht. Gern beauftragt sie darum Bekannte, Fanpost an den Sender zu richten.

Typ B: Der „Absahner"

Er ist nicht nur als Moderator bei einer kleinen Radiostation beschäftigt, sondern spricht lokale Werbespots für einen anderen Sender in der Stadt, und er hat noch ein kleines Engagement bei einer dritten Station, ein paar Kilometer entfernt. Das „echte Geld" aber verdient er mit Auftritten in Bierzelten und bei Firmenjubiläen. Da kassiert er reichlich schwarz, was ihn dazu befähigt, staunende Praktikanten und Volontäre in Gaststätten der Region generös einzuladen und sie gelegentlich aufgrund ihres schmalen Salärs großkotzig als „Pippis" zu bezeichnen.

Typ C: Der „Oberschlaue"

Er ist der selbstgefällige Journalist, vielleicht ein umgeschulter Studienrat, der 60% seiner Arbeitszeit darauf verwendet, dem Programmleiter klarzumachen, daß es ohne ihn nicht mehr geht. Weitere 30% des Tages ist er damit beschäftigt, Überstunden zu notieren, die er dann als Gesellschaftereinlage geltend macht, sobald der Sender von einer Teil- auf eine Vollfrequenz wechselt. Da die Kabelgesellschaften jeden Antragsteller berücksichtigen müssen, klagt er sich rasch ein und wird vom ätzenden Kollegen zum Klein-Gesellschafter.

Typ D: Die „Mütterliche"

Sie ist die zentrale Figur des Senders und hat zumeist eine Karriere als freie Mitarbeiterin beim öffentlich-rechtlichen Hörfunk oder anderen großen Sendern hinter sich, was bis zu ihrem Outing als „Versprecher-Königin des Jahres" das programmentscheidende Argument jedes Stationsmeetings war. Abgesehen von einem Kleinkind, das unter den Redaktionstischen das Laufen erlernt, versorgt sie die gesamte Mannschaft mit guten Worten und Zwischenmahlzeiten, die gleichermaßen aus Mund und Schreibtisch quillen.

Typ E: Der „Beliebte"

Er ist der wahre Held der Station, spricht nur schlecht hochdeutsch, meist deftigen Dialekt, hat keine Ahnung von Musik, noch weniger von redaktionellen Dingen und ist eigentlich etwas unterbelichtet. Er war möglicherweise Hosenverkäufer oder in einem Möbelgeschäft tätig und hat bei der ersten Umfrage – zum Entsetzen aller – als beliebtester Moderator beim Publikum abgeschnitten. So einfach gestrickt und humorvoll er ist, kann ihm schließlich keiner böse sein. Seither sitzt er nur noch im Produktionsstudio, telefoniert von dort aus auf Kosten des Senders mit seinen Liebschaften und wartet auf den großen Erfolg.

Denn – eines haben alle gemeinsam: keiner von ihnen würde sich bei einem großen Sender bewerben, keiner auf die Annonce einer überregionalen Station reagieren. Sie alle werden selbstverständlich „geholt".

Die Charaktere sind sicherlich überzeichnet und der geneigte Leser erkennt die Portion Sarkasmus, die in diesen Beschreibungen steckt. Aber tendenziell soll damit eines verdeutlicht werden: daß solche Nischen überhaupt erst entstehen können, dafür sind alte Strukturen verantwortlich, die verändert werden müssen, wenn ein Sender auch in Zukunft langfristig erfolgreich sein möchte.

Ein weiteres, in der Typisierung angeschnittenes Problem lautet: *Recruting*. Woher gute Leute nehmen, die nicht viel kosten? Wenn sie ausgebildet sind und wirklich gut, dann verlassen sie eine kleinere Station bald. Doch selbst Profis, die zu einem anderen Sender wechseln, brauchen eine Einarbeitungszeit. Sie müssen auf das neue Sender-Format geschult werden, die Phrasiologie und den Umgang mit der neuen Technik lernen.

Radiostationen in Deutschland, Österreich und der Schweiz beschäftigen Tausende von Mitarbeitern in Programm- und Managementfunktionen. Seit der Liberalisierung der Hörfunkgesetze im deutschsprachigen Raum weisen die Auswertungen der Angebot- und Nachfragesituation (zum Beispiel der Verbandszeitschrift „Der Jounalist") für Berufe im Bereich der elektronischen Medien *enormen Personalbedarf* aus; dies vor allem im Bereich der Lokal-, Sport-, Musik- und Nachrichtenredaktionen.

Frauen beim Radio

Gleichzeitig ist das Radio längst *keine Männerdomäne mehr*. Frauen haben mehr denn je Aufstiegs- und Karrierechancen und dies keinesfalls nur in Büro- oder Sekretariatspositionen. Viele Sender haben Chefredakteurinnen, eine weibliche Leiterin der Musikredaktion oder eine programmverantwortliche Direktorin. Frauen werden dabei – vielleicht schon mehr als in anderen Berufen – als gleichberechtigte Kollegen, beziehungsweise Vorgesetzte akzeptiert; wobei es noch eine Weile dauern wird, bis sich Gleichberechtigung auf allen Ebenen durchgesetzt hat. Im Bereich der politischen Berichterstattung handelt es sich um ein Generationenproblem, das sich in den meisten Fällen auf natürliche Weise lösen wird. Es fällt auf, daß manche Herren aus Politik und Wirtschaft die Fragen von weiblichen Reportern mit dem gewissen „väterlichen Lächeln" beantworten und die Journalistin damit offensichtlich nicht so ernst nehmen, wie einen ebenso qualifizierten, männlichen Kollegen.

Jobs im Radio

Radiostationen bieten eine Fülle von Berufsbildern und Karrierechancen. Der weit verbreiteten Meinung, im Radio gäbe es hauptsächlich Moderatoren und ein paar Journalisten, muß entschieden entgegengetreten werden. Bei der nachfolgenden Darstellung handelt es sich um einen Überblick über Stellen und Berufsbilder einer Radiostation. Die Stellenbeschreibungen dieser Positionen sehen von Station zu Station unterschiedlich aus oder werden anders benannt. Viele der beschriebenen Stellen und Funktionen werden in mittleren und kleineren Stationen in einer Person zusammengelegt. Beispiel: in großen Sendern und Funkhäusern gibt es eine Person, die sich ausschließlich um Hörerpromotions kümmert, in einem kleinen Stadtsender wird diese Aufgabe unisono zusammen mit dem Werbezeitenverkauf, dem Marketing und der Moderation übernommen.

Stellenbeschreibungen

■ Der Geschäftsführer (General Manager)

Der oder die Geschäftsführer übernehmen die Verantwortung für das gesamte Unternehmen gegenüber:
- den Eigentümern, Gesellschaftern oder Aktionären,
- der Öffentlichkeit,
- der lizenzgebenden Stelle,
- den Mitarbeitern.

Jeder Geschäftsführer definiert seine Art der Unternehmens- und Personalführung etwas anders. Wesentlich an dieser Position: *das Verständnis für*

programmliche wie betriebswirtschaftliche Fragen gleichermaßen. Das Geschick in der Zusammenführung dieser beiden Felder trennt die guten von
den schlechten.

In der klassischen Hierarchie werden dem Geschäftsführer neben *einem*
Assistenten oder persönlichen Referenten (vor allem bei Intendanten des
öffentlich-rechtlichen Systems) *drei Direktoren* zugeordnet. Genau wie in
jeder anderen Branche auch, ist es ein langer Weg an die Spitze.

Um als Geschäftsführer einer Radiostation erfolgreich zu sein, muß man
nicht zwingendermaßen eine Karriere im Radio- oder Broadcastinggeschäft
hinter sich haben. Unzählige neue Hörfunkprogramme erfordern ebensoviele Manager, die sie betreiben. Vielfach schickten bisher die Verlage – als
Hauptgesellschafter zahlreicher regionaler und überregionaler Rundfunkstationen – die ‚zweite Garde‘ in das neue Medium. Nicht selten wurden
Stadtsender und Lokalstationen, aber auch überregionale Sender zum Ab-
stellgleis ausrangierter Printjournalisten oder Verlagsmanager. Nie werde
ich mein Erstaunen auf die Frage eines ebensolchen Programmleiters hin
vergessen, der mich in bezug auf einen niederbayerischen Sender fragte:
„Was machen die da unten für ein Blatt?“

Die bisherige Annahme, printerfahrene Verlagshäuser seien für den Betrieb
elektronischer Medien besser geeignet als andere Unternehmen, ist unrich-
tig. Dies haben mittlerweile auch politische Instanzen und lizenzvergebende
Stellen erkannt, nachdem zu viele falsche konzeptionelle Ansätze, auch im
redaktionellen Bereich, zutage traten.

Geschäftsführer von Radiostationen haben im besten Fall eine *Ausbildung*
in Programm und Management. Vor allem in den Vereinigten Staaten exi-
stieren zahlreiche Schulen und Studiengänge, die sich auf die Ausbildung
von Medien-Managern spezialisiert haben. Nichts läßt das Vertrauen in
einen General Manager (GM) und seine natürliche Autorität schneller
schwinden, als die Offenbarung von Unkenntnis über das Wesen des Radios,
das Programm, redaktionelle Zusammenhänge oder Musikformate. Gleichzeitig werden von ihm Kenntnisse in Betriebswirtschaft, Buchhaltung, Fi-
nanzwesen, Marketing, Verkauf und Öffentlichkeitsarbeit erwartet. Da er
den Sender nach außen repräsentiert, ist ein Mindestmaß an Redegewandt-
heit (gerade bei einem Radiosender) sowie Weltoffenheit nicht unwesentlich. Mitarbeiter erwarten von ihrem Geschäftsführer Antworten auf Fach-
fragen, sie erwarten Leitlinien und eine Vorbildfunktion.

Radio bewegt sich allerdings schon immer in einer Branche, in der die
praktische Erfahrung mehr wiegt als theoretisches Wissen. Dies geht teilweise auf den klassischen Ausbildungsweg des Redakteurs zurück. In einem
Volontariat, einer zweijährigen Lehre nach dem Abitur (mit abgeschlosse-
nem Hochschulstudium), erlernt dieser das ‚Handwerk‘.

Junge Kollegen, die Ambitionen auf eine Position als Geschäftsführer einer Radiostation haben, arbeiten neben ihrem betriebswirtschaftlichen Studium in einem Sender, im Bereich Redaktion oder Management, und bewerben sich nach Abschluß um die Position eines *Assistenten der Geschäftsleitung*.

Zumeist rekrutieren sich Geschäftsführer aus dem Bereich *Verkauf*, da ihnen aufgrund des betriebswirtschaftlichen Hintergrundes eine höhere Kompetenz für die Leitung des Unternehmens zugesprochen wird als einem Kollegen aus dem Bereich Programm.

Neben solchen gibt es einen weiteren Karriereweg, der zum Radio führt: teilweise haben *Quereinsteiger aus Agenturen, Media-Broker-Firmen oder Vermarktungsgesellschaften* sehr gute Chancen, da man sich von ihrem Know-how vor allem Impulse in bezug auf die Vermarktung der Station erwartet.

Bei allem Respekt vor der programmlichen Leistung einer Station *geht es den Eigentümern oder Gesellschaftern zumeist darum*, eine *betriebswirtschaftlich orientierte Persönlichkeit* für die Leitung des Senders zu gewinnen, die nicht nur effizientes, zahlenorientiertes Handeln verspricht, sondern auch die Radiostation so gut wie möglich vermarktet.

Eine Aufgabenteilung, für die einiges spricht (sofern die Größe des Senders dies zuläßt) und die in anderen Bereichen ebenso funktioniert, so zum Beispiel dem Theater, das neben dem künstlerischen einen geschäftsführenden Direktor beziehungsweise Intendanten hat. Die Praxis im Ausstellungswesen lehrt, daß es sowohl erfolgreiche Direktoren gibt, die von betriebswirtschaftlicher oder juristischer Seite her kamen (zum Beispiel Christoph Vitali als Schirn-Kunsthallenleiter in Frankfurt), wie auch vom Fach stammende (zum Beispiel Harvey Lichtenstein als Direktor der Brooklyn Academy of Music, New York), die sich als wahre Zahlenakrobaten entpuppten – sicherlich mit Hilfe guter Berater von der jeweils anderen Seite.

Grob formuliert lauten die Anforderungen an einen Geschäftsführer:
– eine schlanke,
– gut strukturierte,
– gesunde Radiostation zu führen.

Eine Aufgabe, die sicherlich nicht immer ganz einfach ist. Fast alle Radiostationen werden von Geschäftsführern im Namen einer Eigentümergemeinschaft, den Gesellschaftern, geführt. Diese achten nicht nur auf die positive Geschäftsentwicklung des Senders und setzen wirtschaftliche Ziele, sondern entwickeln mitunter großes Interesse für die Zusammenhänge und Abläufe einer Station. Dadurch neigen sie dazu, in die Entscheidungswege, manchmal sogar in das Programm einzugreifen.

■ *Direktion Marketing und Vertrieb*

Als *Vertriebsleiter* kümmert sich der *Sales-Manager* persönlich um den nationalen Werbezeitenverkauf. Er spricht dazu mit der Vermarktungsgesellschaft der Station, die sich ihrerseits auf die Repräsentation von Radiostationen spezialisiert hat und gegenüber der Industrie zumeist als Spezialist im Bereich elektronische Medien auftritt. Ein weiterer, wichtiger Ansprechpartner sind die großen, nationalen Werbeagenturen.

Der *Account Executive* ist der Verkaufsmitarbeiter für den regionalen Werbezeitenverkauf. Er ist damit für Gespräche mit größeren regionalen Kunden oder deren Werbeagenturen verantwortlich. Hierzu zählen große mittelständische Unternehmen wie Brauereien, regionale Reiseveranstalter, Getränkeabfüller, Handelsketten etc.

Der *Salesman* ist der klassische Außendienstmitarbeiter, der Reisende. Er kümmert sich im lokalen Bereich um die mittelständischen Unternehmen und kleineren Kunden wie Einzelhandel, Gastronomie, Reisebüros, Fitneß-Studios etc. Da sich diese Kunden nur in seltenen Fällen eine Agentur leisten können, fällt bei ihnen daher auch die Abwicklung entsprechender Funkspot-Produktionen an. Diese werden vom Verkaufsmitarbeiter mit dem Produzenten koordiniert.

Die Sales-Abteilung strukturiert sich beispielsweise wie folgt:

Struktur der Sales-Abteilung

1. Sales-Manager (Leiter der Abteilung)
nationale Agentur-Ebene, Strategie und Planung

2. Account Executive (Mitarbeiter mit Kunden-/Etatverantwortung)
regionale Agenturen und Großkunden

3. Salesman (Außendienstmitarbeiter)
lokale Ebene und kleine Kunden

4. Sales-Assistant (Assistent der Abteilung)
Innendienst und Außendienstbegleitungen, Training

Als *Marketingleiter* konzipiert und koordiniert der Manager in Doppelfunktion sämtliche Kommunikationsmaßnahmen des Senders.

Die Marketingabteilung gliedert sich beispielsweise folgendermaßen:

---

1. Der *Werbe-Manager* ist verantwortlich für die klassische Kommunikation (Werbung)

2. Der *Promotion-Manager* kümmert sich um Veranstaltungen, Aktionen und Gewinnspiele des Senders und koordiniert diese mit der Programmleitung.

---

3. Der *Manager für PR-und Öffentlichkeitsarbeit* übernimmt die Bereiche Hörerservice, Direkt-Marketing-Aktivitäten und Pressearbeit.

4. In wenigen, großen Sendern sind dem Direktor Marketing und Vertrieb nochmals *ein Sales-Manager* und *ein Marketing-Manager* in einer weiteren Hierarchiestufe zugeordnet, die die jeweiligen Bereiche leiten.

5. Der *Traffic-Manager* verbindet die Abteilung Marketing/Vertrieb mit dem Programm-Bereich (Schaltung und Koordinierung von Werbespots, Zusammenstellung von Sendeplänen und Sendebändern der Werbeblöcke im Programm). Sein Pendant von Programm-Seite: der Continuity Manager.

■ *Programmdirektion*

Der *Programmdirektor* (PD) hat die Aufgabe, das Format des Senders zu entwickeln und dessen korrekte Erfüllung durchzusetzen.

Neben der Personalverantwortung für Mitarbeiter im Programmbereich erfüllt er zumeist folgende Aufgaben:
– Festlegung der Sendepläne,
– Definition der Qualitätsstandards im Hinblick auf Programmelemente,
– Analyse der Wettbewerber auf ihre programmlichen Stärken und Schwächen,
– inhaltliche Auseinandersetzungen mit lizenzvergebenden Stellen.

Ebenso wie im Bereich Marketing/Vertrieb sind dem Programmdirektor folgende Abteilungsleiter (Group Heads) zugeordnet:

1. Der *Chefredakteur* hat die inhaltliche Verantwortung für die redaktionellen Inhalte des Programmes. Ihm arbeiten als *leitende*, oft auch *stellvertretende Redakteure* zu:
– der *Nachrichtenchef* (Leiter der Nachrichtenredaktion und -präsentation),
– der *Leiter der Magazinredaktion* (Leiter der Reporter, Korrespondenten und Ressortverantwortlichen für Politik, Reise, Gesundheit etc.)*,*
– der *Chef vom Dienst* (Verantwortlicher für den aktuellen Sendebetrieb).

Die *Redakteure, Volontäre (und Praktikanten)*, die auf diese drei Ressorts verteilt sind, übernehmen – neben ein oder zwei Spezialgebieten – auch Aufgaben in der Moderation oder Nachrichtenredaktion, was nicht nur aus Kostengründen sinnvoll ist. So machen Moderatoren ohne journalistische Kenntnisse langfristig keinen guten Eindruck im Programm. Nur wenige Mitarbeiter eignen sich tatsächlich zum ‚Redmod‘ (moderierender Redakteur oder umgekehrt).

2. Der *Leiter der Musikredaktion* hat die Aufgabenbereiche:
- Gestaltung des Musikprogrammes,
- Erfüllung der konzeptionellen Format-Vorgaben durch den Programmdirektor,
- personelle Verantwortung für die Musikredakteure.

Die *Musikredakteure* sind für bestimmte Sendungen oder Sendeschienen verantwortlich. Sie stellen die Musikprogramme in ‚Fahrplänen‘ zusammen und bereiten die Tonträger in Körbchen vor, soweit diese nicht im Studio vorhanden sind. Daneben gehört zur Musikredaktion auch das Archiv, für welches in einer wöchentlichen Abhörsitzung Neuerscheinungen beurteilt, katalogisiert und kategorisiert werden.

Hauptaufgabe des *Archivars* ist, die jeweiligen Titel präzise zu erfassen und in den Computer einzuspeisen. Diese Aufgabe erfordert zuverlässige Mitarbeiter, da sich zum einen der Moderator später auf jene Angaben im Sendeplan bezieht, zum anderen sich die Musikredakteure auf ihr Ablagesystem berufen können müssen.

3. Der *Produktionsleiter* ist zuständig für Aufbau und Verwaltung einer Sound-Library, also einer Bibliothek für Geräusche, Produktionselemente und Tonsequenzen sowie für seine Mitarbeiter:

festangestelle *Produzenten*: sie kümmern sich um Werbeproduktion, Sprachaufnahmen, Gags, Hörspiele und ganze Sendungen.

freie Mitarbeiter: Musiker, Sprecher (Stimmen), Sänger etc.

4. Der *technische Leiter* ist für die Gewährleistung der technischen Qualität und Zuverlässigkeit des Sendebetriebes verantwortlich. In seinem Team arbeiten:

Tontechniker oder Toningenieure bei öffentlich-rechtlichen Stationen: sie ‚fahren‘ oder mischen komplexe Magazinsendungen mit vielen Beiträgen, Interviews, Standleitungen usw.; bei privaten Radiosendern: sie erarbeiten in Zusammenarbeit mit Produzenten oder Redakteuren Beiträge, Hörfunk-Features, Hörspiele, schneiden Werbesendungen zusammen und schneiden Musiktitel von Schallplatten auf ‚Cartridges‘ um.

Die *Hörfunktechniker* arbeiten im Bereich der Übertragungstechnik und sichern die sendetechnischen Voraussetzungen für den Radiobetrieb. Sie messen Leitungen, Signalstärken sowie Sendeleistungen und kooperieren mit den Technikern der Bundespost bei Messungen des Leitungs- und Sendernetzes. Die Technik ist die Qualitätsabteilung eines Senders und zu Unrecht das ‚Stiefkind‘ in vielen Radiosendern.

5. Der *Unterhaltungschef* oder *Chefmoderator* leitet die für den Hörer präsenteste Abteilung in einer Rundfunkstation. Er hat die schwierigste Aufgabe im Bereich des Hörfunkprogrammes:

Zum einen führt er das Team der *Moderatoren*: eine Gruppe von sehr unterschiedlichen Persönlichkeiten, die er unter einen Hut bringen muß. Zum anderen obliegt es ihm und seiner Abteilung, Unterhaltung auf stets gleichbleibendem Niveau zu produzieren. Humor ist eine der schwierigsten Übungen.

Hauptsächlich freiberufliche *Autoren* und *Gagschreiber* liefern Texte und Manuskripte, bis hin zu kompletten Drehbüchern für Gag- und Comicserien, die dann in Zusammenarbeit mit der Produktionsabteilung umgesetzt werden.

6. Der *Continuity-Manager* ist das Pendant des Traffic-Managers vom Bereich Marketing und Vertrieb. Auf der programmlichen Seite erledigt er zahlreiche Aufgaben, die den reibungslosen Sendebetrieb durch die Redaktion gewährleisten: Promos und Trailer schalten, Sendepläne zusammenstellen und ausfertigen, die Bänder vorproduzierter Sendungen aufbewahren und rechtzeitig ins Programm nehmen, Dienstpläne schreiben und aktualisieren, Serien und Rubriken schalten etc.

Leider setzen sich beide Positionen, Traffic- und Continuity-Manager, in mitteleuropäischen Radiostationen fast gar nicht durch, obwohl sie für die Umsetzung der Organisations- und Strukturprinzipien eines Senders außerordentlich wichtig sind.

Es wäre darum kein schlechter, sonder ein sehr vorteilhafter Kompromiß, diese beiden Positionen zu einer Instanz, dem *Traffic- & Continuity-Manager* zusammenzuführen. Der Vorteil liegt auf der Hand, nämlich in einer Verbesserung der Kommunikation zwischen den Bereichen Programm und Marketing/Verkauf. Ständige Reibungspunkte, bei denen „die eine Hand nicht weiß, was die andere tut", können so deutlich minimiert werden. Der Mitarbeiter, der diese Position bekleidet, sollte, seiner Funktion angemessen, im räumlichen Zentrum des Sendes plaziert werden.

■ *Direktion Verwaltung (Operations)*

Die Position des *Verwaltungsleiters* oder *Operations-Managers* wird in den Sendestationen unterschiedlich beschrieben.

Amerikanische Radiostationen verstehen den Operations-Manager besonders als den Leiter des operativen Geschäftes. Im Hinblick auf die zuvor gezeichnete Strukturierung wäre dies eine Instanz *zwischen* Geschäftsleitung und den Hauptabteilungen Marketing/Vertrieb- und Programmdirektion. Der Operations-Manager entlastet also den Geschäftsführer hinsichtlich des Tagesgeschäftes. So kann er auch die Funktion eines *Assistant Managers* oder *stellvertretenden Geschäftsführers* einnehmen.

Im deutschsprachigen Raum ist mit dieser Position vor allem die Tätigkeit des Verwaltungsleiters im herkömmlichen Sinn gemeint. Der Bereich gliedert sich in mehrere Subdivisionen mit folgenden Stellen:

Abb. 23 Stellenplan

Programm		Programm
		43
Programmdirektor	1	**Mitarbeiter**
Stellvertretender Programmdirektor	1	
Sekretärin	3	
Wortbereich		
- Moderator		
- Redakteure		
- Reporter		
- Volontäre	25	
Musikredaktion	4	
Archiv/Disposition/Hörertelefon	5	
Feste/Freie	(Honorarbasis=Etat)	
Technik	3	
Produktion	1	
Marketing/Vertrieb		**Marketing/Verkauf**
		9
Leiter	1	**Mitarbeiter**
Sekretärin	2	
Dispo/Marketing Services	1	
Verkauf	3	
Öffentlichkeitsarbeit/Werbung	2	
Verwaltung		**Verwaltung**
		9
Geschäftsführer	1	**Mitarbeiter**
Sekretärin	1	
Buchhaltung/Personal	2	
Controlling	1	
Empfang/Telefonzentrale	2	
Hilfsdienst, Schreibkraft, Bote, EDV	2	
Summe		**61**

1. Der *Controller* ist die wirtschaftliche Prüfinstanz eines Unternehmens. Dabei hat dieser nicht die Aufgabe eines Buchhalters, der sich ausschließlich um das Rechnungswesen kümmert. Controlling ist vielmehr eine interne Beratungsstelle, die hausintern Vorschläge zur Betriebsplanung und -entwicklung unterbreitet und dies mit Daten belegen kann.

2. Der *Leiter Personal* hat neben der Aufgabe, Personalentwicklungs- und Ausbildungspläne zu erstellen, die Zuständigkeit, Stellenausschreibungen zu gestalten und in entsprechenden Medien zu schalten. Er organisiert und plant Assessment Centers und Castings, in denen Bewerber geprüft werden. Auch die laufenden personellen Fragen der Mitarbeiter sind durch ihn zu klären.

3. Der *Marktforscher* (Mafo-Mann) konzipiert eigene Befragungen für die gesamte Station oder einzelne Bereiche. Es werden Umfragen und Erhebun-

Abb. 24: Angebots- und Nachfragesituation für Journalisten

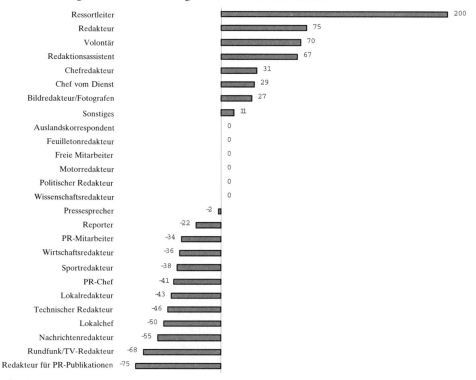

Quelle: Job-Index 1992; Stellenangebote in der Kommunikationsbranche (Veränderungen in %)

gen – zum Image des Senders, zur Markenbekanntheit, zur Beliebtheit von Moderatoren oder der Gefälligkeit des Musikprogrammes – mit den Fachbereichen koordiniert.

4. Der *Einkäufer* hat genaue Kenntnisse vom Materialbedarf des Hauses und vergleicht Preise und Leistungen von Lieferanten (beispielsweise Beratungsleistungen für ein ganzheitliches Computerprogramm, Büro- und Bandmaterial, Ü-Wagen).

5. Der *Haustechniker* ist für die Instandhaltung und -setzung der technischen Anlagen des Sendegebäudes verantwortlich.

6. Das *Kantinen- oder Casinopersonal* können sich nur die großen landesweiten Sender leisten. Ein Casino hat die Vorteile, daß sich die Mitarbeiter zum Essen zusammenfinden und Gelegenheit zum Austausch entsteht (soziale Komponente, Verstärkung der Bindung ans Unternehmen) und daß ein zeitaufwendiges Mittagessen außer Haus verhindert wird.

In einer Radiostation gibt es die unterschiedlichsten Jobs. Sie alle sollen dazu beitragen, daß der Sendebetrieb reibungslos funktioniert.

Eine Position ist bisher nicht beschrieben worden, dabei ist sie die Schaltstelle aller Radiostationen. Es ist die der *Sekretärin* oder *persönliche(r)
AssistentIn*. Oft ist sie die einzige im Sender, die ‚alle Sinne beisammen hat‘,
wie ein Hörfunk-Kollege einmal treffend bemerkte. Informationsquelle,
Trostspender, einziger Fan: unschlagbare Qualitäten in einer Radiostation.

Die Suche nach den optimalen Mitarbeitern hört in manchen Rundfunkhäu-
sern niemals auf. Sie ist bedingt zum einen durch die hohe Fluktuation, zum
anderen durch die Hoffnung der Geschäftsleitung, noch talentiertere Mitarbeiter zu finden. Die Qualität der Mitarbeiter ist indes im Durchschnitt fast
immer gleich. Einzig das Geschick der Vorgesetzten in Ausbildung, Motivation, täglichem Training und die Entwicklung von Perspektiven entscheiden
über die Gesamtqualität der Mannschaft. Bei der Einstellung von Mitarbeitern achten viele Programmleiter oder Geschäftsführer auf die persönlichen
Qualitäten eines Mitarbeiters. Er soll sich einfügen können (man spricht hier
von der ‚Radio-Familie‘), das Klima soll stimmen.

„Betriebsklima gut, Betriebsergebnis schlecht“ ist trotz allem manchmal zu
hören, und es ist etwas dran. Der freundliche Kollege, den alle leiden
können, ist eben auch jener, der als Konkurrent nicht gefährlich werden
kann und somit wahrscheinlich niemand, der Außerordentliches für das
Programm leisten wird. Gerade gute Redakteure und Moderatoren sind in
ihrem Auftreten selbstbewußt und gewohnt, eine eigene Meinung zu vertreten, auch wenn diese sich deutlich von der des Vorgesetzten unterscheidet.
Bedauerlicherweise macht sich im deutschsprachigen Radiogeschäft der
Trend breit, sich mit Ja-Sagern zu umgeben, die der Position des Vorgesetzten nie und nimmer gefährlich werden. Ein schlechtes Omen.

Das Charakteristikum guter Manager sind nunmal seine exzellenten Mitarbeiter. Ihre Energie zu kanalisieren ist einfacher und für die Station produk-
tiver, als schwache Mitarbeiter ‚anschieben‘ zu müssen. Gleichwohl sind
Zuverlässigkeit und Professionalität wichtige Persönlichkeitsmerkmale, besonders von Mitarbeitern im Programmbereich. Hier verläßt sich ein Kollege auf den anderen: man liest schon mal den Text eines anderen vom Blatt
ab, ohne diesen vorher durchgelesen zu haben (sogenannte ‚primavista‘) und
geht dabei von der Zuverlässigkeit einer Information aus.

Der bereits beschriebene Typus der ‚Primadonna‘, der, aus welchen Gründen auch immer, während der Sendung das Studio verläßt, nicht erscheint
oder die Arbeit anderer auf dem Sender in Frage stellt, hat in einer Radiostation nichts zu suchen.

Konstruktive Kritik, die leider selten genug ist, gehört zum Geschäft. Zum
Beispiel im Jahresgespräch, in dem mittels eines Reviewbogens (Abb. 25)
die individuellen Leistungen besprochen werden, oder im wöchentlichen
Air-Check, einer regelmäßigen Überprüfung der Moderationsleistung anhand von Mitschnitten.

Abb. 25 Reviewbogen für Jahresgespräche

Mitarbeiter: _____   Beurteilt von: _____
Status: _____   Datum: _____

	1	2	3	4	5	6	Kommentar
Arbeitsquantität Umfang des Arbeitszpensums, Engagement							
Arbeitsqualitäten Fachwissen, Ergebnisorientierung							
Arbeitsplanung Fachliche und organisatorische Eigenplanung							
Selbständigkeit erfolgreiches Angehen von Problemen							
Initiative							
Gründlichkeit							
Akzeptanz extern							
Zusammenarbeit im Team Akzeptanz intern							
Planung und Organisation							
Delegationsverhalten							
Kontrolle							
Mitarbeitertraining							

Gesamtbeurteilung:

Einschätzung der weiteren Entwicklung:

Gehalt: pro Monat von öS _____ auf
öS_____

Aus- und Fortbildung

Der gängigste Ausbildungsweg zu einem journalistischen Beruf in einer Radiostation ist der des *Volontariates*. Die Ausbildungszeit beträgt im Regelfall zwei Jahre; sie wird häufig beim Nachweis von hörfunk-spezifischen Vorkenntnissen oder einem abgeschlossenen Hochschulstudium auf ein Jahr verkürzt. Die Entscheidung darüber fällt die Programmdirektion.

Die Journalistenschulen in Hamburg und München, die beide einen hervorragenden Ruf genießen, aber auch öffentlich-rechtliche Anstalten, sondern durch schwierige Aufnahmetests jene Bewerber aus, die in Fragen der Allgemeinbildung ‚nicht ganz sicher sind'. Dazu gehört auch die Fähigkeit, Politiker, Sportler und Prominente auf Photos zu identifizieren, Grundwissen über Geschichte, Wissenschaft, globalpolitische und -wirtschaftliche Zusammenhänge zu kennen sowie einen sicheren Überblick über aktuelle Themen zu haben. Diese Aufnahmekriterien setzen sich nun vermehrt auch in der Volontärsausbildung bei privaten Radiostationen durch.

Zunächst durchläuft der Volontär die einzelnen Abteilungen des Programm-Bereiches. Dabei liegt der Schwerpunkt zumeist auf einer Ausbildung im tagesaktuellen, journalistischen Gebiet. Die jeweiligen Abteilungen, die der Volontär durchläuft, ermöglichen dem Auszubildenden die Erarbeitung der Grundlagen über Abläufe und Arbeitsweisen in einer Radiostation beziehungsweise einem journalistischen Betrieb.

Eine solide journalistische Grundschulung des Volontärs sollte – und hier muß der Volontär selbständig genug sein, darauf zu achten, sich nötigenfalls autodidaktisch in Teilgebiete einzuarbeiten – folgende Gebiete umfassen:
- Grundlagen des Medienrechtes und des Mediensystems des jeweiligen Landes,
- Grundlagen des politischen Systems auf Bundes- und Länderebene,
- Sprecherziehung und Sprachschulung (Logopädie),
- Einführung in die technische Ausstattung des Senders (EDV-Systeme, Studiotechnik, Nachrichtenagenturen, Tickerauswertung etc).

Im Rahmen seiner ein- bis zweijährigen Ausbildung durchläuft der Volontär *insgesamt sechs Abteilungen*. Große Sender, die mehrere Volontäre einstellen, verteilen diese natürlich auf die verschiedenen Abteilungen. Die anschließend genannte Abfolge entspricht also dem nicht immer praktizierbaren Idealfall:

1. Sinnvollerweise startet die Schulung in der *Abteilung Traffic & Continuity*, also jenem Bereich des Senders, der für die organisatorischen Abläufe, die Struktur und den internen Aufbau zuständig ist. Hier geht es um Recherche, Auswahl und Betreuung von Öffentlichen Durchsagen (ODS), wie Blutspendetermine oder öffentliche Veranstaltungen, die im Programm kostenlos als Hörerservice genannt werden, weiterhin um Promos, Programm-oder Veranstaltungshinweise des Senders. In dieser Abteilung werden auch

Sende- und Werbepläne erstellt, Spots geschaltet, Werbedurchsagen gebucht und Aktivitäten zwischen anderen Abteilungen des Senders koordiniert.

2a. Zweite Etappe des Ausbildungsweges könnte die *Abteilung Wortredaktion* sein. Im Nachrichtenbereich beispielsweise geht es um die Vermittlung der journalistischen Aspekte einer Radiostation, wie Aufbau und Struktur von Nachrichten, die verschiedenen Nachrichtentypen, formale und inhaltliche Kriterien einer Nachricht, aber auch Kriterien der Auswahl und Zusammenstellung. Die drei wesentlichen Punkte, die es in dieser Abteilung zu erlernen gilt, sind: Recherche, Schreiben und Vortragen von Nachrichten.

Daneben gehört zur Basisunterrichtung das Bearbeiten von Originaltönen (O-Töne) und Korrespondentenberichten (Schneiden, Editieren). Im Bereich dieser Redaktion sind desweiteren die Bearbeitung von Verkehrs- und Wetterinformationen von Belang. Insgesamt muß der Volontär während dieser Etappe auf drei Ebenen ausgebildet werden. Beurteilung und Verfassen von Meldungen (z.B. Unterschied zwischen Meinung und Nachricht), hohe Konzentrationsfähigkeit unter harter zeitlicher Belastung entwickeln zu lernen sowie präsentationstechnisches Know-how.

2b. Im Bereich ‚Wort‘ wechselt der Auszubildende anschließend in die *Abteilung Magazinredaktion*. Hier wird dem angehenden Journalisten der Umgang mit Magazinthemen im tagesaktuellen Programm vermittelt. Neben der Recherche geht es um Aufbau und Bearbeitung von Reportagen, Umfragen und Interviews, das heißt um deren redaktionelle Bearbeitung (Redigieren, Schnitt, Nachbearbeitung). Im Vordergrund steht der Umgang mit den verschiedenen Präsentationsformen wie Straßenumfrage, Telefoninterview, gebaute Beiträge (mit O-Tönen) etc.; weiterhin der allgemeine Aufbau von Magazinsendungen, bis hin zur Vorbereitung der einleitenden Moderationen für den Sprecher oder Moderator. Große Sender geben ihren Volontären in diesem Ausbildungsabschnitt mitunter die Gelegenheit, Korrespondentenbüros im In- und Ausland kennenzulernen.

2c. Letzte Station der Etappe zwei (Redaktion Wort) ist der *Bereich Ressorts und Rubriken*. Hier lernt der Auszubildende den Aufbau und die Struktur von Features (große gebaute Beiträge) und Rubriken wie Gesundheitstip, Wirtschaftstelegramm u.a. Vor allem geht es um die Recherche geeigneter Themen und Gesprächspartner. In diesen Bereich fällt auch die konzeptionelle Betreuung von aktuellen Sondersendungen und Reportagen.

3. Dritte Etappe der Ausbildung ist die *Abteilung Technik*. Hier wird der Volontär mit der Bedienung und Handhabung aller relevanten technischen Geräte vertraut gemacht, lernt praktisch das Schneiden von Beiträgen, das Überspielen von Tonträgern und erhält eine Einweisung in den Selbstfahrerbetrieb der Sendestudios. Das gleiche gilt für die funktionellen Abläufe im Ü-Wagen, für Übertragungsgeräte, Reportageeinheiten und ähnliches.

Im Anschluß daran erfolgt eine Einweisung in die Grundlagen der Produktionstechnik, die Erstellung von Jingles, Gags, Comics, Promos und Verpackungselementen. Weitere Kenntnisse werden in Auswahl und Einsatz von Sound-Effekten, digitalem Schnitt und den unterschiedlichen Produktionsformen und -elementen vermittelt.

4. Auf die vierte Etappe freuen sich die meisten Volontäre, es ist die Ausbildung in der *Unterhaltungsabteilung*. Gemeint ist damit hauptsächlich Moderationstechnik. Dazu gehören, neben der stimmlichen Ausbildung, die klassische Moderationsschulung sowie der Ablauf einer Sendestunde. Moderation zu erlernen dauert im Regelfall vier bis acht Jahre, und manche lernen es nie. Im Rahmen des Volontariates kann also nur eine Basis-Einweisung erfolgen. Diese beinhaltet: Auswahl und Bearbeitung von Spezialsendungen, Techniken zu Vorbereitung auf eine Show und den Einsatz von programmlichen Struktur- und Unterhaltungselementen.

5. Füfte Etappe ist die Musikredaktion. Hier werden Aufbau und Struktur des Musikarchivs vermittelt, das Erfassen, Bearbeiten und Überspielen von Tonträgern, das Erstellen der ‚Play-List‘, des Musikformates und die Grundlagen der Kategorisierung von Musiktiteln. Da in den meisten Radiostationen die EDV mittlerweile nach ausgeklügelten Schemata die Musikpläne zusammenstellt, tritt die klassische Rolle des Musikredakteurs mit Repertoire-Kenntnissen immer mehr in den Hintergrund. Es gibt sie zum Teil noch in öffentlich-rechtlichen Sendern, oder sie werden spezifisch eingesetzt, so zur Erstellung von Spezialsendungen.

6. Die letzte Etappe der Volontärsausbildung stellt eine Mitarbeit im *Management-Bereich* der Station dar. Nur wenige Sendehäuser offerieren ihren Volontären den Einblick in diesen Bereich der ‚Nicht-Redaktion‘. Im Sinne eines ganzheitlichen Ausbildungsansatzes sollten mehrwöchige Aufenthalte in den Abteilungen Marketing, Verkauf, Promotions und Marktforschung integriert sein, um ein besseres Verständnis der angehenden Journalisten für die übergreifenden Zusammenhänge zwischen Programm und Management zu fördern.

Die zeitliche Einteilung einer Volontärsausbildung könnte sich also wie folgt gliedern:

Zeitplan der Volontärsausbildung		
Redaktion	T & C	4 Monate
	News	4 Monate
	Magazin	4 Monate
	Feature	4 Monate
		16 Monate
Musik		2 Monate

Produktion/Technik	2 Monate
Unterhaltung	2 Monate
Management	2 Monate
	8 Monate
Gesamtzeit	**24 Monate**

Neben einem solchen ‚Ausbildungsplan für Volontäre' gibt es natürlich auch andere Wege der Ausbildung im oder für den Hörfunk. So eignen sich *Praktika,* um im Rahmen des Studiums oder der Ausbildung an einer Journalistenschule erste Erfahrungen zu sammeln. Die meisten Studiengänge in dieser Richtung schreiben dies ohnehin vor. In manchen Fällen gibt es Absprachen zwischen Hochschulen und Hörfunkprogrammen über eine bestimmte Anzahl an Praktikantenplätzen. Ansonsten erfolgt die Bewerbung um ein Praktikum direkt beim Sender.

Ähnlich wie beim Volontariat durchlaufen Praktikanten in einem Zeitraum von vier bis zwölf Wochen die verschiedenen Stationen in einem Sender. Der Vorteil des Volontärs besteht darin, daß er nach einer kurzen Einarbeitungszeit als vollwertiges Mitglied der Redaktion anerkannt wird und im Prinzip die gleichen Aufgaben erledigen kann wie ein Redakteur. Für seine Position ist im allgemeinen ein grober Ausbildungsplan ausgearbeitet. Dies gilt für Praktikanten zumeist nicht. Um in kürzester Zeit viel zu lernen, müssen sie permanent Fragen stellen, die im hektischen Radiobetrieb kaum jemand beantworten kann oder will, zumal der Kollege das Haus in ein paar Wochen ohnedies wieder verläßt.

Eine weitere Möglichkeit ist die *Hospitanz.* Hospitanten ist ein ähnliches Los beschieden wie den Praktikanten, allerdings bleiben sie deutlich länger in einer Hörfunkstation, nämlich meist drei bis vier Monate.

Von ihnen erwartet man Grundwissen in Journalismus oder Hörfunk, das im Studium oder bei einem früheren Praktikum erworben wurde. Die Hospitanten arbeiten im Gegensatz zu Praktikanten in einem bestimmten Bereich, auf den sie sich beispielsweise im Rahmen ihres Studiums oder eines Diploms gerade konzentrieren.

In manchen, vor allem großen Sendehäusern gibt es die Position der *Programmassistenten.* Eine präzise Stellenbeschreibung existiert zumeist nicht und hängt mehr vom Talent und der Durchsetzungsstärke des Mitarbeiters ab. Oftmals wird Praktikanten, die ihr Studium abbrechen, diese Stelle angeboten; auch Programmsekretärinnen mit redaktionellen Ambitionen und Bewerber, denen man eine redaktionelle Stelle nicht zutraut, sind Kandidaten für diese Position. Sie stellt allerdings im Hinblick auf die Weiterentwicklungsmöglichkeiten häufig eine Sackgasse dar. Ein Ausbildungsplan ist nicht vorgesehen, auch die Aufstiegschancen nicht genau definiert. „Kaffeekochen und Bänder schneiden", wie es ein Kollege einmal nannte, ist sicher nicht die Erfüllung des Traumes „Radiokarriere".

Gegenüber den geregelten Ausbildungswegen im öffentlich-rechtlichen System – zumeist kontrolliert durch einen Ausbildungsbeauftragten – sieht der *Ausbildungsalltag im Privatfunk* oftmals *düster* aus.

In vielen lokalen Radiostationen sind Praktikanten und Volontäre einfach nur billige Arbeitskräfte mit schlechten Verträgen, denen man keine besondere Ausbildung zukommen läßt. Zudem wissen viele dieser Auszubildenden nicht, daß das Volontariat oder Praktikum bei privaten Rundfunkstationen von den großen Sendern zumeist *nicht anerkannt* wird.

Es ist in jedem Fall ratsam, auf einen Ausbildungsplan zu bestehen und ihn vertraglich festzulegen! Auch das Gehalt eines Auszubildenden ist, zumindest für Volontäre, geregelt. In jedem Fall gilt beim Privatfunk, daß *Ausbildung eine Holschuld ist*, der nur entsprochen werden kann, wenn man zäh genug ist, anderen Mitarbeitern ‚Löcher in den Bauch' zu fragen. Vor allem in kleinen Stationen werden dadurch in endlosen Überstunden ‚multifunktionale Mitarbeiter' ausgebildet, die mitunter durchaus von Vorteil sein können.

Neben diesen internen Ausbildungswegen gibt es zahlreiche Möglichkeiten, sich an Schulen und in Studiengängen auf den Beruf des Hörfunkmitarbeiters vorzubereiten.

Zum einen gibt es den Weg über die *Universitäten*. Das Studium der *Kommunikations- und Publizistikwissenschaften* sowie spezialisierte *Diplom-Journalistik-Studiengänge* werden hier angeboten. Daneben gibt es zahlreiche *Kurse und Seminare* wie auch *studienbegleitende Kurse* an *Medienakademien und Publizistikinstituten*.

Der unter Kollegen wohl *anerkannteste Ausbildungsweg im Theoriebereich* sind die *Journalistenschulen*. Hinter diesem Ausbildungsweg stehen meist Verlagshäuser, die nach dem Abschluß auch die entsprechenden Kontakte vermitteln und mit Praktika und Hospitanzen weiterhelfen. Bekannt sind die Deutsche Journalisten-Schule in München, die Henri-Nannen- und Axel Springer-Journalistenschule in Hamburg und die Georg-von-Holtzbrink-Schule in Düsseldorf. Der Deutsche Journalistenverband (DJV) mit seinen Landesstellen und der Bundesverband Privater Rundfunk und Telekommunikation gibt weitere Auskünfte über Ausbildungswege und Studiengänge.

■ *Fort- und Weiterbildung während der Berufsausübung*

Wie bereits angedeutet beginnt Fortbildung im eigenen Haus. Manche Sender haben einen ‚Hörer vom Dienst' eingerichtet, einen wöchentlich wechselnden Kollegen, der die Aufgabe hat, mit den Ohren eines Hörers (soweit dies möglich ist) das Programm zu verfolgen und in Konferenzen und Qualitäts-Meetings kritische, aber konstruktive Anmerkungen zu machen. Der ‚Air-Check', eine regelmäßige Überprüfung der Moderationsleistung durch Kollegen, wird im Verlauf dieses Buches noch öfters als wichtiges Qualitätssicherungsinstrument beschrieben.

Fortbildung außer Haus, für diejenigen Mitarbeiter, die seit Jahren mit dem Medium umgehen, hat unter Seminarveranstaltern und Akademien einen eigenen Dienstleistungszweig hervorgebracht. Für die Teilnahme an solchen Kursen und Seminaren wird der Mitarbeiter vom Dienst freigestellt. Der Besuch von Seminaren außer Haus hat drei zentrale Aspekte:
– Vermittlung und Auffrischung von Sachwissen,
– Austausch mit Kollegen, neue Impulse,
– Motivation.

Die *öffentlich-rechtlichen Anstalten*, ARD und ZDF, haben die *ZFP* gegründet, die *Zentrale Fortbildung für Programmitarbeiter,* an der Kurse und Seminare veranstaltet werden. An über hundert Veranstaltungen pro Jahr nehmen Mitarbeiter aus allen Programmbereichen teil. Für die Mitarbeiter sind die Seminare selbst meist kostenlos, eine private Beteiligung an den Fahrtkosten wird jedoch häufig verlangt.

Für die Mitarbeiter *privater Radiostationen* gibt es zahlreiche andere Möglichkeiten, sich weiterzubilden, allerdings sparen die Arbeitgeber gern in bezug auf diese wichtige Leistung. Universitäten, Akademien, aber

Abb. 26: Personalkonzept

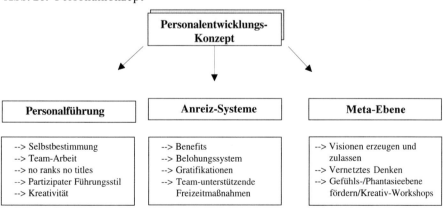

Abb. 27 Personalbogen für Verlags-/Hörfunkmitarbeiter

A. Personalbogen

Vor- und Zuname (Rufname bitte unterstreichen):_____

(für Frauen) Mädchenname:_____

Geburtsdatum:_____ Geburtsort:_____

Bei Minderjährigen: Name und Vorname des Vaters oder gesetzl. Vertreters:

_____

Familienstand:_____

Anzahl der Kinder:_____   Geburtsdaten:_____

Wohn-

ort:_____

Straße, Hausnummer:_____

Zur Untermiete

bei:_____

Telefonnummer:_____ Falls Sie nicht selbst Anschlußinhaber sind und

an den Apparat geholt werden müssen, bitte die Nummer in ( ) setzen!

Staatsangehörigkeit:_____

Wer soll im Notfall benachrichtigt werden:_____

B. SCHUL-UND BERUFSAUSBILDUNG

Schule	Schulzeit		bis Klasse/Semester	abgelegte Prüfung
	von	bis		

Ausbildung von _____ bis _____ Ausbildungsabschluß:_____

Fachausbildung von _____ bis _____ Abschluß Fachausbildung:_____

Hochschulausbildung von _____ bis _____ Hochschulabschluß:_____

Sonstige Lehrgänge:_____

_____

Kurzschrift, Silben pro Minute:_____

Bildschirmerfahrung: ja/nein   System:_____

Fremdsprachen:_____

Sonstige Fähigkeiten und Kenntnisse:_____

_____

Führerschein Klasse:_____ Ausgestellt am:_____

Abb. 27 Personalbogen für Verlags-/Hörfunkmitarbeiter (Fortsetzung)

C. BERUFLICHE TÄTIGKEIT
Bitte die Zeit vom Ende der Ausbildung- oder Schulzeit bis heute angeben:

von	bis	Firma/Branche	Beschreibung der Tätigkeit

Ich bewerbe mich für die Position als:_____

Mein bisheriges Gehalt:_____ Meine Gehaltsvorstellung:_____

D. Auf welchen Gebieten haben Sie spezielle Kenntnisse?

Fachgebiet	Abschluß	Jahr der Ausbildung

E. SONSTIGES
Sind Sie gesund?_____

Sind Sie kriegsbeschädigt/zivilbeschädigt

(Nicht Zutreffendes bitte streichen)? ja/nein

Wie hoch ist Ihre Erwerbsminderung?_____ vom Hundert, Renten-

bescheid Nr._____ ausgestellt am:_____ Behörde:_____

Art der Beschädigung:_____

Mitglied welcher Krankenkasse?:_____

Bank- oder Sparkassenkonto:_____

Ich versichere, daß die Angaben der Wahrheit entsprechen.

Unwahre Angaben können die Auflösung des Arbeitsverhältnisses zur Folge

haben.

_____   _____
Ort und Datum   Unterschrift

Abb. 28 Formularbeispiel: Honorarabrechnung freie Mitarbeit

Absender:...............................   Datum:...............
....

....

Lieferung und Leistung i.O.
Rechnerisch richtig
Sachlich richtig

Radio
Funkland GmbH & Co. KG
Rummelstrasse 15

99999 Happyland

HONORARABRECHNUNG

Für meine Mitarbeit im Monat .... erlaube ich mir in Rechnung zu stellen:

Titel bzw. Schicht	Datum	Betrag
....	....	....
....	....	....
....	....	....
....	....	....
....	....	....
....	....	

Summe	....
15% MwSt	....
Gesamtsumme	===============

Steuernummer........................
Finanzamt.............................
Konto-Nr..............................
Bankleitzahl..........................
Bank....................................

Zur Zahlung / Buchung:
Kostenstelle:......................
Etat/Inv. Kontr.:................
Kostenstellenleiter:...........
Genehmigung:..................
Anweisung:.......................

auch private Seminarveranstalter bieten eine Fülle von Schulungen und Kursen.

Schulungen und Seminare sind Leistungsbausteine des Arbeitgebers, die sich in ein *sinnvolles Gesamtkonzept*, einen *Personalentwicklungsplan* einfügen müssen. Dieser Plan teilt die Personalarbeit im wesentlichen in drei Bereiche: Marketing, Sales und Programm, die von der Unternehmensstrategie und dem Selbstverständnis des Senders abgeleitet werden müssen.

Die Bereiche Personalführung, die Anreiz-Systeme (zu denen auch die Seminare und Schulungen gehören) und letzten Endes die *Meta-Ebene*, also jenes übergeordnete Wertesystem, das den Esprit, die Faszination und den Charakter einer Radiostation ausmacht, setzen die Unternehmensstrategie nach innen durch. Die somit geschaffene Corporate Culture (Firmenkultur) bildet den Kanal, durch den diese ‚Radio-Erlebnis-Welt‘ nach außen transportiert wird. Dies soll in den folgenden Kapiteln detailliert beschrieben werden.

C. Marktforschung

Die Marktforschung für den Rundfunk ist so alt, wie dieser selbst. Da aus naheliegenden technischen Gründen kein Radio-Macher direkte Hörer-Reaktionen wahrnehmen kann, ist die Marktforschung ein wesentliches Instrument, ‚feedback‘ zu bekommen. Jeder in einer Radiostation meldet seinen Interessenanspruch darauf an: die Moderatoren hungern danach zu erfahren, welche Noten die Zuhörer in diesem Analyse-Zyklus gegeben haben, um diese mit den Noten der Kollegen zu vergleichen. Und der Programmdirektor möchte möglichst hohe Reichweiten mit möglichst ausgewogenen Zielgruppen erreicht wissen und damit seine Programm-Strategie bestätigt sehen.

Die einzige Ausnahme bildet der Sales-Manager: bei ihm fängt die Arbeit jetzt erst an. Er hat die Aufgabe, die Zahlen so aufzubereiten, daß sie als argumentative Basis für Verkaufsgespräche zur Verfügung stehen oder an die Agenturen und Vermarktungsgesellschaften weitergereicht werden können. Die Auswertung der Daten in Salesfoldern und Präsentationen führt mitunter zu falschverstandenen Bemühungen, die Station so vorteilhaft wie möglich darzustellen. Doch über weniger angenehme Tatsachen sollte sich ein Unternehmen nie hinwegtäuschen.

Aus der Marktforschungsabteilung eines Keksherstellers wird die Geschichte kolportiert, in welcher der Chef den Mafo-Mann fragt: „Sind wir bei Keksen die Nummer Eins, Müller?“, „Nein Chef“. „Na, wie sieht es denn bei Keksen in der 1000g-Packung aus, sind wir da die Nummer Eins, Müller?“, „Nein Chef, Platz sechs“. „Wie sieht es denn bei Keksen in der 1000g-Packung, einseitig schokoliert aus?“, „Platz zwo, Chef“. „Und beidseitig schokoliert in der 1000g-Packung?“. „Nummer Eins, Chef!“. „Na bitte Müller, da sind wir in diesem Jahr doch wieder die Nummer Eins in den Jahresgesprächen mit dem Handel!".

Längst haben die guten Marktforscher im Radiogeschäft verstanden, daß es um die *sinnvolle, kompetente Darstellung von Zahlen* geht. Die Kompetenz, die der Mafo-Mann mit guten Zahlen seinem Kollegen vom Verkauf in die Hand gibt, steigert dessen Glaubwürdigkeit gegenüber dem Kunden und rückt jene, die lediglich mit der „Wir sind die Größten"-Parole auftreten, ins Licht des Suspekten. Bei einem solchen Auftreten ist stets Skepsis geboten, und die Branche weiß das.

Hörergewohnheiten

Beeinflussung zum richtigen Zeitpunkt
Die Mediaplaner in den Agenturen der Industrie sind bestrebt, Zielgruppen möglichst präzise zu definieren, um diese dann zu den „richtigen" Zeiten ansprechen zu können. So spricht man in vielen Sendern beispielsweise von der „Hausfrauenschiene". Gemeint ist damit die Zeit zwischen 9 und 12 Uhr, in der erwartungsgemäß viele Hausfrauen Radio hören; diese will man, möglichst bevor sie sich auf den Weg zum Einkaufen machen, erreichen und im Sinne des Werbekunden beeinflussen.

Diesbezüglich ist allerdings die grundsätzliche Frage zu stellen, ob die Mediaplaner tatsächlich von der konstatierten Wirksamkeit dieser Darstellungsweise überzeugt sind, oder ob sie diese lediglich aus Mangel an besseren Definitionen gegenüber ihren Werbekunden beibehalten. Dagegen nämlich beschreiben die amerikanischen Marktforschungsprofis Clancy und Schulman in ihrem Buch ‚Die Marketingrevolution' sehr treffend den Unsinn, die Bevölkerung nach erbärmlichen Kriterien, wie 18-49 jährige Frauen, zu „clustern" und diese breite Gruppe dann als besonders kaufkräftig darzustellen. Zweifellos ist eine gründlichere und fundiertere Erforschung der Mediennutzung der Bevölkerung für die Werbewirtschaft von äußerstem Interesse.

Zentrales Argument der Radiomacher gegenüber ihren Kollegen vom Print oder dem Fernsehen ist die Bedeutung des Mediums Hörfunk im Zusammenhang mit den gesetzlichen Ladenöffnungszeiten.

Abbildung 29 wird zumeist auf Basis der Annahme interpretiert, daß der Hörer kurz vor einem Einkauf durch Werbespots beziehungsweise Werbebotschaften so stimuliert werden kann, daß „...die Wahrscheinlichkeit einer Beeinflussung der Kaufentscheidung ungleich höher ist als bei anderen Medien" (IPA). Sicherlich sind Konsumenten zu bestimmten Zeiten für Werbebotschaften empfänglicher als zu anderen Tageszeiten. Zu beachten ist jedoch, daß zahlreiche relevante Botschaften von den zahlreichen Einflüssen in den Geschäften selbst generiert werden (In-Store-Promotions, Ladenfunk, Point-of-Sales-Materialien).

Abb. 29: Mediennutzung der Bevökerung

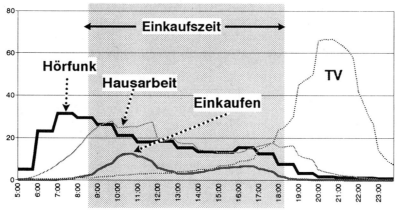

HÖRFUNK-ZEIT IST EINKAUFSZEIT

Reichweiten/ Tätigkeiten in % - 1/4-Stunden-Basis
Hörfunk: Reichweite in % (Hörer pro Stunde)

Quelle: IPA

Kaufverhalten der Werbekunden
Verkürzt betrachtet läßt sich das Kundenverhalten allgemein in drei Phasen teilen:
I.   Kaufentscheidung
II. Kauf
III. Verwendung

Als besonders effizient gilt die Ansprache während der Kaufentscheidung (Phase I). Da eine Flut von Einfüssen und Informationen über den potentiellen Konsumenten einströmt, soll die Kaufentscheidung rasch auf die Botschaft folgen. Daraus kann man schließen, daß sich der Hörfunk vor allem für die *Bewerbung von ,fast moving consumer goods'* und *allgemeinen Dienstleistungen* eignet.

Die Beeinflussung während des Kaufaktes durch den Hörfunk (Phase II), kann einzig durch den *Ladenfunk* geschehen – ein Vorteil gegenüber der Fernsehwerbung.

Die werbliche Beeinflussung während der Verwendung (Phase III) hat vor allem *Imageaspekte*, einen bestätigenden Charakter, das Richtige gekauft zu haben und Verwender der Marke zu sein. Allerdings kann eine gezielte Nachkaufwerbung durch Visualisierung, wie das Fernsehen es ermöglicht, besser erzielt werden als mit dem Radio.

Der Vorteil der Rundfunkwerbung ist also:
– schnelles, mobiles Medium zu sein (z.B. bei der Fahrt zum Einkauf),
– bis ins Geschäft vordringen zu können (über Ladenfunk).

So schnell wie die Informationen kommen, vergeht leider auch der Marken-Recall.

Passives Zuhören

Die Hörergewohnheiten zu kennen ist also sowohl für das Station-Management als auch für die Werbeagenturen gleichermaßen interessant. Die Frage, „Was machen unsere Hörer eigentlich, während sie uns zuhören?", ist nicht nur für den Moderator der Nachtschicht ein anregender Diskussionsansatz.

Grundsätzlich gilt, daß Hörer alles mögliche tun, nur nicht aktiv radiohören! *Radio ist ein Begleitmedium*, dessen Informationen mit einer gewissen Zufälligkeit aufgenommern werden. Daher gehört zu den Grundregeln der Radioarbeit das *permanente Wiederholen*: Frequenzen, den Sendernamen, Nachrichten und Werbespots.

Die *durchschnittliche Verweildauer* der Hörer auf dem Sender umfaßt *15 Minuten*. Darum teilen viele Sender ihre Stunden in *viertelstündige Einheiten* ein. Jede Viertelstunde repräsentiert den typischen, wiedererkennbaren Charakter der Station mit Information, Musik, Jingles/Layout und Moderation. Amerikanische Stationen wiederholen den Namen der Station 20 – 25 mal pro Stunde, die Frequenz 15 – 20 mal und den Namen des Moderators 10 – 15 mal innerhalb von 60 Minuten.

Aber was machen die Menschen, während sie Radio hören? Der ‚Target Group Index' (Zielgruppen-Index) weist Zahlenmaterial für den amerikanischen Radiomarkt aus. Dieses ist zwar nicht unmittelbar auf europäische Verhältnisse übertragbar, jedoch lassen sich durchweg gültige Tendenzen aufzeigen.

Danach hören zwischen 6 und 10 Uhr über die Hälfte der Befragten Radio im Auto, ein Drittel zieht sich an und macht Frühstück, 14% arbeiten bereits. Auch zwischen 10 und 15 Uhr ist der Anteil der Radiohörer im Auto mit einem Drittel sehr hoch, 10% bereiten das Mittagessen vor, 20% essen, 16% arbeiten und nur 5% gehen einkaufen. Zwischen 15 Uhr und 19 Uhr, in der klassischen „drive time", fahren tatsächlich fast die Hälfte der Hörer Auto, 20% bereiten das Abendessen vor und ebensoviele entspannen vom Tag. Nur 7% hören Radio, um bewußt unterhalten zu werden. Ab 19 Uhr befinden sich über 20% der Hörer, die zu dieser Zeit Radio hören, wieder im Auto, fast ein Viertel schaltet vor dem Einschlafen nochmals den Radiowekker ein, 8% lernen, ebesoviele essen oder machen die Wohnung sauber.

Das Autofahren macht nicht nur zu allen Tageszeiten den höchsten Anteil aus, es ist glücklicherweise auch die Hörsituation, in der den Inhalten am besten gefolgt wird. Damit sind wir auch schon beim eigentlichen Problem solcher Studien, die nie ein objektives Bild abgeben können, sondern immer nur den Versuch einer Annäherung bieten. Die amerikanische Studie zeigt immerhin auf, daß es falsch ist, wenn sich Radiostationen in der Zeit zwischen 9 und 12 Uhr vor allem mit Tips an Hausfrauen wenden, wenn die meisten Hörer Radio im Auto konsumieren und damit als Berufstätige zu qualifizieren sind.

Die hier angesprochene Frage der Wahl eines geeigneten Sender-Formates wird noch ausführlicher besprochen. Eines verschweigen alle elektronischen Medien in diesem Zusammenhang übrigens gern: Studien über das „Zapping-Verhalten" ihrer Hörer. Nur wenige Sekunden einer wenig gefälligen Moderation, eines falschen Musiktitels – und der Finger berührt den gefürchteten Umschaltknopf.

Techniken zur Messung von Erfolgsquoten

Es gibt drei wichtige Techniken, die im Radio zur Messung von Akzeptanz und Reichweite angewendet werden:
1. Telefonische Umfragen,
2. Interviews,
3. Tagebücher.

Die *telefonische Befragung* (1.) ist die schnellste und einfachste Form, um Informationen über die Marktbedeutung der eigenen Radiostation zu erhalten. Diese Technik hat allerdings auch limitierende Faktoren. Eine Gruppe von Telefoninterviewern ermittelt nach der Random-Methode Namen und Telefonnummern im Sendegebiet.

Bei dem nachfolgenden Anruf werden:
– in einer Einleitung Fragen nach Alter, Geschlecht und Einkommen gestellt,
– dann ein Fragenkatalog durchgegangen, der bei telefonischen Befragungen nicht mehr als 12 – 15 Fragen umfassen sollte.

Nachteil der Telefonbefragung:
– es können nur jene Einwohner im Sendegebiet befragt werden, die auch tatsächlich im Telefonbuch stehen,
– der Interviewer hat keine Möglichkeit, sein Gegenüber zu sehen, zu erleben und damit die Qualität der Antworten einzuschätzen.

Vorteil der Telefonbefragung:
– sie ist unschlagbar schnell,
– sie kann als trendweisende Stichprobe während des laufenden Programmes eingesetzt werden (sofern man weniger Wert auf „Repräsentativität" legt).

Die *persönliche Befragung* (2a.) ist fast jedem von Fußgängerzonen oder der Haustüre bekannt. Ein solch „persönlicher Fragebogen" sollte trotzdem nicht mehr als 20 – 25 Fragen beinhalten, die zum Teil offen, zum Teil geschlossen sein sollten. Die geschlossene Form ist leichter auszuwerten, die offene Fragestellung bringt qualitativ bessere Ergebnisse.

Nachteil dieser „persönlichen" Befragungsmethode:
– die Abhängigkeit von der Zuverlässigkeit der Befrager, da diese außer Haus sind (Gefahr der eigenmächtigen Ausfüllung der Fragebögen zuhause),

– der Zeitaufwand ist enorm.

Vorteil der Face-to-face-Befragung:
– die Möglichkeit, intensiver nachzufragen als bei den Telefoninterviews.

Der *gestützte und ungestützte Recall* (2b.) ist eine weitere Möglichkeit der persönlichen Befragung. Es geht dabei darum, die Erinnerung des Hörers an einen Moderator, eine Sendung oder eine Frequenz zu ermitteln, und dies jeweils mit und ohne die Unterstützung des Interviewers. Bei der ersten Variante wird dem Kandidaten ein Katalog mit Namen vorgelegt, um die in Erinnerung gebliebenen Faktoren festzuhalten, bei der zweiten ist der Befragte angehalten, die Angaben aus dem Gedächtnis zu machen.

Die wichtigsten Fragearten sind in Abbildung 30 verdeutlicht. Bei dieser Form der Befragung ist zu beachten, daß eine Radiostation, die diese Analyse selbst durchführen will, geschulte Interviewer benötigt. Dies gilt vor allem hinsichtlich der *Art der Fragestellung*. So führen Suggestivfragen, wie „Sie finden unseren Sender doch einmalig, oder?" leider nicht zum gewünschten Ergebnis. Wird der Interviewer von Haustür zu Haustür geschickt, muß dieser mit entsprechend ausgewählten Adressen versorgt sein. Solche Befragungen können auch nur zu bestimmten Tageszeiten durchgeführt werden, an denen davon auszugehen ist, daß jemand zuhause anzutreffen ist.

Bei der *Tagebuchmethode* (3) wird der Befragte aufgefordert, seine Hörgewohnheiten exakt in ein Buch zu notieren. Dazu müssen die Haushalte, die sich an der Befragung beteiligen sollen, zunächst angeschrieben und um ihr Einverständnis ersucht werden, für beispielsweise eine Woche lang mitzumachen. Danach wird festgelegt, wieviele Mitglieder der Familie sich an der Aktion beteiligen. Jedes Familienmitglied erhält sein persönliches Buch. Darin wird festgehalten:
– wann das Radio angeschaltet wird,
– um welchen Sender es sich dabei handelt,
– wann und warum umgeschaltet wurde.

Nachteil der Buchführungsmethode:
– Unwägbarkeit der Disziplin, mit der das Buch vom Befragten geführt wird.
– Möglichkeit des Selbstbetrugs: aus Bequemlichkeit vor dem Aufschreiben-Müssen wird anders Radio gehört als unter normalen Bedingungen,
– Unsicherheit, ob wirklich jedes Mitglied bis zum Ende mitmacht (Gefahr der Fremdausfüllung).

Diese Fakten bedingen, daß die Tagebücher in der Praxis meist unvollständig oder unbrauchbar zurückkommen, dennoch in den Computer eingegeben und schließlich vollkommen unzulängliche Werte errechnet werden.

Abb. 30: Aufbau eines Fragebogens

FRAGETYP	FRAGESTELLUNG	AUSWERTUNG
Ja/Nein	Hören Sie täglich Radio?	☐ Ja ☐ Nein
Mit Urteil	Wie beurteilen Sie die Qualität der Hörfunknachrichten?	☐ gut ☐ mittel ☐ schlecht
Multiple Choice	Wo stehen die Radiogeräte in Ihrem Haushalt?	☐ Wohnzimmer ☐ Küche ☐ Schlafzimmer ☐ anderer Standort: _____
Rangordnung	Was hören Sie am liebsten im Radio?	☐ Nachrichten ☐ Musiksendungen/Hitparade ☐ Sportreportagen
Profil	Wie beurteilen Sie die Aktualität der Nachrichtensendungen?	gut 1 2 3 4 5 6 schlecht / ☐ ☐ ☐ ☐ ☐ ☐
Offene Fragen	Was erwarten Sie von einem Hörfunksender?	_____

Diese sehr häufig angewendete Tagebuch-Methode zur Erforschung des Hörerverhaltens muß demnach aufgrund zu vieler Unsicherheitsfaktoren als *unzureichend* angesehen werden.

Weitestgehend für sich ausgemerzt hat diese Erhebungsfehler die *Fernseh marktforschung.* Fernsehgeräte können nämlich direkt an einen Rechner angeschlossen, und jedes Ein-, Um- und Ausschalten kann direkt verfolgt und am nächsten Tag ausgewertet werden.

Nachteil: die *Ursache* für ein Umschalten ist dadurch nicht zu erfahren.

Strukturdatenerhebung

Vor allem bei *Neuaufbau* eines Senders ist die grundsätzliche Erhebung von Strukturdaten erforderlich. Dazu soll im folgenden das *Beispiel Würzburg* dienen, wo 1987 drei lokale Radioprogramme – zunächst auf einer Frequenz – starteten. Es waren dies: Radio Gong Mainland, Radio Charivari und Würzburg 1. Für die vom Marktforschungsunternehmen Infratest durchgeführte Untersuchung wurde die Region Unterfranken in ihre Kreise unterteilt:
– Stadtkreis Würzburg
– Landkreis Würzburg
– Landkreis Main-Spessart
(– Landkreis Kitzingen)

Bei den topografischen Analysen wurde deutlich, daß der Landkreis Kitzingen nicht oder nur sehr schlecht von der Sendeleistung der Würzburger Stadtradios erreicht werden konnte. Die Daten wurden daher nur für die anderen drei Kreisgebiete ausgewertet und dargestellt.

Zunächst ist die *Bevölkerungsdichte* von Relevanz. Abbildung 31 verdeutlicht die Einwohnerzahlen. Im Sendegebiet der Würzburger Lokalradios leben rund 390.000 Einwohner in insgesamt 141.300 Haushalten, wovon 48% der Bevölkerung männlich und 52% weiblich sind. (Alle Zahlen der Untersuchung werden jeweils für die einzelnen Kreise ausgewiesen.)

Interessant ist in diesem Zusammenhang vor allem die Altersstruktur der Bevölkerung, da sich an diesem Potential Entscheidungen zu Format und Zielgruppenpositionierung des Senders festmachen.

Im Sendegebiet der Würzburger Lokalradios sind 70% der Bevölkerung unter 49 Jahre. Das heißt, die Radiomacher haben es mit einer *überwiegend jungen Zielgruppe* zu tun. Grund: die Einwohnerstruktur von Würzburg ist stark von der örtlichen Universität geprägt, deren Studenten fast jeden fünften Einwohner ausmachen. Ein Rundfunkprogramm, das Erfolg haben will, muß sich also dementsprechend orientieren.

Abb. 31: Bevölkerungsdichte der Region Würzburg

Gebiet Würzburg	Bevölkerung in Tsd. Stand 31.12.1985	Haushalte in Tsd.
SK Würzburg	128,0	56,1
LK Würzburg	138,7	45,6
LK Main-Spessart	120,5	39,4
Summe	**387,2**	**141,3**

Quelle: GFK-Basiszahlen

Nächster zu untersuchender Faktor – die *Kaufkraft*:

1. um für die werbetreibende Kundschaft des Senders die Potentiale darstellen zu können (als Information und als Anreiz) und

2. um damit auch den wirtschaftlichen Erfolg des Senders selbst einschätzen zu können.

Abb. 32: Kaufkraft im Sendegebiet

Kaufkraftstrukturen
(Umsatzkennziffer je Einwohner)

Im Stadtkreis Würzburg wird ein überproportionaler hoher Umsatz pro Einwohner getätigt. Mit einem Index von 167,3 erreicht Würzburg hier einen besseren Wert als z.B. München mit 143,6.

Region 2 Würzburg	EH Umsatzkennziffer in Promille	EH Umsatzkennziffer je Einwohner
ST Würzburg	3,539	168,7
LK Würzburg	1,248	54,8
LK Main-Spessart	1,269	64,3
	6,056 = 3,0 Mrd. DM	**95,4**

Die Umsatzkennziffer in Promille zeigt die Bedeutung des jeweiligen Kreises und der dort erzielten Umsätze des Einzelhandels. Die Zahlen zeigen den Umsatzanteil des Kreises gemessen am Gesamtumsatz in der BRD und Westberlin = 493 Mrd DM.

Quelle: GFK-Basiszahlen

Abb. 33: Einzelhandelsstrukturen im Großraum Würzburg

Einzelhandelsstrukturen
(Umsatz inkl. MwSt)

Im Gebiet Würzburg werden Umsätze des Einzehandels von ca. 2,3 Mrd. DM getätigt.

Region 2	Betriebe im EH [1,2]	Beschäftigte im EH [2]	Einzelhandelsumsatz '87 [3] in Mio DM
ST Würzburg	788	6.951	1.405
LK Würzburg	511	1.942	452
LK Main-Spessart	746	2.843	450
Gebiet gesamt	**2.045**	**11.736**	**2.307**

1) Ohne Agenturtankstellen
2) Quelle: Arbeitsstätten des Einzelhandels in Bayern Bayr. Stat. Landesamt
3) GFK-Basiszahlen ohne Bäckereien, Konditoreien, Fleischereien

Quelle: GFK-Basiszahlen

Diese Auswertung der Kaufkraft fällt erwartungsgemäß zugunsten des Stadt-
kreises Würzburg aus. Die *Kaufkraftkennziffer in Promille* in Abbildung 32
verdeutlicht die Gewichtung der Kreise in bezug auf die dort lebende
Bevölkerung, und sie steht in Relation zum Bundesdurchschnitt (=100). Sie
beinhaltet jene Teile des Einkommens, die in Geschäften (Einzelhandel), für
Dienstleistungen, Reisen und Lebensunterhalt ausgegeben werden.

Um das potentielle Werbezeitengeschäft angemessen deuten zu können,
müssen Einzelhandels- und Umsatzstrukturen ganz genau betrachtet werden. Die Chart in Abbildung 33 wies im gesamten Sendegebiet 2.045 Einzel-
handelsbetriebe mit insgesamt fast 12.000 Beschäftigten und einem Gesamtumsatz von 2,3 Milliarden Mark aus. Dabei wurde deutlich, daß die Stadt
Würzburg – mit etwas mehr als 30% aller Geschäfte der untersuchten Kreisgebiete – 60% aller Angestellten beschäftigt und über 60% des Umsatzes
tätigt. Im Stadtkreis Würzburg werden also die höchsten Umsätze in der
Region getätigt, weshalb dieser Kreis als besonders relevant angesehen
werden mußte.

Die so gewonnenen Angaben lassen sich präzisieren, indem man die *Umsatz-
kennziffern je Einwohner* betrachtet. Abbildung 32 weist – über die Umsatzkennziffer in Promille – die Bedeutung des jeweiligen Kreises in Relation
zur gesamtdeutschen Situation aus (Gesamtumsatz alte Bundesländer zu
diesem Zeitpunkt: 493 Mrd DM). Die Studie zur Einschätzung der Wirt-

schaftlichkeit der Würzburger Lokalradios wies einen ungewöhnlich hohen Index als Umsatzkennziffer im Stadtgebiet Würzburg aus.

Zur Vorbereitung der Verkaufsstrategien der Radiostation wurde im Verlauf der Studie weiterhin die *Einzelhandelsstruktur nach Branchen* (siehe Abb. 34) betrachtet. Dabei stellte sich heraus, daß der wichtigste Gewerbezweig (sowohl hinsichtlich der Anzahl der Betriebe als auch des Umsatzes) die klassischen Lebensmittelhändler mit ihrem Nahrungsmittel-, Getränke- und Tabaksortiment waren, gefolgt von Textil-/Bekleidungs-, Einrichtungs-, und Elektrobetrieben. Grundsätzlich sind für die Hörfunkwerbung vor allem jene Betriebe von Interesse, die über ein Ladengeschäft verfügen. Die Studie zeigte, daß allein diese Unternehmen einen Umsatz von 1,6 Mrd DM im Sendegebiet tätigen.

Neben einer Auswertung der branchenbezogenen Umsatzstrukturen dieser Ladengeschäfte waren für die Entwicklung der Verkaufsstrategie vor allem Kennziffern über die *Werbeaufwendungen der einzelnen Branchen* von Belang. Die Studie wies aus, wieviel Prozent des getätigten Umsatzes für Werbung aufgewendet wurden. Eine Kennziffer, die sich in den verschiedenen Branchen in eine Verkaufsargumentation umsetzen ließ. Dabei wurde nicht nur die ‚klassische Kommunikation‘, also die Werbung, sondern es wurden *sämtliche werblichen Maßnahmen* des Handels dargestellt.

Abbildung 35 verdeutlicht, daß die verschiedenen Branchen insgesamt ca. 26 Millionen Mark für werbliche Maßnahmen ausgegeben haben. Da man aus anderen Städten Vergleichsdaten über den prozentualen Anstieg der Werbevolumina kannte, wurde der errechnete Wert mit demselben Faktor multipliziert, so daß ein neuer, zu erwartender Gesamtwert projiziert werden konnte. Dieser galt für den Zeitraum *nach* der Einführung des lokalen Hörfunks im Raum Würzburg und Unterfranken.

Ratings – Reichweiten

Die Bevölkerungs- und Einzelhandelsstrukturen sind durch die am Beispiel Würzburg genannte Vorgehensweise beschrieben worden. Zur Erläuterung der Reichweiten dient nun als Beispiel der *Großraum Nürnberg* mit den Städten und Gemeinden des Regierungsbezirks Mittelfranken. In ihm leben, laut Statistik des Bayerischen Landesamtes, rund 1,5 Millionen Menschen. Davon sind 1,4 Millionen deutsche Staatsangehörige, davon rund 1,2 Millionen über 14 Jahre. Diese 1,2 Millionen stellen das Gesamtpotential des Senders dar (Staatsangehörige anderer Länder, die hier leben, sind statistisch und für die Zwecke dieser Erhebung schwerer erfaßbar und wurden deshalb ausgeklammert).

Die *Grundgesamtheit der erzielbaren Reichweite* Nürnberger Stadtsender beträgt im Stereoempfangsgebiet rund 800.000 Personen. Das Sendegebiet einer Station ist also hauptsächlich in zwei Bereiche einzuteilen: Im *Bereich 1* geht es um das Sendegebiet in seinem weitesten Umfang, inklusive Über-

Abb. 34: Einzelhandelsstrukturen nach Branchen

Einzelhandelsstrukturen
(Branchen/Umsätze)

Der Vertrieb von Lebensmittel/Genußmittel und Bekleidung/Textil sind die wichtigsten Warenbereiche des Einzelhandels gemessen am Umsatz.

Gebiet Würzburg	Nahrungsmittel Getränke Tabakwaren	Textil/Bekleidung Schuhe/Lederwaren	Einrichtung	elektrotechn. Erzeugnisse	Papier Druckerzeugnisse Büromaschinen	Pharma Kosmetik	Kfz Ersatzteile	sonstige Waren
ST Würzburg	161	226	75	45	40	45	160	372
LK Würzburg	92	14	7	4	1	1	33	74
LK Main-Spessart	121	51	24	13	4	4	52	43
Gebiet Gesamt	**374**	**291**	**106**	**62**	**45**	**95**	**245**	**489**

Quelle: Arbeitsstätten des Einzelhandels in Bayern
Bayr. Stat. Landesamt

Abb. 35: Werbevolumen des regionalen Einzelhandels

Werbevolumen des regionalen Einzelhandels
(Basis: Umsätze des EH mit Ladengeschäften)

Die dargestellten Werbeaufwendungen beruhen auf Zahlen, die durch Betriebsvergleiche im Einzelhandel erhoben wurden. Diese Kennzahlen weisen aus, wieviel Prozent des getätigten Umsatzes für Werbung aufgewendet wurden. Die Werbeaufwendungen umfassen dabei nicht nur die "klassischen" Medien, sondern jeglicher Art von Werbung im Handel. Im Gebiet Würzburg werden ca. 26 Mio. DM für werbliche Maßnahmen des Einzelhandels ausgegeben!

Bereich	Umsatz der[1] Ladengeschäfte in Mio. DM	Werbeaufwendungen in % vom Umsatz	Werbeaufwand in Mio. DM
Nahrungs- und Genußmittel	349	1,0	3,49
Textil/Bekleidung	288	2,3	6,62
Schuhe/Lederwaren			
Einrichtung	101	3,8	3,83
elektrotechn. Erzeugnisse	56	1,7	0,95
Papier/Druckerzeugnisse/ Bürobedarf	38	0,9	0,34
Pharma/Kosmetik	95	1,3	1,24
Kfz, Ersatzteile/Reifen	221	1,5	3,32
sonstige Waren	437	1,5	6,56
	-	-	**26,35**

[1] Umsätze lt. Stat. Landesamt

Quelle: Institut für Handelsforschung, Köln
Institut für Selbstbedienung und Warenwirtschaft, Köln

reichweiten und Monoempfang. *Bereich 2* ist Bestandteil von Bereich 1 und weist jene Gebiete aus, die im Stereo-Empfangsbereich liegen.

Die Radio-Marktforschung schuf bezüglich der Reichweiten-Hörertypen folgende Terminologie:

Weitester Hörerkreis (WHK)
Hörer des Programmes *innerhalb der letzten zwei Wochen.*

Stammhörer
Hörer von *mindestens 4 Tagen pro Woche*

Hördauer
sie gibt an, wieviele *Minuten pro Kopf pro Tag* durchschnittlich für die Radionutzung bzw. das Hören eines bestimmten Programmes aufgewendet werden.

Stundennettoreichweite
Sie gibt an, wieviele Personen über 14 Jahre das Programm *innerhalb einer Stunde* gehört haben.

Hörer gestern
Dieser Wert gibt den Anteil der Personen an, die an einem durchschnittlichen Tag ein *bestimmtes Programm* hören. Hierzu zählen Personen, die das Programm zum Stichtag mindestens eine Viertelstunde lang gehört haben.

Nachdem bereits am Beispiel der Nürnberger Lokalradios eine Statistik zur Gesamtbevölkerung ausgewertet wurde, erfolgt nun die *Berechnung der Gesamtreichweite.*

Von angenommenen 100.000 Einwohnern in einem fiktiven Sendegebiet, haben 15.000 in den vergangenen zwei Wochen Radio A gehört. Der *weiteste Hörerkreis* für Radio A ist also 15%. Der WHK wird in der Media Analyse als Vergleichszahl für eine nationale Bewertung aller Hörfunkstationen untereinander ausgewiesen. Diese Zahlen werden in regelmäßigen Abständen, aufgeschlüsselt nach Tageszeiten, veröffentlicht. Das Beispiel in Abbildung 36 zeigt den WHK in Prozent und in absoluten Zahlen: für Radio FFN in Niedersachsen entspricht dies einer Reichweite von 6,4%, so viel wie 3,99 Millionen Hörer.

Die Spalten darüber weisen die Hörerschaft pro Sendetag und Zeitabschnitt aus, die *Stundennettoreichweite.* Im Beispiel Radio FFN läßt sich für die Zeit zwischen 7 und 8 Uhr morgens eine Stundennettoreichweite von 0,9% ablesen, das entspricht 590.000 Hörern.

Die Grundgesamtheit dieser Media Analyse sind 62,58 Millionen Einwohner, das entspricht einer nationalen Betrachtungsebene. Natürlich sind die „Ratings" auch regional und lokal auswertbar.

Abb. 36: Reichweitendarstellung MA1993

Basis: Elektr. Medientranche	Hoch- rechnung in Mio. (Personen)	Reich- weite in Prozent			Hoch- rechnung in Mio. (Personen)	Reich- weite in Prozent
			Alster-Radio	5.00 – 6.00	0,02	0,0
				6.00 – 7.00	0,06	0,1
				7.00 – 8.00	0,09	0,2
				8.00 – 9.00	0,11	0,2
				9.00 – 10.00	0,08	0,1

Grundgesamtheit 62,58 Mio. / ungew. Fallzahl 34471

R. SH Radio Schleswig-Holstein						
5.00 – 6.00	0,11	0,2	**Radio ffn**	5.00 – 6.00	0,10	0,2
6.00 – 7.00	0,37	0,6		6.00 – 7.00	0,46	0,7
7.00 – 8.00	0,39	0,6		7.00 – 8.00	0,59	0,9
8.00 – 9.00	0,36	0,6		8.00 – 9.00	0,47	0,8
9.00 – 10.00	0,33	0,5		9.00 – 10.00	0,46	0,7
10.00 – 11.00	0,30	0,5		10.00 – 11.00	0,45	0,7
11.00 – 12.00	0,32	0,5		11.00 – 12.00	0,43	0,7
12.00 – 13.00	0,32	0,5		12.00 – 13.00	0,42	0,7
13.00 – 14.00	0,22	0,4		13.00 – 14.00	0,33	0,5
14.00 – 15.00	0,21	0,3		14.00 – 15.00	0,39	0,6
15.00 – 16.00	0,20	0,3		15.00 – 16.00	0,38	0,6
16.00 – 17.00	0,21	0,3		16.00 – 17.00	0,39	0,6
17.00 – 18.00	0,23	0,4		17.00 – 18.00	0,35	0,6
18.00 – 19.00	0,19	0,3		18.00 – 19.00	0,26	0,4
19.00 – 20.00	0,13	0,2		19.00 – 20.00	0,19	0,3
20.00 – 21.00	0,05	0,1		20.00 – 21.00	0,14	0,2
21.00 – 22.00	0,04	0,1		21.00 – 22.00	0,12	0,2
22.00 – 23.00	0,04	0,1		22.00 – 23.00	0,07	0,1
23.00 – 24.00	0,04	0,1		23.00 – 24.00	0,05	0,1
ø Stunde 6.00 – 18.00	0,29	0,5		ø Stunde 6.00 – 18.00	0,43	0,7
Weitester Hörerkreis	2,07	3,3		Weitester Hörerkreis	3,99	6,4

Behauptung der Radiostation im Wettbewerb
Nachdem ein Rundfunksender seine Potentiale innerhalb des zukünftigen Sendegebietes bezüglich Werbekundschaft und Hörerschaft ermittelt hat, gilt es festzustellen, wie diese sich nach Aufnahme des Sendebetriebs im konkurrierenden Markt behaupten kann; Stichwort: *Marktanteile.*

Als *Beispiel* dient uns eine ältere Untersuchung, die das Marktforschungs-unternehmen Infratest für die *Mittelfränkische Kabelgesellschaft* durchge-führt hat. Zielsetzung der Studie aus dem Jahr 1988 war die Ermittlung der Position der Privathörfunkprogramme sowie der Programme des Bayeri-schen Rundfunks im Großraum Nürnberg.

Eine Umfrage mit 1.500 Befragten war repräsentativ für 780.000 in Privat-haushalten lebende, deutschsprachige Personen über 14 Jahre, im Großraum Nürnberg, Fürth, Erlangen und Schwabach. In die Erhebung wurden alle Gemeinden einbezogen, die die Nürnberger Stadtsender in Stereoqualität empfangen. Von den 1.500 Befragten waren 72,2% der Fragebögen als auswertbar berechnet worden.

Die verschiedenen Sender und ihre Programme wurden nun für den Groß-raum Nürnberg untereinander verglichen. Diese Daten dienen vor allem der Unterstützung lokaler Werbekundenakquisition im Sendegebiet. In Abbil-dung 38 sind drei Angaben für jede Rundfunkstation enthalten:

Abb. 37: Reichweitendarstellung in den USA

RATINGS

12+ *WINTER '90 BIRCH RESULTS*

Seattle-Tacoma			San Diego			St. Louis		
	Fall '89	WI '90		Fall '89	WI '90		Fa '89	WI '90
			KKLQ-AM & FM			KMOX (Talk)	19.4	14.1
			(CHR)	13.0	14.1	KMJM (UC)	12.5	12.4
KPLZ (CHR)	10.2	10.0	KSON-AM & FM			KSHE (AOR)	12.8	10.6
KIRO (N/T)	8.0	8.9	(Ctry)	7.4	8.4	WIL-FM (Ctry)	4.4	7.3
KUBE (CHR)	8.8	6.7	KGB (AOR)	9.9	7.6	WKBQ (CHR)	8.7	7.3
KMPS-AM & FM			XTRA-FM (NR)	6.9	6.6	KSD (CR)	7.4	6.0
(Ctry)	7.3	5.9	KIFM (NAC)	3.2	4.5	KEZK (B/EZ)	3.8	5.1
KOMO (AC)	5.6	5.4	KJQY (B/EZ)	3.8	4.3	KYKY (AC)	4.2	3.9
KXRX (AOR)	4.5	5.2	KSDO (N/T)	4.6	3.9	WKKX (Ctry)	2.0	3.9
KZOK (CR)	3.4	5.0	KFSD (Clas)	1.8	3.8	KHTK (CHR)	1.1	3.4
KISW (AOR)	6.5	4.1	KKYY (AC)	2.1	3.6	KLOU (Gold)	2.9	3.1
KING-FM (Clas)	2.7	3.4	KYXY (AC)	4.7	3.4	KATZ (UC)	1.8	2.2
KRPM-FM (Ctry)	2.6	3.4	KFMB-FM (AC)	4.4	3.3	WESL (Rel)	.6	2.0
KBRD (B/EZ)	2.8	3.2	KFMB (AC)	5.1	3.2	KUSA (Ctry)	.8	1.4
KLSY-AM & FM			XHRM (CHR)*	5.5	3.2	WSNL (AC)	1.2	1.4
(AC)	2.9	3.1	KCBQ-FM (Gold)	2.2	2.7	KATZ-FM (UC)	1.8	1.3
KBSG-AM & FM			KPOP (Nost)	2.7	2.7	KWMU (Clas)	.8	1.3
(Gold)		3.3	KSD		2.6	(Clas)	2.0	1.2
KING (N/T)								1.1
KNUA								

1. die *Bekanntheit des Senders*.

Fragestellung war: „Welchen dieser Sender haben Sie schon einmal gehört?". Radio Charivari hatte eine „Bekanntheit" von 73% und lag damit 3% vor Radio Gong.

2. der *WHK*, der weiteste Hörerkreis.

Fragestellung war: „Welchen Sender haben Sie in den letzten beiden Wochen gehört?". In der vorliegenden Auswertung waren dies für Radio F immerhin 36%, beim überregionalen Bayern 3 sogar 66% der Hörer im Sendegebiet.

3. die *Stammhörer*.

Dies waren beim zweiten Hörfunkprogramm des Bayerischen Rundfunks nur 2%, bei Radio Gong 23% der Hörer.

Weiterhin bot die Infratest-Analyse eine *lokale Reichweitenberechnung* an. Diese orientiert sich an den *‚Hörern pro Tag'*. In diesem Fall wurden zwei Auswertungen in einer Grafik zusammengefaßt. Die erste betrachtet die Reichweite der Sender in bezug auf die gesamte Woche (Montag bis Sonn-

Abb. 38: Hörfunknutzung im Großraum Nürnberg

Gesamtbevölkerung ab 14 Jahre
Potential: 780.000 Personen (n=1002)

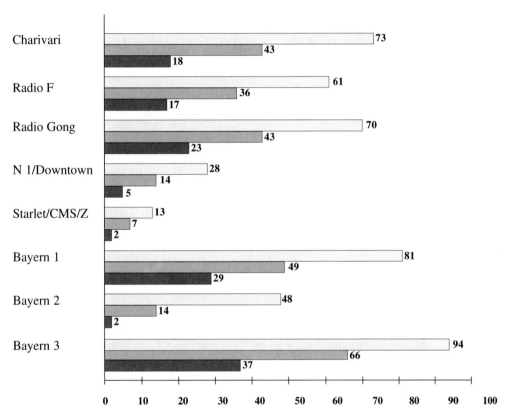

Quelle: Infratest

tag, erste Spalte), die zweite Auswertung präzisiert hinsichtlich einer Auswertung für die Wochentage Montag bis Freitag (zweite Spalte).

Abbildung 39 zeigt, daß Radio Gong eine Tagesreichweite von 19% in der Betrachtung Montag bis Sonntag erzielt hat, das entspricht 152.000 Hörern. Klammert man das schwache Wochenende aus, so ergibt sich ein noch vorteilhafterer Durchschnittswert von 21%, also 163.000 Hörern pro durchschnittlichem Tag. Diese Sichtweise wird diejenige sein, die den Werbekunden vorzuzeigen wäre.

Die Auswertung ‚Hörer pro Tag' kann nun noch um eine zweite Komponente erweitert werden. In Abbildung 40 wird betrachtet, wie lange diese Hörer einzelne Sender pro Tag hören. Es geht also um die ‚*Hördauer in Minuten*

Abb. 39: Hörer pro Tag

Für die Gesamtbevölkerung ab 14 Jahre ergeben sich folgende
Reichweitenwerte der Sender mit Werbung
(Hörer pro Tag inkl. Nachtprogramm).

Fallzahl	Mo - So		Mo - Fr	
	%	Tsd.	%	Tsd.
	n	= 1.002	n	= 716
Charivari	16	126	17	131
Radio F	15	117	16	123
Radio Gong	19	152	21	163
N1/Downtown	5	40	6	45
Starlet/CMS/Radio Z	2	13	2	12
Bayern 1	30	235	33	254
Bayern 2	4	270	36	282
Bayern 3				

Die sonstigen Sender erreichen nur unbedeutende Tagesreichweiten.

pro Tag'. Diese Betrachtungsweise wird um einen Zielgruppenvergleich
unter den privaten Hörfunkanbietern im Sendegebiet erweitert: er erläutert,
wie alt die ,Hörer pro Tag' sind und über welches Einkommen sie verfügen.
Damit soll den Werbekunden die Kaufkraft der sendereigenen Hörerschaft
verdeutlicht werden.

Schließlich folgt die Befragung nach dem meistgehörten Sender. Diese zählt
jedoch zum umsichersten Faktor innerhalb solcher Umfrageanalysen. Auf
die Frage „Welchen Sender hören Sie persönlich am meisten?" antworteten
in dieser Befragung 26%: „Radio Gong". Aber Vorsicht: Diese Auswertung

Abb. 40: Hördauer pro Minuten pro Tag (Mo – Fr)

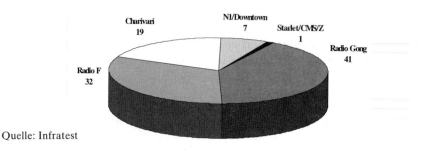

Quelle: Infratest

Abb. 41: Zielgruppenvergleich Hörer pro Tag

Zielgruppenvergleich Alter – Haushaltsnetto-Einkommen

	Gesamt	Radio Gong	Charivari	Radio F
Reichweite	**780 T**	**163 T**	**131 T**	**123 T**
14 – 49 Jahre	481 T	143 T	97 T	95 T
Anteil	61 %	88 %	74 T	77 %
14 – 39 Jahre	351 T	115 T	63 T	68 T
Anteil	45 %	71 %	48 %	55 %
Personen in Haushalten mit einem Haushaltsnetto-Einkommen von DM 3.000 und mehr	348 T	86 T	57 T	63 T
Anteil	45 %	53 %	44 %	51 %

Radio Gong erreicht überdurchschnittlich die Kernzielgruppe 14 – 39 Jahre, das sind 71 % seiner Hörer pro Tag = 115.000 Personen.
86.000 Radio Gong-Hörer haben ein HHE von mehr als DM 3.000.

bezieht sich nur auf das Zielgruppensegment der 14 – 39jährigen (erinnere: „beidseitig schokolierte Kekse in der 1000g-Packung").

Unter dem eben angesprochenen Vorbehalt ist auch die folgende Auswertung der Hörfunknutzung im Großraum Nürnberg zu sehen. Dargestellt werden nur die prozentualen Stundenreichweiten für die Zielgruppe der 14 bis 39jährigen; eine Zielgruppe, auf die das Programm von Radio Gong genau zugeschnitten ist. Radio F, ein Sender mit einem eher volkstümlichen, stark regionalen Schlagerformat, kann und will sich in dieser Kategorie nicht behaupten. Diese Grafiken eignen sich also nur als Verkaufscharts für die Sales-Mannschaft von Radio Gong und sind auf andere Sender nicht unmittelbar übertragbar.

■ *Die Zukunft der Marktforschung im Radio*

Es stellt sich in Anbetracht der bisher angestellten Überlegungen nun die grundsätzliche Frage, ob die klassischen Formen der Marktforschung für den besonderen Fall der Strategieentwicklung für Radiostationen überhaupt noch ausreichend sind. In Kapitel I wurde diskutiert, wie sehr das Radio dem aktuellen Trend der Individualisierung und damit der Fragmentierung der Zielgruppen über die Menge an Programmen, Sendeformen und Sendestationen entspricht.

Der Versuch, diese unendlich vielen Zielgruppen, die der Trendforscher Gerd Gerken als „Szenen" bezeichnet, zu greifen und im klassischen Sinne

Abb. 42: Meistgehörter Sender

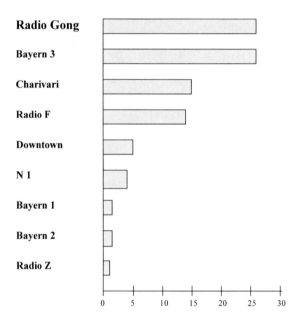

Gesamtbevölkerung 14 – 39 Jahre (n=451)
Welchen Sender hören Sie persönlich am häufigsten?
Privatfrequenzen Hörer pro Tag / Mo – Fr
Potential: 351.000 Personen

zu definieren, erscheint schlichtweg unseriös. Die althergebrachten Versuche, die Bevölkerung nur in Alter, Geschlecht und Einkommen aufzuteilen, haben sich überdauert, zumal zur selben Gruppe gehörende Personen teilweise paradoxe Orientierungsmuster leben (SAT1 Glücksrad sehen und Spiegel lesen), sich der Konsum also pluralisiert. Aber wie kann man die Zielgruppen oder Szenen besser definieren?

Eine Reihe von Radiostationen, aber auch Fernsehen und Printmedien versuchen sich immer wieder in der Definition von Lifestyles, Wünschen, Bedürfnissen (auf die sie sich dann einstellten). Viel sinnvoller erscheint dagegen eine ,*Typologie der Wünsche'*. Sie orientiert sich nämlich am Konsumenten und nicht an der intellektuellen Kapazität der Manager.

Ein neues Denken setzt allerdings voraus, daß Ängste abgebaut werden. Die nach wie vor vorhandene „Dominanz der Zahlen" ist eben gerade das Ergebnis entscheidungsängstlicher Manager, die Marktforschung als eine Art Jobversicherung verstehen. Wenn es stimmt, daß das Radio ein Spiegel-

Abb. 43: Hörfunknutzung im Großraum Nürnberg

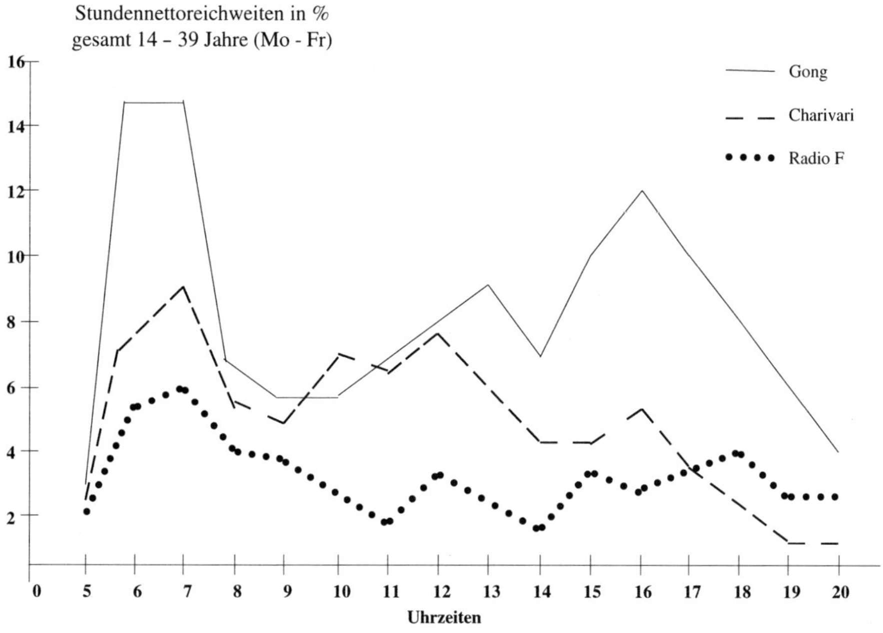

Stundennettoreichweiten in %
gesamt 14 – 39 Jahre (Mo - Fr)

Quelle: Infratest

bild unserer Zeit und unserer Gesellschaft ist, erfodert das auch, daß man so viel als möglich über diese sozialen Faktoren wissen sollte, um ihnen bestmöglich zu entsprechen.

Die Analyse der gesellschaftlichen Strömungen und Trends kann beispielsweise durch einen *„lifestyle research"* erfolgen. Hierzu im Ansatz ein paar vereinfachte Streifzüge durch die Sozialgeschichte:

Die 60er Jahre waren geprägt von starken gesellschaftlichen Veränderungen. Vor allem die Jahre 67 und 68 haben massive soziokulturelle Veränderungen in Deutschland, Frankreich und anderen westlichen Staaten mit sich gebracht. Einstellungen zu Politik, Sexualität, Drogen und Religion wurden in revolutionärer Weise verändert. Die Ereignisse in Korea und Vietnam veränderten Denken und Haltung gegenüber Krieg und Gewalt. Waren es doch die ersten Kriege, von denen ausführlich berichtet wurde und die durch die Friedensbewegungen radikal kritisiert wurden.

Das Radio war nicht nur Spiegel der Zeit, sondern wurde auch zu einem Aufklärungsinstrument. Songs über Frieden und die ‚Flower-power'-Bewegung, Übertragungen aus Woodstock, Protestmärsche und Hungerstreiks beeinflußten die öffentliche Meinung und damit den Trend. Im amerikanischen Radio wurden nach den Formatradios der 50er Jahre wieder Kommunikatoren für ein freies Radio gesucht, die genauso frei über relevante

Themen sprachen. Rockorientierte Radiostationen, „Hippie-Musik" und peace-orientierte Gitarrensongs standen im Mittelpunkt der Musikfarben.

Die in einer breiten Öffentlichkeit entstandene Offenheit und Liberalisierung wandelte sich Ende der siebziger Jahre in einen jähen Gegentrend. „Weniger Drogen und Exzesse" als Hauptinhalte in den Medien führten zu einem neuen Konservatismus. Die Haare wurden wieder kürzer und vor allem die Wahl konservativer Politiker in Amerika zu Anfang der 80er Jahre bestätigte diesen Trend. Auch in den Radioformaten spiegelte sich dies wider.

Sogenannte ‚*Adult Contemporary'-Formate* stehen seither wieder ganz oben auf der Hitliste des durchschnittlichen, gemäßigten und angepaßten Musikgeschmacks, der nach Ansicht vieler Kollegen aus dem Radiogeschäft „keinem weh tut" (da die Radiolandschaft in Deutschland bis Mitte der 80er Jahre nur aus öffentlich-rechtlichen Sendern mit dem ihnen zu eigenen Parteieneinfluß bestand, kann die Entwicklung am besten am Beispiel der USA beschrieben werden).

Die logische Konsequenz für die 90er Jahre bedeutet allerdings keine Umkehr der Trends der letzten Jahre. Denn auch das Medium an sich hat sich weiterentwickelt. Sein Pluralismus, resultierend aus der Vielzahl von Programmen, Inhalten und damit auch Weltanschauungen, bildet keine größeren Trends und Strömungen mehr ab und trägt darum auch nicht zur Schaffung von Gegenströmungen oder gar Reaktionen bei.

Die gesellschaftliche Bedeutung und Wirkung des Radios ist aus einer ganzheitlichen Perspektive zu betrachten. Das Radio ist eine Art Abbildung, ein Spiegel des immer differenzierteren, individuelleren Daseins. Die Vielzahl von Trends und Strömungen, die nicht nur in immer kürzeren Abständen, sondern auch parallel und gleichzeitig auf verschiedensten Ebenen ablaufen, sind für Marktforscher mit klassischen Mitteln nicht mehr zu fassen. Dabei wird der Bedarf an Wissen über die Zuhörer immer wesentlicher. Nicht nur zur Unterstützung des Verkaufs, vielmehr aus dem ganzheitlichen Gesichtspunkt der Annäherung an die Zielgruppe heraus, ist ein solcher Ansatz heute unabdingbar.

Erkenntnisse für den Bereich Musik, Wort und Redaktion, Moderation und generelle Akzeptanz des Programmes sind wichtige Steuerungselemente für den Geschäftsführer und seinen Programmdirektor. Vor allem neue, sinnvolle Techniken gehen stark zu Lasten des Budgets und lohnen sich kaum für kleine regionale Stationen, noch weniger für einzelne Abteilungen und Fachbereiche. So geht es neben der Entwicklung neuer Methoden auch um die Schaffung individualisierter Standardsysteme.

So heißt die „challenge", die Herausforderung, an die qualitativ hochstehende Marktforschung der 90er Jahre: *Annäherung an die Typologie immer segmentierterer Gruppen*, und zwar durch:
− *„lifestyle research"* und andere neue Methoden,

– *syndikatisierte Modelle* als effiziente qualitative Komponente,
– *Umsetzung dieser Erkenntnisse* in den Bereichen Programm, Marketing und Verkauf .

D. Sales

„Verkauf von Sendezeit" – zugegebenermaßen ein Produkt, bei dem man sich schwertut, es dem Kunden vorzuzeigen, geschweige denn, es ihn ausprobieren zu lassen. Wenn Neville Woodcock von der Financial Times in Frankfurt ‚sein Blatt' verkauft, reist er mit einer ganzen Mappe von guten Werbebeispielen aus seiner Zeitung mit dem pfirsichfarbenen Papier. Die Marketingexperten von privaten Fernsehstationen wie SAT1 und Vox schicken Videokassetten an Unternehmensberatungen, in der stillen Hoffung, dort wäre vielleicht doch noch ein kleiner Account zu verwalten. Fachzeitschriften wie ‚New Business' oder ‚Der Kontakter' beinhalten oft Leseproben von neuen oder etablierten Printmedien zum Kennenlernen.

Abb. 44: Vertriebskonzept

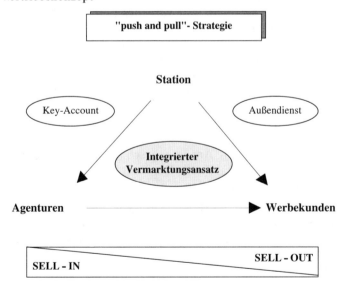

Wie aber präsentiert man das Produkt Radio? Teilen wir das Verkaufsgeschäft zunächst in zwei Bereiche. Das *Sell-In*, den *Hineinverkauf,* und das *Sell-Out*, den *Abverkauf.*

Analog dazu werden die Aufgaben in zwei Bereiche geteilt:
– Die Betreuung der Agenturen durch Key-Account-Manager,
– Direkter Sendezeitenverkauf durch regionale Außendienstmitarbeiter.

Die Aufteilung in Sell-In und Sell-Out ist Grundlage einer *auf zwei Säulen basierenden Verkaufsstrategie:*

Das *Sell-In* umfaßt kommunikative Maßnahmen, die sich an die *Agenturen* richten. Deren Mitarbeitern werden die Rundfunkstation, das Programm und die wesentlichen Daten vermittelt, so daß diese – nach reiflicher Über-legung im Namen ihrer Kunden – Werbezeit einkaufen können. Dieses ‚Einkaufen' beziehungsweise das Zusammenstellen eines geeigneten Media-Mix wird mit dem Kunden koordiniert.

An dieser Stelle setzen auch die *Sell-Out*-Aktivitäten an: kommunikative Maßnahmen, die von der Station über die Agentur an deren *Kunden* gegeben werden. Es verhält sich also ähnlich wie mit der Markenartikelindustrie, die den Handelsunternehmen POS-Materialen für den optischen Auftritt der Marke in den Outlets (Läden) zur Verfügung stellt, oder diesen Auftritt in Form von Werbekostenzuschüssen teuer bezahlt. Gleiche oder ähnliche Sell-Out-Materialien werden auch dem Außendienst-Mitarbeiter für den regionalen Sendezeitenverkauf – also für den unmittelbaren Kontakt des Senders mit dem Kunden – zur Verfügung gestellt.

Besonders im lokalen Radiogeschäft fällt es schwer, das Medium und seine Wirkung „an den Mann zu bringen". Beim Aufbau von Radio Gong Würz-burg war diesbezüglich ein *häufiges Phänomen* zu beobachten. Die Einzel-handelsgeschäfte, klassische Kunden regionaler und lokaler Medien, ver-hielten sich zunächst eher abwartend. Überhaupt besteht unter „Radio-unerfahrenen" Kunden die Befürchtung, Radio könnte überdurchschnittlich teuer sein. Der erste Schritt, um Sendezeit zu verkaufen, ist also kein klassisches Verkaufs-, sondern ein Aufklärungsgespräch. Dazu wurden zahl-reiche Besuchergruppen potentieller Kunden in den Sender eingeladen. Zusätzlich erfuhr der Sender auch von der regionalen Zeitung keine Unter-stützung. Sie schwieg den neuen Privatsender tot, weil sie erhebliche Ein-bußen im eigenen regionalen Anzeigengeschäft befürchtete. Statt dessen aber stiegen die Gesamtausgaben für Werbung in dieser Region. Der Wer-bekuchen war also größer geworden.

Jedoch – es geht auch anders. Beim Aufbau von Antenne Bayern waren Probleme solcher Art nicht zu spüren. Ihre Gesellschafter setzen sich aus den größten deutschen Medienverlagen zusammen.Wen wundert's!

Die Sales-Abteilung

Aufgaben und Zusammensetzung
Der Verkaufsleiter oder Salesmanager ist verantwortlich für die Vermark-tung der Sendezeit. Er bestimmt die grundlegenden Verkaufsstrategien, legt die Tagesplanung für die regionalen Sendezeitverkäufer/Außendienstmitar-beiter fest, entwickelt mit dem Marketing Verkaufsmaterialien, wertet Ana-lysedaten aus, konzipiert in Zusammenarbeit mit dem Geschäftsführer das Konditionensystem für den Werbezeitenverkauf und koordiniert mit dem

Programmdirektor die Möglichkeiten der Plazierung von Sonderwerbeformen, Promotions und Sponsorships außerhalb der Werbeblöcke.

Die *Struktur der Abteilung* ist bei allen Stationen etwas unterschiedlich. Sie wurde bereits im Abschnitt B (Personal) dieses Teils III erläutert.

Die *Größe der Verkaufsmannschaft* ist selbverständlich von der Größe der Radiostation abhängig. Es ist aber noch in den kleinsten Sendern die bedauerliche Regel, daß die Redaktion drei bis viermal größer ist als die Verkaufsabteilung. Stadtsender und regionale Stationen beschäftigen meist zwei bis drei Verkäufer, eine(n) Assistent(in) und den Sales-Manager, wobei alle an der Front verkaufen müssen. Die Stadt oder Kreisgebiete sind dazu in Sektionen aufgeteilt, die der einzelne Mitarbeiter zu betreuen hat. Als Kompensation seiner Innendienst-/Bürotätigkeit erhält der Sales-Manager – neben einem höheren Gehalt und ein bis zwei Prozent mehr Provision – als Abteilungsleiter all jene Kunden in seinen Bereich, die sich aus eigener Initiative beim Sender melden, um Werbung zu schalten.

Landesweite und überregionale Stationen beschäftigen neben dem Sales-Manager bis zu 10 Account Executives und Mitarbeiter im Innendienst. Der Leiter der Verkaufsabteilung berichtet direkt an den Geschäftsführer.

In regelmäßigen Abständen, am besten wöchentlich, werden *Verkaufsmeetings* veranstaltet, in denen all jene Mitarbeiter zusammenkommen, die im weitesten Sinne in den Verkauf von Sendezeit involviert sind. Sinnvollerweise bezieht man hier Mitarbeiter aus dem Programm- und Produktionsbereich ein, die die beschlossenen Verkaufsstrategien anschließend umsetzen werden. Weiterhin sind die letzten Daten zu besprechen, Strategien festzulegen und neue Ideen für Sonderwerbeformen zu entwickeln.

In einem *Tages-Briefing* werden mit den Mitarbeitern der Abteilung die Tagespläne, Akquisitionstermine und Zielsetzungen beschlossen.

Einkommen der Verkaufsmitarbeiter
Ein wichtiger Punkt ist die Honorierung der Verkaufsmitarbeiter und des Sales-Managers. Das *leistungsbezogene Einkommen*, wie es für alle Abteilungen gelten sollte, ist hier aufgrund der direkten Meßbarkeit besonders leicht festzusetzen. Zumeist erhalten die Verkaufsmitarbeiter ein geregeltes *Grundgehalt*, ein Verkäufer für lokale Sendezeit etwa DM 2.500 – DM 3.500, *zuzüglich einer Provision* auf die getätigten Abschlüsse in Höhe von 7 % bis 8 %. Die Provisionsabrechnung erfolgt monatlich oder quartalsweise und läuft wie das normale Gehalt über die Lohnsteuerkarte des Angestellten. So ist der Mitarbeiter in jedem Fall sozialversichert und im Krankheitsfall geschützt.

Viele Sender überlassen ihren Mitarbeitern die Entscheidung, ob diese ein höheres Festgehalt und eine kleinere Provision oder umgekehrt möchten. Am Jahresende wird an die Verkaufsmannschaft – je nach Verlauf des Geschäftsjahres – eine *Jahresgratifikation* ausgeschüttet.

Eine andere Möglichkeit ist es, in Verkaufswettbewerben den „Besten Ver-
käufer des Jahres" zu suchen und mit ‚Incentives‘, also Geschenken mit
Belohnungscharakter, zu honorieren. Dies sind zumeist Reisen oder andere
Privilegien (besserer Dienstwagen, Autotelefon etc.).

Vor allem in kleineren, lokalen Stationen wird oft übersehen, daß *ständige
Fort- und Weiterbildung* der Verkaufsmitarbeiter für den Sender (über)le-
bensnotwenig ist. Zum einen glauben immer noch viele, daß Verkaufen eine
Gabe der Natur sei, die man entweder hat oder nicht hat. Zum anderen
rechnet der Geschäftsführer, der beispielsweise ein Verkaufsseminar geneh-
migen muß, nicht nur die Kosten des Seminars und der Reisespesen des
Mitarbeiters, sondern vor allem die Ausfallzeit als Werbezeitenverkäufer.
Bleibt von drei Verkaufsmitarbeitern einer auf einem zweitägigen Seminar,
so kommt es sicherlich kurzfristig zu einem schwächeren Umsatz. Langfristig
jedoch machen sich die neuen Anstöße, die der Mitarbeiter sammeln konnte,
im Tagesgeschäft bezahlt.

Qualifikationen eines Verkäufers

Gute Verkäufer sind lang trainierte Profis, die ihr Geschäft härter erlernen
mußten als viele andere Berufstätige. Das Erlebnis, abgewiesen zu werden, die
‚Klinke putzen zu müssen‘, empfinden viele fälschlicherweise als entwürdigend
und unzumutbar. Nach einer amerikanischen Studie geben über zwei Drittel
aller Verkaufsanfänger im Radiogeschäft schon vor Jahresfrist wieder auf.

Große Hörfunkstationen erwarten einen *Hochschulabschluß, Kenntnisse in
Marketing, Vertrieb, Marktforschung* und natürlich ein *Grundwissen über die
Zusammenhänge des Radio-Geschäftes*. Das beinhaltet auch Grundkenntnis-
se der redaktionellen, programmlichen und sendestrukturellen Abläufe.
Eine Ausbildung in der Station sollte im Arbeitsvertrag genau geregelt sein,
denn in Wirklichkeit erlernt man das Handwerk, vom Verkaufsbesuch bis
zur Auswertung von Marktforschungsdaten am besten beim ‚training on the
job‘, der Ausbildung im Rahmen der täglichen Arbeit. Ganz entscheidender
Karriere-Motor ist dabei die Qualität des Lehrers. Ein ‚kleines Licht‘ mit
wenig Gehalt bei einem der renommierten Verkaufspersönlichkeiten im
Radiogeschäft zu sein, ist langfristig eine x-fach bessere Entscheidung, als
das zweifelhafte „Superangebot" anzunehmen.

Organisation und Planung

Das nach dem *Franchise-System* organisierte *französische Radionetwork
NRJ* sendet von der Sendezentrale in Paris aus, 24 Stunden live einen *Mantel*
für über 130 lokale NRJ-Stationen in Frankreich, Belgien und der West-
schweiz. Zu den Hauptsendezeiten, also in der Prime- und Drivetime, wird
der Mantel zu *lokalen Fenstern* auseinandergeschaltet. Die Verkaufsprofis
in Paris unterstützen ihre Kollegen in der Region mit Seminaren und struk-
tureller Hilfe, um die Akquisition lokaler Werbekunden für diese Fenster zu
erleichtern.

Akquisitions- und Kundenkarteien sind bei NRJ wahrlich simpel.

In der *‚fiche prospect‘*:
- werden potentielle Kunden erfaßt,
- wird die Form des ersten Kontaktes festgehalten,
- werden Daten und Inhalte der jeweilig nachfolgenden Besuche notiert.

In der *‚fiche prospect hebdomadaire‘* (Wochenübersicht) werden:
- die Routenplanung,
- die wöchentlichen Leistungen des Außendienst-Mitarbeiters,
- die Vorgaben für zu werbende Kunden durch den Sales-Manager gemacht. „Meine Adressen sind schlecht“ ist wohl die häufigste Entschuldigung für mangelhafte Verkaufsleistungen. Natürlich enthält eine solche Liste die verschiedensten Arten von Adressen: „hoffnungslose Fälle“, „unsichere Kandidaten“, „Glücksfälle“ und „ehemalige Kunden“.

Eine der wesentlichen Leistungen von Außendienstmitarbeitern besteht daher darin, *selbständig neue Adressen herauszufinden* – im Bereich des ihnen zugeteilten Sektors – und zu einem Wochenplan zusammenzufügen. Vor allem für junge oder neue Mitarbeiter einer Verkaufsabteilung ist das eine wichtige Übung, erhalten sie doch zunächst die ‚schwachen‘ Adressen, da die erfahrenen Kollgen zu den wichtigen, guten Kunden geschickt werden, beziehungsweise deren Adressen in ihrer persönlichen Kontaktliste zu finden sind und damit bereits dem Kollegen „gehören“.

Quellen guter Adressen gibt es viele, zum Beispiel:
- die regionale Tageszeitung
- die Gelben Seiten im Telefonbuch
- das Lokalfernsehen
- andere Lokalsender usw.

Es liegt nahe, daß Unternehmen, die in der Tageszeitung regelmäßig schalten, auch an neuen, innovativen Werbeformen Interesse finden, insbesondere wenn man in sanfter Form das Kosten-Nutzen-Verhältnis präsentiert. Aber, *Vorsicht beim Abwerben!* Argumentationen zu Lasten eines Wettbewerbers schlagen auf seiten des Einkäufers leicht in Solidarität mit diesem um – handelt es sich doch möglicherweise um eine bereits länger andauernde, erfolgreiche Geschäftsbeziehung. Die Darstellung der vorteilhaften Ergänzung beider Medien zu einem effektiven Media-Mix ist hier die angemessenere Argumentation.

Zu weit mehr und besseren Abschlüssen verhelfen allerdings *unkonventionelle Ideen.* Vor allem kleinere Unternehmen haben nicht die Mittel, in mehreren Medien präsent zu scin. Sind sie einmal für eine Radiostation akquiriert, so werden sie wahrscheinlich nicht so schnell zu einer anderen Station wechseln.

Abb. 45: Formularbeispiel Akquisitions- und Kundenblatt

	FICHE PROSPECT

NRJ La plus belle radio

Dossier ouvert le :

Responsable Commercial :	Médias Concurrents :

Agence :	Annonceur :	Autre :	Date 1ère commande :

NOM : _____

ADRESSE : _____

TÉLÉPHONE : _____

AUTRE INTERLOCUTEUR : _____

AUTRES ETABLISSEMENTS : _____

NATURE 1er CONTACT :   MAILING | PROSPECTION | SPONTANE   _____

DATE	PROPOSITIONS/COMMENTAIRES	VISA/DIRECTEUR

Abb. 45: Formularbeispiel Akquisitions- und Kundenblatt (Fortsetzung)

NRJ La plus belle radio	**FICHE CLIENT**		
	Dossier ouvert le :	par :	

Responsable Commercial :	N° code Client :	

Tarif Appliqué :	Agence :	Annonceur :	Client depuis :
	Pris à la concurrence :		

NOM/ADRESSE : _____

ADRESSE LIVRAISON : _____

TELEPHONE : _____

MODE DE REGLEMENT : _____

_____

INTERLOCUTEUR : _____

ACTIONS PROMOTIONNELLES

Date	Nature de l'opération

Es kommt also darauf an, „als erster vorzusprechen". Ein Besuch beim *städtischen Gewerbeamt* oder der *örtlichen Industrie- und Handelskammer* gibt beispielsweise Aufschluß darüber, welche Geschäftseröffnungen in jüngster Zeit getätigt wurden oder bevorstehen. Gratulationen an die neuen Unternehmer zur Eröffnung können der erste Schritt für eine zukünftige Geschäftsbeziehung sein.

Für die *Tourenplanung mittels Wochenkarte* gilt, daß sie nicht nur ein Kontrollinstrument für die Verkaufsleitung, sondern auch ein Mittel ist, um die eigenen Leistungen messen und überprüfen zu können; weiterhin, daß drei gut recherchierte Adressen mit exzellenter Vorbereitung mehr wert sind, als ein Riemen mit 25 Anschriften, unter denen sich möglicherweise 15-20 Flops befinden, die mindestens drei Arbeitstage verschwenden.

Anhand der Wochenplanung hat der Verkaufsmitarbeiter seinen *Tagesablauf* zu strukturieren. Ein Verkäufer hat mehrere Dutzend Anrufe und mindestens drei bis vier Kundenbesuche pro Tag zu erledigen – dies will geplant sein. Viele Verkäufer legen diese Aufgaben am Abend zuvor fest, um sie im Tagesmeeting der Abteilung morgens besprechen zu können. Die durchdachte Tourenplanung spart Nerven, Sprit und teure Zeit.

Beispiel: Außendienstmitarbeiter großer *Tabakkonzerne* haben ein praktisches *System für die Tourenplanung* ihrer Kunden (Tankstellen, Kioske, Supermärkte, Kaufleute) entwickelt. Neben dem MDE (Mobiles Daten Erfassungsgerät) führen sie nach wie vor Karteikärtchen mit den Adressen der Ansprechpartner und ihrer Standorte mit sich. Diese sind nach Stadtteilen oder Straßenzügen geordnet. Wird der Kunde nicht angetroffen, so erledigt der Repräsentant zunächst einen anderen Kundenbesuch in der Gegend und kommt danach zurück. Die Karteikarte beinhaltet neben den Basisdaten auch Informationen zu Umsatz und Geschäftstätigkeit, persönliche Informationen, wie Name der Ehefrau, Geburtstage, Namen von Mitarbeitern und Hobbies. Stellt der Mitarbeiter eine Veränderung fest, so wird diese auf der Karteikarte festgehalten. Mit diesem System ist eine nahtlose Kundenbetreuung auch im Urlaubs- oder Krankheitsfalle durch andere Mitarbeiter in Vertretung möglich.

Hier noch ein kleiner Tip, den mir eine chinesische Händlerin in Hongkong gab: es kann Wunder wirken, einen Termin, von dem man weiß, daß man ihn zum Abschluß bringt, auf den Vormittag zu legen; dann bekommt der Tag so eine Art „positiven Dreh".

Buchen und Schalten

Ist der Kunde für die Radiostation einmal akquiriert, so werden alle Daten in das *‚fiche client'*, das Kundenblatt übernommen.

Die Sendezeiten, Anzahl und Art der Spots, ebenso wie die der Sonderwerbeformen werden auf einem Dispositionsschema festgehalten. Dieses

Abb. 46: Formularbeispiel Wochenplanung

Fiche de prospection hebdomadaire

Commercial:		Semaine du	au

Jours	Prospection Direct		Prospection téléphone et confection dossiers	
Lundi	1		4	
	2		5	
	3		6	
Mardi	1		7	
	2		8	
	3		9	
	4		10	
	5		11	
	6		12	
Mercredi	1		7	
	2		8	
	3		9	
	4		10	
	5		11	
	6		12	
Jeudi	1		7	
	2		8	
	3		9	
	4		10	
	5		11	
	6		12	
Vendri	1		7	
	2		8	
	3		9	
	4		10	
	5		11	
	6		12	
Samedi	Total:		Total:	
			% direct:	
			Moyenne visite:	

Schema ist für den Einkauf von Medialeistungen Auftrag und Vertrag gleichzeitig. Das Dispositionsschema hat mehrere Durchschläge:

- für den Kunden,
- für die Abteilung Traffic, die alle Spots nach den Dispositionsschemata der Kunden in den Werbeblöcken zusammenstellt,
- für die Buchhaltung, die zumeist auch die Rechnungen ausfertigt,
- für das Kundenblatt in der Sales-Abteilung.

Natürlich haben vor allem große Stationen diese Vorgänge mittlerweile computerisiert. Verkaufsmannschaften kleiner Radio-Stationen aber verbringen oft mehr Zeit mit der Bewältigung der internen Struktur, dem Innendienst, als mit dem Wesentlichen, nämlich dem Verkauf von Sendezeit.

Abb. 47: Formularbeispiel Werbefunkauftrag

WERBEFUNK-AUFTRAG Nr. _____

ANTENNE BAYERN

Sendemonat: _____

Kunde: _____   Kunden-Nr.: _____

Adresse: _____   Telefon: _____

Agentur: _____   Telefon: _____

T A G	5⁰⁰–5³⁰	5³⁰–6⁰⁰	6⁰⁰–6³⁰	6³⁰–7⁰⁰	7⁰⁰–7³⁰	7³⁰–8⁰⁰	8⁰⁰–8³⁰	8³⁰–9⁰⁰	9⁰⁰–9³⁰	9³⁰–10⁰⁰	10⁰⁰–10³⁰	10³⁰–11⁰⁰	11⁰⁰–11³⁰	11³⁰–12⁰⁰	12⁰⁰–12³⁰	12³⁰–13⁰⁰	13⁰⁰–13³⁰	13³⁰–14⁰⁰	14⁰⁰–14³⁰	14³⁰–15⁰⁰	15⁰⁰–15³⁰	15³⁰–16⁰⁰	16⁰⁰–16³⁰	16³⁰–17⁰⁰	17⁰⁰–17³⁰	17³⁰–18⁰⁰	18⁰⁰–18³⁰	18³⁰–19⁰⁰	19⁰⁰–19³⁰	19³⁰–20⁰⁰	20⁰⁰–20³⁰	20³⁰–21⁰⁰	21⁰⁰–5⁰⁰
1.																																	
2.																																	
3.																																	
4.																																	
5.																																	
6.																																	
7.																																	
8.																																	
9.																																	
10.																																	
11.																																	
12.																																	
13.																																	
14.																																	
15.																																	
16.																																	
17.																																	
18.																																	
19.																																	
20.																																	
21.																																	
22.																																	
23.																																	
24.																																	
25.																																	
26.																																	
27.																																	
28.																																	
29.																																	
30.																																	
31.																																	

Werbeform	Spot	Anzahl	Spotlänge	Preis/Sek.	Gesamtpreis
☐ Prod.-Spot	_____	_____	_____	_____	_____
	_____	_____	_____	_____	_____
☐ Sonderform	_____	_____	_____	_____	_____
☐ _____	_____	_____	_____	_____	_____

_____
Repräsentant

abzgl. ____ % Rabatt
abzgl. 15% Prov.
Auftragsnetto

_____   _____
Datum   Unterschrift   zzgl. MwSt.

ANTENNE BAYERN HÖRFUNKANBIETER GMBH & CO. BETRIEBS- UND WERBE KG · MÜNCHNER STRASSE 20
8034 UNTERFÖHRING · TELEFON: 0 89/9 59 99-0 · TELEFAX: 0 89/9 57 99 66 · TELETEX: 175214217

Der Verkauf von Sendezeit im Außendienst muß durch den Innendienst unterstützt und, nicht zuletzt, durchgeführt werden. In manchen Radiostationen wird diese Position fälschlicherweise als Marketing-Service bezeichnet. Treffender ist dagegen die Bezeichnung *Traffic-Manager*, da bei ihm zahlreiche Vorgänge zusammenlaufen:

– eingehende Aufträge zu bearbeiten,
– Belegungspläne für die Werbeblöcke entsprechend der Buchungen zusammenzustellen,
– eingehende Bänder mit Werbespots von Agenturen zu prüfen,
– auf einen ordungsgemäßen Ablauf der Werbesendung zu achten.

Anlieferung der Werbespots
In den Allgemeinen Geschäftsbedingungen schreiben die einzelnen Stationen vor, *in welcher Form* die Werbespots durch die Agenturen angeliefert werden sollen. Es handelt sich zumeist um Tonbänder mit einer Abspielgeschwindigkeit von 38 cm pro Sekunde. Der Bandkarton, in dem das Band aufbewahrt wird, enthält Angaben zu: Länge des Spots (in Sekunden), Abspielgeschwindigkeit, Auftraggeber (Kundenname), Marke, Agentur, Produzent und vor allem das ‚Motiv‘, den Titel oder Kurznamen des Spots. Wichtig sind die GEMA-Angaben, die die Künstlerrechte für Produzent und Komponist berücksichtigen. Das Band enthält außerdem eine Kopie des Textmanuskriptes.

In den meisten Verkaufsunterlagen ist präzise geregelt, *wie lange vor der Werbesendung* eine Kopie mit dem Werbespot beim Sender vorzuliegen hat. Kleinere Sender haben eine Vorlaufzeit von mindestens 48 Stunden, was eine kurzfristige Buchungsmöglichkeit durch Kunden ermöglicht. Moderatorendurchsagen werden sogar bis kurz vor der Sendung angenommen. Größere landesweite und überregionale Stationen erwarten eine Zusendung der Bänder mindestens eine Woche vor der ersten Sendung.

Verschiedene Formen von Werbekampagnen
Zahlreiche Werbekampagnen bestehen nicht aus einem, sondern mehreren Spots. So hatte eine Brauerei unlängst für ihr alkoholfreies Bier eine Serie entworfen, die sich auf den jeweiligen Wochentag bezog. Montags war also der Brauereispot mit dem Motiv „Montag" zu schalten.

Andere wiederum haben erkannt, daß aufgrund der Reizüberflutung in den Medien, insbesondere in den überfüllten Werbeblöcken, nur mit einem *Reminder* der gewünschte Marken-Recall zu erreichen ist. Hierbei wird zum Beispiel ein 30-Sekunden-Spot für den Aktionstag eines Autohauses geschaltet, auf den zunächst zwei Hörfunkspots anderer Hersteller folgen. Daraufhin wird nochmals ein 10-Sekunden-Spot geschaltet, der wieder an den Aktionstag beim Autohaus erinnert und das Datum sowie den Ort der Veranstaltung wiederholt. Schlecht organisierte Traffic-Manager haben hier keine Chance.

Abb. 48: Beispiel Sendeplan für Werbung

Datum: 10-11-1995

Seite:

WERBUNGEN   vom Montag, den 13. November 1995

POS/ZEIT	AUFTRAG	PRODUKT	MOTIV	SEK
1452-95	890004	PAULANER	89/013 "PAULANER" GEWICHTHEB	30
2642-95	890059	VOLKSFUERSORGE	"VOLKSFUERS. "ADVOCARD I	15
3727-95	890120	KNORR MAIZENA	890026 BIß II - KNORR	30
4939-95	890320	BAYR. SPARKASSEN- U. GI.	037/89 ICH BIN OFT GESCHAEFT	40
5200-95	890267	ATARI COMPUTER	AC 2 -ATARI	40
6834-95	890149	OPEL	89014 CORSA WINTERPROMOTION	30
1855-95	890031	CBS SCHALLPLATTE	JENNIFER RUSH	30
2278-95	890136	MOEBEL ENGELHARDT	89/070 ERNA SCHULZ ENGELH.SO	20
3103-95	890065	PLUS FILIALKETTE	25/89 ZARTE LUX SEIFE/MARTIN	30
4295-95	890327	FVV SAALBACH	1. SAALBACH HINTERGLEMM	20
5763-95	890177	MOLKEREI ZOTT	2/89 FREUNDESRUNDE – TIRAMIS	30
6141-95	890013	BRIDGESTONE	3/89 SCHNEEFLOECK. WINTER, BRI	20
7559-95	890345	FIAT	UNO I	30

*** SUMME BLOCK ***   SPOTS: 7   SEKUNDEN: 120"

*** SUMME STUNDE ***   SPOTS: 13   SEKUNDEN: 305"

Belegungspläne

Der Belegungsplan in Abbildung 48 zeigt die Werbeblöcke 0601 und 0602 vom 13. November, also den ersten Werbeblock (zwischen 6 Uhr und 6.30 Uhr) und den zweiten (zwischen 6.30 Uhr und 7 Uhr). Zu Beginn steht die Archivnummer des Spots. Danach folgt der Kunde, beispielsweise die Paulaner-Brauerei und deren Motivnummer 89/013 mit dem Titel: „Paulaner Gewichtheben". Die Zeit dieses Spots beträgt 30 Sekunden. Insgesamt ist der Werbeblock 185 Sekunden lang und beinhaltet 6 Spots. Die Gesamtlaufzeit aller Spots dieser Stunde beträgt bei 13 Spots 305 Sekunden.

Dies sind wichtige Angaben für den Moderator, der in einem *Selbstfahrerstudio* nicht nur die Werbung abspielt, sondern auch den Zeitbedarf der Werbung in seine Stundenplanung (Timing) einbeziehen muß. Zum Abspielen werden die einzelnen Spots auf sogenannte *Cartridges* überspielt, die dann vom Moderator einzeln in der belegungsplanmäßigen Reihenfolge abgespielt werden müssen.

Da dies schon oft zu Pannen geführt hat, haben sich zahlreiche Privatstationen mittlerweile dafür entschieden, ebenso wie die öffentlich-rechtlichen Anstalten, Werbeblöcke komplett vorzuproduzieren und lediglich *ein* Band in die Sendung zu geben. Diese Bänder werden in gut organisierten Radiostationen nochmals von einem Programmverantwortlichen abgenommen, also kontrollgehört.

Werbesendungen gehören zum Programm. Der Verantwortliche – zum Beispiel der Chef vom Dienst – hat dabei die Möglichkeit und Aufgabe, Spots, die von mangelhafter akustischer Qualität oder inhaltlich bedenklich sind, aus dem Programm zu nehmen. Gut gemachte Werbung hingegen ist gutes und unterhaltsames Programm.

Es wäre zu begrüßen, wenn sich in den Werbeagenturen ein ähnlicher Enthusiasmus für die Produktion kreativer Radiospots durchsetzen würde, wie es für Fernsehwerbung die Regel ist. Die „Cannes-Rolle", eine Aneinanderreihung von internationalen Werbefilmen des abgelaufenen Jahres, füllt ganze Kinosäle auf Wochen. Viele Werbe- oder Marketingleiter der Industrie sind offenbar so sehr mit der Fernsehwerbung beschäftigt, daß die Hörfunk-Produktionen ihrer Agentur nicht mehr ‚das rechte Gehör' finden. Anders ist das ‚kumulierte Grauen' der Hörfunkwerbung wohl kaum zu erklären.

Das Abhaken und Unterzeichnen von gelaufenen Spots hat sich als überaus wirksam erwiesen, da hiermit der Moderator für den ordnungsgemäßen Ablauf der Werbesendung mit seinem Namen zeichnet. Gerade lokale Werbekunden notieren sich die Schaltzeiten ihrer Spots und verfolgen die korrekte Durchführung ihres Auftrages. Sie sind zu Recht verärgert und im übrigen selbstverständlich zu Ersatz berechtigt, wenn Werbespots gar nicht oder zu falschen Zeiten abgespielt werden.

Ablauf einer Werbeschaltung

Schritt 1
Der Außendienstmitarbeiter schreibt einen Auftrag. Dieser geht in Form des Dispositionsschemas als Durchschlag an Traffic- und den Sales-Manager.

Schritt 2
Der Auftraggeber erhält eine Auftragsbestätigung und eine Übersicht über die von ihm gebuchten Schaltungen durch den Traffic-Manager, bestätigt vom Sales-Manager. Erst dann ist der Auftrag wirksam.

Schritt 3
Der Auftrag wird in das Belegungsbuch oder den Computer übertragen, in dem die einzelnen Werbeblöcke aufgeführt sind.

Schritt 4
Die einzelnen Werbeblöcke eines Tages werden in Listen ausgedruckt und die Reihenfolge in Sendeplänen zusammengestellt.

Schritt 5
Gemäß Sendeplan werden vom Traffic-Manager die einzelnen Bänder aus dem Archiv geholt und auf einem Wagen zu Werbeblöcken zusammengestellt. Dieser Wagen geht dann in die Sendung.

Schritt 6
Die Bänder werden vom Moderator abgespielt, die einzelnen Spots auf dem Sendeplan abgehakt und unterzeichnet. Sie gehen dann zusammen mit dem Sendeplan zurück zum Traffic-Manager.

Schritt 7
Die Buchhaltung schreibt eine Rechnung über den Auftrag an den Kunden und verrechnet die Provisionen mit Außendienstmitarbeitern und Agenturen. Die Rechnung wird meist als Sammelrechnung pro Kalendermonat erstellt.

Der Traffic-Manager ist nicht zuletzt der Repräsentant des Kunden in der Radiostation. Es gehört zu seiner professionellen Berufsauffassung, dem Kunden eine möglichst *gute Performance* zu ermöglichen. So werden rotierende Spots (BTA's), die zu verschiedensten Zeiten – beispielsweise im Rahmen der AAA-Klassifizierung – abgespielt werden können, auf unterschiedliche Blocks verteilt. Lief der Spot am Montag um 6.45 Uhr, so wird er dienstags um 7.15 Uhr eingesetzt, mittwochs um 7.45 Uhr, und so weiter. Der Traffic-Manager achtet darauf, daß diese Spots nicht nur zu schlechten Zeiten erscheinen und daß zwei Spots von Kunden aus gleichen Branchen nicht *back-to-back,* also direkt hintereinander laufen.

Abb. 49: Formularbeispiel Werbefunkauftrag

WERBEFUNK – AUFTRAG

R.SH Radio Schleswig-Holstein

Auftrags-Nr.:

An
Radio Schleswig-Holstein
Funkhaus Wittland

2300 Kiel 1

Agentur

Straße

PLZ/Ort

Tel.:/Ansprechpartner

Unter Zugrundelegung Ihrer gültigen Preisliste und den dazugehörigen Allgemeinen Geschäftsbedingungen bestellen wir gemäß folgender Aufteilung:

Werbungtreibender

Produkt

Sendezeiten **Montag-Samstag**	5-6	6-7	7-8	8-9	9-10	10-11	11-12	12-13	13-14	14-15	15-16	16-17	17-18	18-19	19-20	nach 20	Summe
Zahl der Einschaltungen																	
Sekundenlänge je Einschaltung																	
Sendezeiten **sonntags**																	
Zahl der Einschaltungen																	
Sekundenlänge je Einschaltung																	

Gewünschte monatliche Verteilung:

Januar	Februar	März	April	Mai	Juni
Juli	August	September	Oktober	November	Dezember

Bemerkungen:

Ort   Datum

Stempel und Unterschrift

Die Abteilung Traffic ist von enormer Bedeutung in einer Radiostation. Neben den bisher genannten Aufgaben, hat die Abteilung eine verbindende Funktion zwischen dem Management- und dem Programmbereich einer Station einzunehmen. Die Sendepläne für Werbezeiten müssen nämlich mit denen der Wort- und Musikredaktion *koordiniert* werden. Der Traffic-Manager arbeitet hier mit dem *Continuity-Manager* vom Programm-Bereich zusammen. Dieser erstellt Sendepläne, Programmabläufe, schaltet Promos auf Aktionen oder andere Sendungen ins Programm.

Es soll nochmals darauf hingewiesen werden, daß ein guter Ansatz für eine reibungslos organisierte Radiostation zweifellos die Zusammenlegung beider Funktionen in einem Mitarbeiter beziehungsweise zwei Mitarbeiter in einer räumlichen Einheit wären. Die *Abteilung Traffic & Continuity (T&C)* ist Anlauf- und Schaltstelle für den gesamten Sendebetrieb. Sie ist der Kern der Organisation, die operativ-logistische Schnittstelle zwischen Management und Programm.

Die inhaltliche Schnittstelle wird durch die Promotions gebildet, die – aufgrund ihrer On- und Off-Air-Umsetzbarkeit – Management- und Programmkonzept miteinander verbinden.

Besser Verkaufen

Gute Verkäufer fallen nicht vom Himmel. Aber was macht einen guten Verkäufer aus? Warum machen einige doppelt und dreifach soviele Abschlüsse wie ihre Kollegen? Hierzu einige gesammelte Tips, Fehlerquellen und Anregungen.

Tip 1: Profis in den Verkaufabteilungen sprechen von durchschnittlich vier bis sechs Besuchen, bis es zum Vertragsabschluß mit dem Kunden kommt. *Ausdauer* ist also gefragt. Beim ersten Besuch ist es wichtig, *den Radiosender und seine Strategie vorzustellen*: welche Reichweite der Sender hat, welche Zielgruppe er anspricht, aber auch wer das Programm macht und wie Radio funktioniert. Die Kunden – oft Neulinge in Sachen Radiowerbung – interessieren sich ganz allgemein für Aufbau und Abläufe in einer Station. Wahrscheinlich sind die Kunden auch mit den Fachtermini nicht vertraut, wie WHK Reichweite etc. Diese Punkte müssen in aller Ruhe erläutert werden.

Mögliche Fehlerquelle: den Kunden mit Daten und Fakten zu bombadieren und zu behaupten, wie vorteilhaft doch alles sei. Dies ist auf schlechte oder fehlende Schulung in Seminaren zurückzuführen, in denen jungen Verkäufern die *Vorteilsargumentation* gegenüber dem Kunden eingetrichtert wird.

Angemessenes Verhalten: Reagiert der Kunde nicht auf die Vorteilsargumentation, so muß eine *Einwandbehandlung* erfolgen. Um auf die Entgegnungen des Kunden richtig zu reagieren, darf in keinem Fall bei der Gegenargumentation ein „aber" vom Sales-Mitarbeiter zu hören sein. Das verhärtet die Fronten und macht erst deutlich, daß welche bestehen. Ursprünglich suchten doch beide eine Form der *Kooperation...* . Deshalb sollte eine Gegenargumentation einvernehmlich und verständnisvoll beginnen, so zum Beispiel: „...ich stimme Ihnen zu, unser Produkt ist in dem genannten Punkt verbesserungswürdig, bedenken Sie jedoch...".

Tip 2: Die Kunst des Verkaufens besteht im Fragen und Schweigen. Durch Fragen erhält man ein besseres Bild von der Typologie seines Gegenübers, auf welches man sich einstellen kann. Durch Schweigen kommt der andere zu Wort: er erklärt seine Sicht der Dinge. Wer gut zuhört, findet das Argument heraus, das speziell für diesen Kunden den Ausschlag zum Werbeauftrag geben kann.

Wer fragt, steuert das Gespräch. Steuern Sie das Gespräch behutsam in die von Ihnen gewünschte Richtung. Kommen Sie dann bei Zeiten auf den Punkt, denn es gehört zur Professionalität, die Zeiteinteilung des Gegenübers zu beachten.

Tip 3: Ein Verkäufer muß eine eigene *Verkaufs-Persönlichkeit* entwickeln. Alle Menschen – manche bewußt, manche intuitiv – nehmen über Wortwahl, Körpersprache, Ausdruck und Äußerlichkeiten wahr, ob einem das Gegenüber etwas vormacht oder nicht.

Man muß also keineswegs konventionellen Selbstdarstellungs- und Verkaufsmethoden folgen, um sein Produkt zu vertreiben. Professionalität bedeutet nicht, daß Unsicherheit oder Zurückhaltung nicht mal erlaubt wären – ganz im Gegenteil. Professionalität bedeutet einzig: Akzeptanz durch das Gegenüber und die erwirbt man sich: durch selbstsicheres Vertreten der eigenen Sache („Ich habe da etwas Interessantes anzubieten"), Plausibilität, Deutlichkeit und eine natürliche Autorität, die sich aus dem Know-how, der Fachkompetenz ergibt.

Mögliche Fehlerquelle: das *Anbiedern*, welches hier durchaus gang und gäbe ist. Viele Kunden realisieren unterschwellig, „da stimmt etwas nicht", und nehmen vorsichtshalber von einem Kauf Abstand.

Manche Vertriebsschulen propagieren sogar, es helfe dem Verkäufer, einen schlechtsitzenden Anzug zu tragen, nach dem Motto: Hält mich der Kunde für einen Depp, bin ich ihm bestimmt sympathisch, und er schreibt den großen Auftrag. Das kann im einzelnen Fall vielleicht wirken, wichtiger ist aber, daß der Sales-Mitarbeiter sich in seiner ‚Haut' wohlfühlt – also bitte keine ‚Zwangsjacken'. Wer sich allzu sehr verstellt (verkleidet), verbreitet eine unangenehme Atmosphäre.

Tip 4: „Vorbereitung ist das halbe Leben", sagt Oma immer, und da hat sie wohl recht. Ein gelungenes Verkaufsgespräch beginnt im eigenen Büro und läuft in verschiedenen Schritten ab. Wichtig ist der erste Eindruck, die *erste Kontaktaufnahme* mit dem potentiellen Werbekunden. Diese sollte, wann immer es geht, *schriftlich* vorgenommen werden. Dazu gehört auch, den richtigen Adressaten und dessen korrekte Schreibweise herauszufinden (Name, Vorname und Titel).

Der zweite Schritt ist die Form der Kontaktanbahnung. Sicher, ein Brief auf dem Papier des Senders ist immer eine seriöse und souveräne Akquisitionsmethode, aber sie ist auch sehr abgenutzt. Alle Unternehmer werden mittlerweile täglich von unzähligen „Direct-Mailings" heimgesucht.

Eine ideenreiche Kontaktanbahnung kann auch ein Telegramm, ein Telefax, können Postkarten, Fotos oder Audiokassetten sein. Wer auf den klassischen Brief nicht verzichten will, sollte zumindest ein ungewöhnliches Format verwenden.

Die „Killer" unter den Verkaufsprofis schreiben übrigens die Anschriften auf den Akquisitionsbriefen mit der Hand und vermerken „persönlich" darauf.

Anregung: Einmal erhielt ich ein Schreiben in einer Röhre, wie man sie zum Versenden von größeren Papierbögen benutzt. Neben dem Schreiben, der Ankündigung einer Firmeneröffnung, befand sich eine winzige Spielzeugtrommel in der Rolle. Mit dem kleinen ‚give away' hatten sie bei mir sprichwörtlich „die Werbetrommel gerührt": der Brief hatte meine volle Aufmerksamkeit!

Tip 5: Nach dem Anschreiben sollte das nächste Ziel die Möglichkeit zu einem persönlichen Gespräch sein, vielleicht als Resultat eines Telefonates. Dieses Telefongespräch sollten Sie gut vorbereiten. Im Gegensatz zum Gesprächspartner hat der Verkäufer Zeit, sich auf die Verkaufssituation einzustellen. Sollte der Gesprächspartner ‚Katz und Maus' spielen, dann vereinbart man mit seinem Büro einen telefonischen Gesprächstermin und behandelt diesen wie einen Auswärtstermin. Die Sekretärin des Ansprechpartners kann zu einem Team-Partner der Spitzenklasse werden, wenn man es versteht, sie entsprechend einbinden. Die Profis im Geschäft kennen ihre Vornamen, Geburtstage und vergessen das Präsent zu Weihnachten nie.

Mögliche Fehlerquelle: allein mit der Einleitung zu einem solchen Gespräch kann viel verdorben werden. Mit bedauernswerter *Unterwürfigkeit und Unsicherheit* wird da am Telefon gefragt: „Darf ich Ihnen einen Moment die Zeit rauben?". Sie tun es bereits. Oder: „Ich weiß, Sie haben viel zu tun...". Mit einer entschuldigenden Einleitung liegt man sofort falsch. Radiowerbung ist ein hochinteressantes Medium für lokale Kunden. Kein anderes, nicht einmal das Fernsehen, erreicht ähnlich hohe Tagesreichweiten. Ein positiver Einstieg, der durchaus ein wenig euphorisch klingen darf, ist vielmehr gefragt!

Tip 6: Erster Schritt: Tür öffnen – nicht bitten, sondern Appetit machen. Zweiter Schritt: Termin festlegen. Mehrere Alternativen anbieten, um eine Ja/Nein-Entscheidung zu vermeiden: „...paßt es Ihnen eher am 12. oder 14.?". Dritter Schritt: Auf den Punkt kommen. Hier sollte das Ziel des

Abb. 50: Grundstrukturen der Verkaufs- und Präsentationstechnik

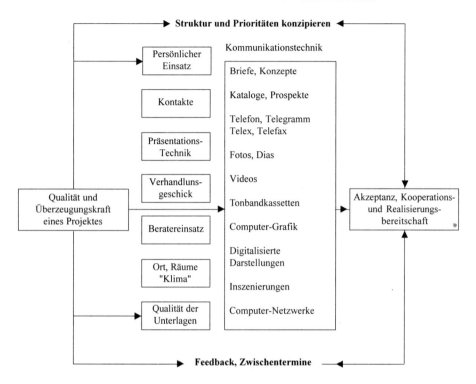

Quelle: Lehrkanzel für Kunst und Wissenstransfer, Hochschule für angewandte Kunst, Wien

Telefongespräches erkenntlich werden: ein unverbindliches, persönliches Beratungsgespräch über die Möglichkeiten der Hörfunkwerbung.

Häufige Fehlerquellen: der Ansprechpartner ist nicht wirklich an einer Schaltung interessiert, er möchte nur gerne über Radio sprechen; in diesem Fall kann man sich das zeitraubende Gespräch vor Ort sparen. Auch verschweigen viele Gesprächspartner, nicht wirklich entscheidungsberechtigt zu sein. Erst nach mehreren, aufwendigen Präsentationen stellt sich dies heraus, und die Arbeit kann beim tatsächlichen Entscheider aufs neue beginnen, falls überhaupt. Es ist fast ein Charakteristikum dieser Menschen, besonders interessiert und euphorisch zu sein, da sie sich dadurch selbst das Gefühl geben, wichtig zu sein; ein Horror für jeden ambitionierten Verkäufer. Also: diese Punkte schon beim Telefonat abchecken.

Tip 7: Viele der Ansprechpartner nehmen – im Gegensatz zu anderen Branchen – gern die Gelegenheit wahr, sich den Sender anzusehen. Nutzen Sie diese Möglichkeit.

Möglicher Fehler: Die eigentliche Präsentation beim Kunden vor Ort sollten Sie sich nicht nehmen lassen, auch wenn der Kunde sagt „Schicken Sie mir Ihre Mediaunterlagen, ich werde dann schon entscheiden".

Tip 8: Erlaubt ist in einem solchen Gepräch alles, von Professionalität bis Verblüffung. Jeder Verkäufer hat seine Methode. Manche haben mit frechem Witz ihren Erfolg: „Unterschreiben Sie bitte hier unten, dann erkläre ich Ihnen worum es geht". Ein schriller Lacher des Gesprächspartners und das Eis ist gebrochen. Jedenfalls sollte das Gespräch nicht langweilig und 0815 verlaufen.

Tip 9: Ein guter Verkäufer sollte sich zwar immer auch als *Berater* verstehen. Es fragt sich jedoch, inwieweit der Gesprächspartner dies akzeptiert, denn schließlich weiß auch er, daß letztendlich etwas an ihn verkauft werden soll. Das Aufzeigen von Handlungs- und Lösungsvarianten ist in jedem Fall ein souveräner Ansatz. Die vielleicht erfolgreichste Methode ist allerdings, wenn es gelingt, die Steuerung über Fragen so auszubauen, daß sich der Kunde selbst an die Lösung heranführt.

Mögliche Fehlerquelle: Belehrungen oder Beurteilungen zu früheren, anders gelagerten Media-Aktivitäten.

Tip 10: Jeder kennt den typischen Kunden, der es darauf anlegt, einen zu provozieren. Die negative gegnerische Reaktion kann mehrere Ursachen haben. Geschick und Menschenkenntnis sind gefragt, um in kurzer Zeit die wirkliche Ursache herauszufinden. Diese kann resultieren aus Skepsis, Gewohnheit, Befürchtungen, Unsicherheit oder Konkurrenzneigung. Der Verkäufer erlebt dies über die Ausdrucksweisen seines Kunden: Mauern, Attacken, Tricks (siehe Tabelle 2). Der professionelle Verkäufer achtet bei Angriffen seines Gegenüber nicht mehr auf dessen Verhaltensweisen, sondern nur noch auf die eigenen. Es gibt Möglichkeiten, Aggressionen abzuwenden, ohne das Verkaufsgespräch abbrechen zu müssen. Zunächst gilt es, sich selbst zu beherrschen, um Zeit zu gewinnen.

Häufige Fehlerquelle: sofort mit einer Gegenargumentation loszulegen, ist das sichere Ende des Verkaufens und der Anfang eines Streitgesprächs. Das wesentlichste Ziel der Gesprächsführung ist, dem Kunden möglichst viele zustimmende Reaktionen zu entlocken.

Hilfestellung: Denken Sie in solchen Situationen an die Kraft der Judoka, die in ihrem Sport die Kraft des anderen nutzen, um ihn zu besiegen. Aber: der Gegenspieler wird nie in die Knie gezwungen. Nie bekämpfen, nur aufklären lautet das Motto der Profis. Wenn alles nicht hilft, geben Sie getrost auf. Es ist reine Zeitverschwendung, mit dem Kopf gegen die Wand zu laufen. Mit ein wenig Geduld sitzt auf dem Stuhl des Entscheiders, an dem Sie sich die Zähne ausgebissen haben, in ein paar Monaten ein anderer.

Abb. 16: Logo und Slogan „Radio NRJ"

Abb. 77: Merchandising-Programm „Radio NRJ"

Abb. 17: Logobeispiel WNEW New York

Abb. 18: Logobeispiel Kiss FM

Abb. 76: Giant Boom Box

Abb. 60: Syndication-Beispiel
American Top 40

Abb. 78: Club Magazin
„RTL-Hörfunk"

Lieber Karl Roesch,

wenn Sie diese Zeilen lesen, sind bereits
viele Clubfreunde auf großer RTL-Safari
in Kenia und lassen sich dort das traumhafte
Klima des Indischen Ozeans um die Nase wehen.

Falls Sie allerdings im April keine Gelegenheit hatten, dem Ruf der Trommel zu folgen,
dann seien Sie bitte nicht traurig, denn
sowohl im Mai, Juni wie auch im Juli heben wir
nochmals ab in Richtung Mombasa (telef.
Buchungen unter der Nr. 0651/4 40 08, Erleb-
nisreisen Trier).

Nicht in Mombasa, aber dennoch überglücklich
ist unser lieber Kollege Rainer Holbe, dem
das ganze RTL-Team herzlich zu seiner Fernseh-
Auszeichnung von "HÖRZU" gratuliert. Das
ist keine unglaubliche, sondern eine tolle
Geschichte, die wir alle als gutes Omen für
die kommende Fernseharbeit werten. Und davon
gibt es ja eine ganze Menge, denn geplant sind
neue Sendungen am laufenden Band. Einige davon
stellen wir Ihnen auf den Seiten 8 und 9 vor
und glauben, daß diese typischen RTL-Shows auf
Ihrem Bildschirm ihren festen Platz finden
werden.

An dieser Stelle auch ein Dankeschön an alle
Clubfreundinnen und Clubfreunde, die den
Wechsel vom "Clubtag" des vergangenen Jahres
auf den neuen TV-Sendeplatz von hallo RTL
(sonntags 17.15 Uhr) mitgetragen haben und
wie immer kräftig mitspielen.

Bitte wenden!

Radio Gong Mainland öffnet die Studiotür

INFO über uns

Tag der offenen Studiotür

Damit Sie mal sehen, was Sie hören, öffnete RADIO GONG MAINLAND am 24.08.1987, in der Semmelstraße 15, seine Studiotüren.

Zwiebelkirchweih + RADIO GONG MAINLAND ein Volksfest

Abb. 70: Newsletter „Radio Gong"

Abb. 74: „Rolling Studio" im Kleinlaster

Tabelle 2 **10 der häufigsten Einwände**,
die fast nie einen sachlichen Hintergrund haben:

1. „Radio ist zu teuer"
   (Attacke)

2. „Radio hört doch keiner"
   (Attacke)

3. „Ihre Radiostation hört doch keiner"
   (Attacke)

4. „Die Zeitung findet mehr Beachtung"
   (Trick)

5. „Ja, haben wir mal probiert, hat nichts bewirkt"
   (Trick)

6. „Die Rezession setzt uns stark zu, vielleicht nächstes Jahr"
   (Mauern)

7. „Unsere Budgets für dieses Jahr sind bereits verplant"
   (Mauern)

8. „Andere sind aber billiger"
   (Mauern)

9. „Wir sind doch viel zu klein für Werbung"
   (Mauern)

10. „Ich kann nicht alleine entscheiden, wir melden uns"
    (Mauern)

Tip 11: Schlechte Verkäufer haben Angst vor Diskussionen. Ein Kunde, der eine Diskussion anfängt, hat bereits gekauft! So muß man das sehen. Es ist jetzt das Geschick des Verkäufers, in diese Fachdiskussion einzusteigen und all jene Daten auszupacken, die er die ganze Zeit präsentieren wollte. Der Kunde möchte die Sache nur noch „verkauft" bekommen.

Tip 12: Der amerikanische Autor eines Buches über Radio-Management gibt seinen Lesern mit auf den Weg: „Don't smoke or chew gum in front of the client" („Rauchen Sie nicht und kauen Sie nicht Kaugummi, wenn Sie mit dem Kunden sprechen"). Diesen Hinweis wollte ich nicht vorenthalten, falls Sie doch noch eine Karriere im amerikanischen „radio business" starten wollen.

Verkaufsunterlagen

Verkaufsunterstützende Maßnahmen beim Verkauf von Sendezeit für Radiostationen basieren nach wie vor auf der Darstellung von Daten und

Fakten. Die Einnahmemöglichkeiten orientieren sich an der Reichweite der Radiostation, also der Anzahl Menschen, die durch den Sender in bestimmten, definierten Zeitabschnitten erreicht werden (Tagesreichweite, weitester Hörerkreis etc.), aber natürlich auch an der Sendeleistung insgesamt.

Ein überregionaler Sender hat selbverständlich andere Preise, als ein Stadtsender in Mittelfranken. Für eine möglichst präzise Zielgruppenansprache – soweit dies mit klassischen Marktforschungsdaten möglich ist – ist die Darstellung der Reichweiten in einzelnen, definierten Zielgruppen von Belang. So hat ein regionaler Sender, der bei Frauen in der Altersgruppe 18 – 49 Nummer 1 am Markt ist, bessere Chancen, den Werbeauftrag von einem Fachgeschäft für Wäsche zu erhalten, als ein Sender, der aufgrund seines jugendlichen Hitformates Nummer 1 in der Zielgruppe Männer 14 – 39 Jahre ist. Die Kennziffer, die Radiostationen und ihre Leistungsfähigkeit untereinander vergleichbar macht, ist der *Tausendkontaktpreis*:

> *der Preis, zu dem tausend Hörer erreicht werden können*
> (Bezugsgröße = die Tagesreichweite).

Am Beispiel von deutschsprachigen Lokalradios in der Schweiz zeigt sich die Errechnung des Tausendkontaktpreises. Radio Z sendet in einem Gebiet mit 529.000 Einwohnern über 14 Jahre. Der Sender erreicht pro Tag 69.000 Einwohner.

$$\frac{69.000}{529.000} = 13\%$$

Der Sender hat also eine *Tagesreichweite* von 13%. Der durchschschnittliche Spotpreis des Senders für eine Werbedurchsage mit 30 Sekunden Länge betrug SFR 570.-

$$\frac{570.-}{69\,(000)} = 8.30$$

1000 Hörer zu erreichen kostete also SFR 8.30. Radio Wil verrechnete für die gleiche Anzahl „Kontakte" einen Preis von SFR 18.70, war also entsprechend teurer.

Werbebroschüren

Zur Standardausstattung von Verkaufsabteilungen in Radiostationen gehören zwei Arten von Broschüren, die sich an Werbekunden richten:
– *imagbildende Salesfolder*,
– informations- und datenorientierte *Preislisten*.

Abb. 51: Werbepreise für Lokalradios am Beispiel Schweiz

Vertriebs-Konzept/back-up
Reichweiten und Werbepreise [1]

Radio-Station	Tagesreichweiten	Einwohner im Sendegebiet	Hörer/Tag	Spotpreis[3] 30'	1'000er[3] Kontaktpreis
Baselisk	29 %	288'000	83'000	585,00	7,00
Raurach	12 %	56'000	7'000	150,00	21,40
Pilatus	22 %	146'000	31'000	300,00	9,40
Zürichsee	13 %	147'000	19'000	240,00	12,60
Radio Z	13 %	529'000	69'000	570,00	8,80
Radio 24	25 %	529'000	132'000	780,00	5,90
Eulach	15 %	155'000	23'000	270,00	4,70
Extra BE	7 %	246'000	17'000	330,00	19,40
Förderband	6 %	246'000	15'000	240,00	16,00
Sunshine	19 %	75'000	14'000	240,00	17,00
Thurgau	10 %	127'000	13'000	180,00	13,80
Munot	35 %	56'000	20'000	210,00	10,50
Aktuell St.G	18 %	155'000	28'000	315,00	11,20
Gonzen	31 %	53'000	16'000	180,00	11,20
Wil	11 %	69'000	8'000	150,00	18,70

[1] am Beispiel des deutschsprachigen Lokalradios in der Schweiz
[2] über 14 Jahre
[3] in SFR

Quelle: IBFG Basel AG

Abb. 52: Beispiel Verkaufsunterlagen Sendegebiet Radio Hamburg

Sendegebiet:

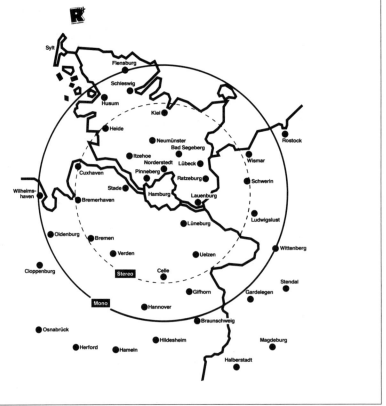

Radio Hamburg gibt's nicht nur in Hamburg.

Seit dem 1.7.1987 senden wir auf 103,6 UKW. Damit sind wir fast im ganzen Norden zu hören. Die Karte zeigt's. Im gestrichelten Kreis empfängt man uns in Stereo. Darüber hinaus sind wir noch in Mono zu hören - bis wohin, zeigt der größere Kreis.

Abb. 53: Beispiel Verkaufsunterlagen ‚Rate Card'

Beispiel für einen großen Regionalsender*

AAA - 60 sec

Periode	I	II	III
6 x	960	800	720
12 x	920	760	680
18 x	880	720	640
24 x	840	680	600

AAA - 30 sec

Periode	I	II	III
6 x	780	680	600
12 x	760	640	560
18 x	740	600	520
24 x	720	560	480

AA - 60 sec

Periode	I	II	III
6 x	880	700	640
12 x	840	660	600
18 x	800	620	560
24 x	760	580	520

AA - 30 sec

Periode	I	II	III
6 x	720	580	540
12 x	700	560	500
18 x	680	520	460
24 x	660	480	420

* in DM pro Spot

Die Imagebroschüren enthalten zumeist folgende Inhalte:

„1. Einleitung", „2. Eigentümer", „3. Sendegebiet", „4. Programmkonzept", „5. Musikkonzept", „6. Redaktionskonzept", „7. Vorstellung der Macher", „8. Programmschema" und „9. Werbedaten".

Die Preisliste ist demgegenüber faktenorientierter und beinhaltet: „1. Preisliste", „2. Rabatte und Konditionen", „3. Werbeformen", „4. Auftragsabwicklung", „5. Geschäftsbedingungen" und „6. Hinweis auf Vermarktungsgesellschaften und Repräsentanzen". Der Preisliste, die sich bei vielen Sendern praktischerweise aus einzelnen Kartons zusammensetzt (siehe Beispiel Radio RSH), ist außerdem ein Auftragsformular oder ein Dispositionsschema beigefügt.

Gute Verkäufer präsentieren neben der Imagebroschüre und der allgemeinen Preisliste, die beide beim Kunden verbleiben, eine *„rate card"*, eine Übersicht über die wichtigsten Schalt- und Buchungsmöglichkeiten, das Sendegebiet und die wichtigsten Zielgruppen, die der Sender erreicht. Die Karte bildet die Diskussionsgrundlage zu einem informativen, datengestützten Beratungsgespräch.

Viele Radiostationen haben für Präsentationen bei großen oder besonders schwierigen Kunden eine Art *„Leimleine"*, wie es im Verkaufsgeschäft genannt wird. In Zusammenarbeit mit der Produktionsabteilung werden sogenannte *„Layout-Spots"* produziert, die bereits einen fertig ausgearbeiteten Hörfunkwerbespot darstellen, ohne daß der Kunde ihn in Auftrag gegeben hätte. Natürlich haben die Produktionsabteilungen ein standardisiertes Repertoire an Texten und Gestaltungsmustern für Autohäuser, Restaurants, Kaufhäuser etc., die dann jeweils um den Namen des Kunden und ein paar individuelle Angaben ergänzt werden. Fast alle Kunden sind erfreut und beeindruckt, so aufwendig von der Radiostation umworben zu werden.

Einer darauffolgenden Zustimmung zum Werbeauftrag liegen meist diese Faktoren zugrunde:

Faktor 1: Es wurde die Schwellenangst genommen, daß eine große, teure Produktion ins Haus steht. Der Layout-Spot signalisiert: Radiowerbung zu produzieren, geht recht schnell.

Faktor 2: Viele Kunden sagen sich: „Na, wenn es denn nun schon produziert ist..."

Faktor 3: Durch die Vorlage von ein oder zwei Spots wird eine Ja-Nein-Diskussion um die generelle Frage, ob Radiowerbung das richtige sei, in eine Diskussion um den richtigen Spot verwandelt. Die eigentliche Frage wird in den Hintergrund gedrängt.

Faktor 4: Der Kunde hört seinen Namen oder den seines Unternehmens – vielleicht überhaupt zum ersten Mal – professionell gesprochen. Eitelkeiten gewinnen an Gewicht: Ansehen, Respekt und Neid von Wettbewerbern, die

Abb. 54: Beispiel Verkaufsunterlagen Preis- und Rabattliste

Rabatte

RABATTE

Werden von einer natürlichen oder juristischen Person oder Personengesamtheit mehrere Werbeeinschaltungen innerhalb eines Kalenderjahres ausgestrahlt, so werden auf die Preise folgende Rabatte gewährt:

ab 750 Sekunden	2,5 %
ab 2500 Sekunden	5,0 %
ab 5000 Sekunden	7,5 %
ab 7500 Sekunden	10,0 %
ab 10000 Sekunden	12,5 %
ab 15000 Sekunden	15,0 %

Nach Ablauf des Kalenderjahres werden die Rabatte entsprechend der tatsächlich abgenommenen Sekundenzahl verrechnet.

AGENTURVERGÜTUNG

Werbeagenturen oder Werbemittler erhalten – sofern sie ihren Auftraggeber werblich beraten und eine entsprechende Dienstleistung nachweisen können – eine Agenturvergütung.
Diese von RSH anerkannten Agenturen oder Werbemittler erhalten bei Anlieferung sendefähiger Werbespots eine Vergütung in Höhe von 15 % auf die Nettorechnungsbeträge.

**Einschalt-
zeiten,
Preise**

EINSCHALTZEITEN, PREISE (gültig ab 1. 1. 1995)

Sendetage	Einschaltzeiten	Sekundenpreise	Preise für 30-Sekunden-Spot
Montag – Samstag	5.00 – 6.00 Uhr	DM 17,00	DM 510,00
Montag – Samstag	6.00 – 7.00 Uhr	DM 52,00	DM 1.560,00
Montag – Samstag	7.00 – 8.00 Uhr	DM 68,00	DM 2.040,00
Montag – Samstag	8.00 – 10.00 Uhr	DM 49,00	DM 1.470,00
Montag – Samstag	10.00 – 11.00 Uhr	DM 27,00	DM 810,00
Montag – Samstag	11.00 – 13.00 Uhr	DM 25,00	DM 750,00
Montag – Samstag	13.00 – 15.00 Uhr	DM 21,00	DM 630,00
Montag – Samstag	15.00 – 16.00 Uhr	DM 29,00	DM 870,00
Montag – Samstag	16.00 – 18.00 Uhr	DM 35,00	DM 1.050,00
Montag – Samstag	18.00 – 19.00 Uhr	DM 20,00	DM 600,00
Montag – Samstag	19.00 – 20.00 Uhr	DM 13,50	DM 405,00
Montag – Samstag	20.00 – 5.00 Uhr	DM 4,50	DM 135,00
Sonntag	6.00 – 8.00 Uhr	DM 8,00	DM 240,00
Sonntag	8.00 – 9.00 Uhr	DM 37,00	DM 1.110,00
Sonntag	9.00 – 11.00 Uhr	DM 56,00	DM 1.680,00
Sonntag	11.00 – 13.00 Uhr	DM 40,00	DM 1.200,00
Sonntag	13.00 – 14.00 Uhr	DM 20,00	DM 600,00
Sonntag	14.00 – 18.00 Uhr	DM 12,00	DM 360,00
Sonntag	18.00 – 20.00 Uhr	DM 10,00	DM 300,00
Sonntag	20.00 – 6.00 Uhr	DM 5,00	DM 150,00

Der Mindestauftragswert beträgt DM 3.000,– zuzüglich gesetzl. MwSt.
Rabatte siehe Anlage, Agenturvergütung siehe Anlage. – Alle Preise zuzüglich gesetzl. MwSt.

sich bei Ausstrahlung des Spots einstellen können, werden antizipiert und die Medialeistung „emotional gekauft".

Layoutspots sind ein überaus effizientes Verkaufsinstrument und sind Bestandteil der Verkaufsunterlagen. Sie transportieren das Atmosphärische des „Radio-Geschäftes" und sollten in regelmäßigen Abständen bei Neukundenakquisitionen durchgeführt werden. Voraussetzung ist allerdings ein fundiertes Wissen über das tatsächliche Leistungsangebot des Kunden und seiner spezifischen Anforderungen an einen Spot.

Für die Verkaufsmannschaft steht daher zunächst eine solide Recherche über den Kunden und sein Geschäft auf dem Programm. Ein guter Ansatz ist in jedem Fall, sich beim potentiellen Auftraggeber zu melden und nach Preislisten oder Verkaufsunterlagen zu fragen. Einerseits wurde nochmals ein Kontakt hergestellt und Interesse an der Geschäftstätigkeit des Unternehmens gezeigt, zum anderen sind solche Materialien eine wichtige Vorbeitungsunterlage für das bevorstehende Verkaufsgespräch, mit oder ohne Layout-Spot.

Die Klassifikation von „day parts"
Bisher war von Tagesreichweiten die Rede. Da die Hörfunknutzung, wie in Kapitel I dargestellt, von Stunde zu Stunde stark variiert und die Hauptnutzungszeiten morgens zwischen 6 Uhr und 8 Uhr (prime time) sowie abends zwischen 15 und 18 Uhr (drive time) liegen, ist für einen differenziert ausgearbeiteten Belegungsplan die Reichweite pro Stunde ein aussagekräftigerer Faktor.

Demzufolge ist ein 30-Sekunden-Spot in der prime time teurer als nachmittags um 14 Uhr. Der Radiotag wird daher in sogenannte *„day parts"*, *Tagesteile*, segmentiert. Amerikanische Radiostationen haben ein einfaches und verständliches System entwickelt, das eine optimale Übersicht über die verschiedenen Preise im Tagesverlauf bietet.

Die „AAA"-Klassifikation (triple-A-classification) erhalten die Sendezeiten Montag bis Freitag, in der Zeit von 5 Uhr bis 10 Uhr morgens.

Die „AA"-Klassifikation – 15 Uhr bis 19 Uhr – ist zwar immer noch eine sehr gute Sendezeit, langt aber nicht an die Reichweiten der Morgenstunden heran.

Die „A"-Klassifikation gilt für die Mittagszeit von 10 Uhr bis 15 Uhr.

Die „B"-Klassifikation betrifft die Abendstunden ab 19 Uhr; sie haben weitaus weniger Hörer als der gesamte Tagesverlauf.

Die „C"-Klassifikation erhält die Zeit zwischen Mitternacht und 5 Uhr morgens.

Eine Radiostation berechnet so für den gleichen 30 Sekunden-Spot um 7.30 Uhr einen Preis von DM 1500.- und um 23.00 Uhr einen Preis von DM 150.-.

Im Rahmen dieser Klassifizierung gibt es darüber hinaus exakte Uhrzeiten, zu denen Spitzenreichweiten erzielt werden, so zum Beispiel in der Zeit um 7.30 Uhr. Viele Stationen schlagen deshalb einen bestimmten Prozentsatz auf, wenn ein Kunde seinen Spot täglich um 7.30 Uhr geschaltet wissen will.

Konträr dazu haben auch Radiostationen „Schnäppchen" zu bieten. Legt ein Kunde keinen Wert darauf, wann sein Spot im Rahmen einer bestimmten Klassifizierung gesendet wird – wenn er also dort geschaltet wird, wo Platz ist –, erhält er diesen günstiger, etwa mit 15 % Rabatt. Nach einem rotierenden System werden diese Spots zu verschiedenen Zeiten geschaltet, so daß die Spots nicht prinzipiell an den „Rand gedrückt" werden.

Es gibt bestimmte Zeiten im Jahr, die interessanter sind als andere. So ist die Zeit vor Weihnachten stärker gebucht als die Zeit der Sommerferien. Daher offerieren manche Sationen ihren Kunden verschiedene Perioden. Die Vorweihnachtszeit (Periode I) ist demnach teurer als die Sommerferien (Periode III).

Spot-Längen

Leider hat sich im deutschsprachigen Raum das *Preismarketing* als relevanter Faktor im Vermarktungsmix noch nicht so richtig durchgesetzt. Der „30-Sekünder" ist nach wie vor bei den Werbekunden am beliebtesten.

Weshalb wären 60-Sekunden-Spots für beide Seiten vorteilhafter?

1. Hörer empfinden diesen im Kontext eines Werbeblocks „kürzer", das heißt kurzweiliger und damit werbewirksamer als zwei 30-Sekunden-Spots.

2. Hörer nehmen die Frequenz der Spots wahr, nicht ihre tatsächliche Spieldauer.

3. Wirtschaftlich betrachtet steigert sich der durchschnittliche Werbeauftrag, wenn Spots à 60 Sekunden verkauft werden.

4. Ein Werbeblock mit vier Spots à 15 Sekunden wird als deutlich „länger" empfunden, als ein Werbeblock mit einer Werbeschaltung à 60 Sekunden. Aus Gründen der Werbequalität sollten sie eigentlich verboten werden.

Die Regel ist, daß im deutschsprachigen Raum „Sekunden" angeboten werden. Danach kostet eine Sekunde zwischen 9 Uhr und 10 Uhr am Freitag morgen auf einem landesweiten Sender 50 Mark. 30 Sekunden Kosten DM 1.500 und 60 Sekunden: einfach das Doppelte. Würde die 60-Sekunden-Schaltung DM 3.000 und ein 30-Sekunden-Spot DM 2.500 kosten, würde die Entscheidung selbstverständlich zugunsten der vollen Minute ausfallen. Eine Überbuchung von Werbeblöcken ist ohnehin nicht möglich. Es gibt eine gesetzlich zulässige Grenze und die liegt bei 12 Minuten pro Sendestunde. Viele Stationen begrenzen die Auslastung aus Gründen der Hörerakzeptanz freiwillig, zum Beispiel mit 5 Minuten pro halbe Stunde.

Eine weitere Möglichkeit der Einflußnahme auf die Preisgestaltung ist der sinnvolle Einsatz von Rabattstufen. Je mehr Sendezeit ein Kunde einkauft, desto billiger muß der einzelne Spot werden. Im Beispiel Radio RSH sind dies etwa 10% Nachlaß bei 7.500 Werbesekunden. Ein Werbekunde, der jeden Werktag vormittag einen 30-Sekunden-Spot zur besten Sendezeit schaltet, muß diese, auf den einzelnen Spot gerechnet, natürlich preisgünstiger erhalten, als ein anderer Kunde, der nur zwei Spots bucht.

Zahlreiche Radiostationen offerieren ihren Kunden verschiedenste „Pakete". Besonders für große Kunden wie die Markenartikelindustrie, die einen bestimmten *Werbedruck* benötigt, um mit ihren Marken beim Kunden „in Erinnerung" zu bleiben (*Marken-Recall*) und die alle Zielgruppen erreichen möchte, ist dieses Angebot interessant. Werden Spots nicht nur zu einer bestimmten Zeit, sondern über den ganzen Tag verteilt geschaltet, so bietet die Station einen Durchschnittspreis pro Spot an. Dieser Preis liegt deutlich unter dem Normaltarif der AAA-Klassifizierung und etwas über dem des B- oder C-Tarifes. Unter der Zielsetzung der Belegung von Werbeblöcken zu „schlechteren" Zeiten – eben aufgrund von Deckungsbeitragsgesichtspunkten – versteckt sich in diesem „Paket" tatsächlich ein signifikanter Rabatt auf die „AAA"-Klassifikation. Er macht diese Buchungsform für den Kunden zu einer wirklich interessanten Alternative.

Da Stadtsender und kleinere regionale Stationen zu 70% von lokaler und regionaler Werbung leben, ist die Form der richtigen Beratung ein wesentliches Merkmal professionellen Verkaufens, das weit entfernt ist von der Idee, jemandem etwas „andrehen" zu wollen. Sehr schnell sprechen sich gerade in kleinen und mittelgroßen Städten „Drückermentalitäten" von Verkäufern bestimmter Radiostationen herum, die nicht nur ihr Haus, sondern die ganze Branche brandmarken können.

Der Salesmanager eines Nürnberger Stadtsenders sagte mir einmal: „Wenn ein Kunde nur drei oder vier Spots kaufen will, dann rate ich ihm, besser mit seinen Mitarbeitern gut essen zu gehen". Radiowerbung muß für den Kunden Sinn machen. Dieser ergibt sich erst aus einem gewissen Werbedruck und damit auch einem budgetären Minimum, das für solche Maßnahmen einzuplanen ist. Ein guter Verkäufer verzichtet immer auf einen Abschluß um jeden Preis. Das gilt auch für den Fall, daß der Mitarbeiter bemerkt, daß seinem potentiellen Kunden nicht ganz klar ist, welches Ziel die Werbeaussage eigentlich erreichen soll. Häufig vermeiden Außendienstmitarbeiter ein solch klärendes Gespräch, in der Befürchtung, der Kunde könnte seine Absicht, Medialeistungen des Senders einzukaufen, zurückziehen.

Es gehört zur Berufsauffassung und unterscheidet die guten von den schlechten Verkäufern, nicht nur dem Kunden nicht „nach dem Mund zu reden", sondern in beratender Funktion eine eigene Meinung vertreten zu lernen. Dazu gehört auch, keine Unwahrheiten zu äußern, Zusagen und Versprechungen genau zu notieren und auch gewissenhaft einzuhalten. Offenheit und Ehrlichkeit, vor allem in bezug auf die realistische Einschätzung der Erfolgsaussichten einer Radio-Kampagne, sind Selbstverständlichkeiten.

Agenturen und Vermarktungsgesellschaften

Die großen Werbeetats der Markenartikelindustrie werden nicht von den Unternehmen direkt vergeben, sondern von ihren Agenturen. Dabei haben sich in den letzten Jahren mehrere Agenturformen herausgebildet.

Ursprünglich waren es nur die „*Media Buyer*" der Werbeagenturen, die im Namen ihrer Kunden bei den Hörfunksendern Werbezeit eingekauft haben. Dafür erhielten die Agenturen zumeist eine Provision von 15% auf die Auftragssumme. Im Hinblick auf dieses lukrative Geschäft (große Marken-artikler schalten Radiospots für Millionenbeträge pro Jahr!) wurden von der Agentur die gestalterischen und konzeptionellen Aufgaben für den Kunden erledigt. Viele Agenturen sehen diese Aufgabe als lästiges und kostenauf-wendiges Mittel an, durch die sie an die zu verteilenden Werbebudgets kommen, mit denen dann der echte Profit erwirtschaftet wird.

Mittlerweile erhalten Agenturen für ihre gestalterische Arbeit eine geson-derte Vergütung, zum Beispiel in Form eines „*Retainer Contracts*", einer Jahresvereinbarung, bei welcher die Agentur ihrem Kunden ein monatliches Fixum für sämtliche Kreativleistungen verrechnet.

Vor diesem Hintergrund haben sich die *Mediabroker* als eigene Agentur-sparte entwickelt. Sie überlassen das Entwickeln von Kampagnen ambitio-nierten Werbern und *verkaufen als Dienstleistung den „optimalen" Media-Mix*, zugeschnitten auf die individuellen Bedürfnisse. Sie stellen damit sozu-sagen eine erweiterte Medien-Einkaufsabteilung der Industrie dar. Im Hinblick auf die anzusprechende Zielgruppe werden Sender und Zeiten, Schaltfrequenzen und Tageszeiten zu einer Media-Empfehlung kombiniert. Wenn das Unternehmen den Media-Mix des Brokers genehmigt, kauft die-ser die Leistungen ein, schaltet sie, hält rechnerisch-organisatorisch nach, wickelt ab usw. Dafür erhält er von den Radiostationen eine Provision, die nach Auftragsgröße und Kundenbedeutung stark variieren kann.

Es kann durchaus sein, daß ein werbetreibendes Unternehmen eine große Agentur, wie J.Walter Thompson oder Saatchi & Saatchi, als „full service agentur" mit Kreativleistungen, Marktforschung, Marketingstrategie, Pro-duktion und Einkauf von Medialeistungen beauftragt. Gleichsam besteht die Möglichkeit, die Agentur mit der Entwicklung des kreativen Teils zu beauf-tragen, einen *Marketingberater* mit der Marketingstrategie, ein *Marktfor-schungsunternehmen* mit dem Research und einen *Media-Broker* mit den Feinheiten des „media buying".

Den klassischen, großen Agenturen gegenüber stehen die Vermarktungs-gesellschaften der Radiostationen. Da es einer Agentur unmöglich ist, die Leistungsmerkmale aller Radiostationen national zu überblicken, regelmäßig zu aktualisieren, zu betreuen und gegebenenfalls auch zu schalten, haben sich vor allem die kleineren Sender, die Stadtradios und Regionalsender, in *Vermarktungsgemeinschaften*, den sogenannten *„Kombis"* zusammengeschlossen.

Diese Kombis orientieren sich entweder an Eigentumsverhältnissen (‚Gong-Kombi‘) oder regionalen Zusammenschlüssen (‚Bayern Funkpaket‘). Vertrieben werden diese Vermarktungsgemeinschaften von einer eigens dazu eingerichteten Zentrale oder von spezialisierten Vermarktungsgesellschaften (z.B. ‚RMS-Radio Marketing Services‘, der ‚IPA‘ oder ‚Studio Gong‘). Ein Werbetreibender beziehungsweise dessen Agentur kann also solche „Kombis" belegen, in der bestimmte Radiostationen mit Merkmalen zusammenfaßt sind, so wie das ‚Gong-Top-City-Paket‘ eine Belegung bestimmter Radio-Gong-Stadt-Radios darstellt.

Neben den „Kombis" repräsentieren diese Vermarktungsgesellschaften auch große Radiostationen, die überregionale Bedeutung haben. So werden „Antenne Bayern" und „Radio Schleswig Holstein" national von RMS, „RTL Berlin" und „RTL Radio Luxemburg" von der IPA bundesweit vermarktet. Diese Stationen sind zusätzlich in Kombis eingebunden. So ist derzeit „Radio FFN" in den Kombis ‚RMS West‘, ‚RMS-Super‘ und ‚Funk-Kombi-Nord‘ vertreten.

Weiterhin vermarktet die ARD-Werbung ‚Media Marketing‘ – ebenfalls in verschiedenen Kombis – die Programme der ARD-Anstalten. Nur einige wenige Stationen werden nicht in Kombis mitangeboten, wie „Star*Sat Radio", „SWF3" oder „Klassik Radio".

Vorteil der Kombis:
– unter einem Dach können mehrere Radiostationen ihre Medialeistung anbieten – es gibt nur noch einen Ansprechpartner,
– es lassen sich durch die Schaltung für das werbetreibende Unternehmen relativ große Gebiete abdecken und hohe Reichweiten erzielen,
– jede der beteiligten Stationen erhält die Hörfunkspots zur Abspielung in den jeweiligen Werbeblocks,
– die Abrechnung erfolgt entsprechend anteilsmäßig.

Die Sales Manager arbeiten mit den Mitarbeitern der Vermarktungsgesellschaften eng zusammen und informieren sie über die aktuellsten Daten und Fakten aus ihrem Haus. Die Vermarktungsgesellschaft fungiert also wie ein verlängerter Arm der Verkaufsabteilung.

Eine Anzeige der amerikanischen Brokerfirma „Blackburn & Company" (Abb. 55) verdeutlicht den harten Wettbewerb dieses Dienstleistungsbereiches in zwei Richtungen:

1. Im Werben um Akzeptanz bei werbetreibenden Unternehmen,

2. bei den anbietenden Radiostationen.

Die Vermarktungsgesellschaften und Media-Broker sind also die „Mittelsmänner" des elektronischen Medienzeitalters.

Im Falle eines Auftrages haben sie sich an die Vorgaben Ihrer Kunden zu richten.

Ein Beispiel:
Für ein After-Shave sollen 25- bis 54jährige Männer in Deutschland umworben werden. Da es sich um eine national distribuierte Marke handelt, soll bundesweit ein möglichst *homogener Werbedruck* erzielt werden. Die Stärke des Werbedrucks wird in *„Gross Rating Points" (GRP)* ausgedrückt. Die Berechnung erfolgt so:

Reichweite (in %) x Anzahl der durchschnittlichen Kontakte = GRP

Die Reichweite, angenommen eine Nettoreichweite von 80%, wird also mit den durchschnittlich zu erzielenden Kontakten, etwa 10, multipliziert. Der GRP-Faktor lautet hier 800. Die Kosten für diese Kampagne werden ebenso wie beim lokalen Kunden als 1000-Kontakt-Preise verglichen, jener Preis, den der Werbekunde zahlen muß, um tausend Kontakte für seinen After-Shave-Werbespot zu erzielen.

DM 1500 à 30 Sekunden
390 (000)

Der Tausendkontaktpreis (TKP) beträgt im fiktiven Modell für den After-Shave-Hersteller DM 3,85. Je niedriger der TKP, desto effizienter ist für ihn der Einkauf der „Ware".

Die durch den Werbekunden an seine Agentur vermittelten Standardvorgaben für einen nationalen Werbe-Mediaplan ziehen natürlich differenzierte Betrachtungen einzelner Regionen oder sogar einzelner Sender für die Agentur nach sich. Der Media-Buyer muß also berücksichtigen, wie sich Nettoreichweite und Durschnittskontakte in den einzelnen *‚Nielsen Regionen'* oder Bundesländern verhalten.

Die Einteilung der Bundesrepublik Deutschland in Verkaufsgebiete „Nielsen I" (Norddeutschland) bis „Nielsen VII" (Thüringen und Sachsen) geht auf eine Einteilung des Marktforschungsunternehmens „Nielsen" zurück. Die Einteilung wird heute von Radiovermarktern gleichermaßen wie von Markenartikelherstellern oder der Industrie verwendet.

Radiowellen kennen keine Grenzen und so ist „Antenne Bayern" nicht nur in Bayern, sondern auch in Hessen, vor allem dem Ballungsraum Rhein-Main, gut zu hören. Sender wie „SWF3" senden gar vom Bodensee bis Niedersachsen und erreichen damit alleine in der Zeit zwischen 7 und 8 Uhr durchschnittlich 1,2 Millionen Hörer. Hinzu kommen mittlerweile 11 Millionen Haushalte, die über einen Kabel- oder Satellitenanschluß verfügen. In manchen Gegenden Bayerns hat man hingegen Schwierigkeiten, außer „Bayern 3" noch etwas anderes zu empfangen. Dieser Effekt wird mit

Abb. 55: Anzeige der US-Brokerfirma ‚Blackburn & Company'

SOFT MARKET?

While many brokers have been wringing their hands, we've been shaking hands with **over 80-million dollars in sales in the first quarter of 1990.**

Station	Market	Price
WKLI (FM) & WABY	Albany, NY	$13,500,000
WOUR (FM) & WUTQ	Utica, NY	
WLVK-FM*	Charlotte, NC	$ 8,000,000
WLMX AM & FM*	Chattanooga, TN	$ 7,000,000
KODE-TV	Joplin, MO	$10,750,000
WQRC-FM	Barnstable, MA	$14,500,000
WGYL-FM & WTTB	Vero Beach, FL	
WTCR AM & FM	Huntington, WV	$ 7,650,000
WDBR-FM & WTAX*	Springfield, IL	$ 4,000,000
WCKN-FM & WAIM*	Greenville-Spartanburg, SC	$ 6,000,000
WOAY-TV	Beckley, WV	$ 9,500,000
WVMA-FM & WOAY	Beckley, WV	
*Approved and Closed	TOTAL	$80,900,000

For today's top prices, you need Blackburn. You need Blackburn's expertise in market values. You need Blackburn's expertise in locating financing. Above all, you need Blackburn's expertise in putting buyers and sellers together, regardless of the economic climate.

Blackburn makes the deals happen. We're ready to make something happen for you. Call us today, or visit us at the NAB at the Marriott Marquis Hotel, Suite 4014.

BLACKBURN&COMPANY
INCORPORATED
Media Brokers & Appraisers Since 1947
WE BROKER BROADCASTING'S BEST

Abb. 56: Nielsen-Karte

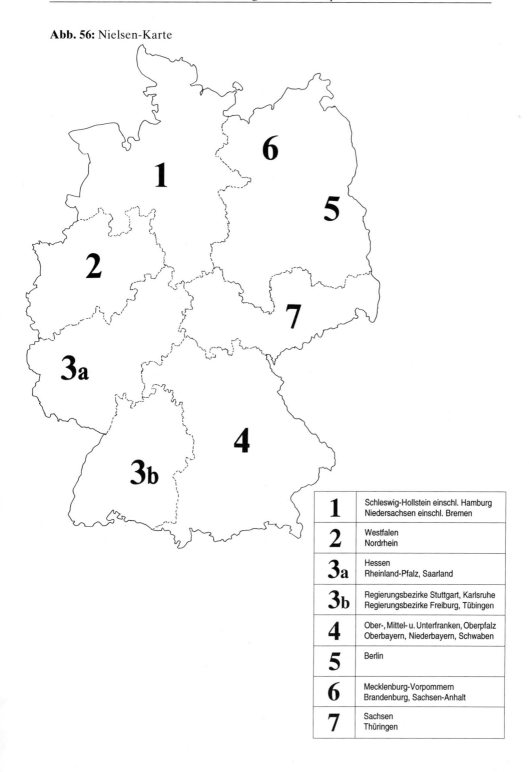

1	Schleswig-Hollstein einschl. Hamburg Niedersachsen einschl. Bremen
2	Westfalen Nordrhein
3a	Hessen Rheinland-Pfalz, Saarland
3b	Regierungsbezirke Stuttgart, Karlsruhe Regierungsbezirke Freiburg, Tübingen
4	Ober-, Mittel- u. Unterfranken, Oberpfalz Oberbayern, Niederbayern, Schwaben
5	Berlin
6	Mecklenburg-Vorpommern Brandenburg, Sachsen-Anhalt
7	Sachsen Thüringen

‚Overlapping' beschrieben. Eine undifferenzierte Belegung von Werbezeit auf verschiedenen Sendern kann zu übermäßigem Werbedruck in einem Bundesland und zu schwachen Kontakten in einem anderen führen.

Die Hörfunkwerbung für eine nationale Kampagne muß also regional ausgewogen gesteuert werden, um einen homogenen Werbedruck zu gewährleisten. Umgekehrt läßt sich ebenso dem Wunsch des Werbekunden nach erhöhtem Werbedruck in einer bestimmten Region aufgrund von regionalen Markenpräferenzen nachkommen.

In dem After Shave-Beispiel wurden die Kriterien des homogenen, nationalen Werbedrucks festgelegt: 800 GRP (+/- 5% Abweichung), 25 – 54jährige Männer. Nun geht es im weiteren Verlauf der Planung darum, die „Streuverluste" zu minimieren. *Streuverluste* sind der größte Nachteil klassischer Kommunikation, also der Werbung überhaupt.

Abb. 57: Overlapping-Effekte

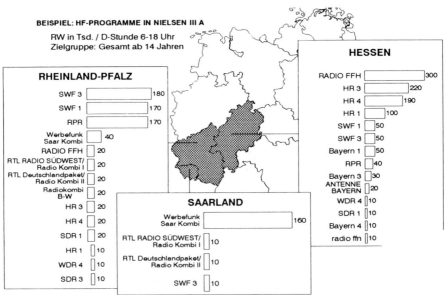

Gemeint sind jene Zielgruppen, die den Spot zwar hören, als Zielgruppe aber für das Produkt nicht in Frage kommen. Im Falle des Rasierwassers/alle Frauen (51% der Bevölkerung); bei anderen Produkten ist eine Abgrenzung nicht immer so einfach. So bezahlen die Unternehmen auch für jene Hörer (gemäß Reichweitenerfassung) mit, die als Konsumenten nicht in Frage kommen. Streuverluste sind das Teuerste an der Werbung und haben viele Hersteller und Dienstleister dazu bewogen, in Bereiche der *„nicht-klassischen-Kommunikation"* umzusteigen, das heißt auf Werbeformen wie:

– „Direct Marketing" oder

– Verkaufsförderung zusammen mit „In-Store-Promotions", der direkten Beinflussung im Laden oder Geschäft (mittels Displays, Regalstoppern, Testgeräten, Ladenfunk, Deckenhänger, Verkostungen mit Hostessen-einsatz etc.)

Jenen Kommunikationsbereich nennt man auch: *„below-the-line"-Marke-ting*, da die Bosse der großen Unternehmen zunächst das Budget für die klassische Kommunikation (TV, Radio, Print, Verkehrsmittel) festlegen, dann einen Strich ziehen und unter dieser „line" das restliche Budget für andere Kommunikationsinstrumente verteilen.

Die optimale „Nähe zur Zielgruppe" ist tatsächlich nur schwer zu erreichen. Marktforschungsdaten ergeben, daß Sender schwerpunktmäßig – durch ihr spezifisches Format – bestimmte Zielgruppen hinsichtlich Alter und Ge-schlecht ansprechen:

Abb 58: Zielgruppen-Positionierung der Hörfunksender in der Bundesrepublik Deutschland

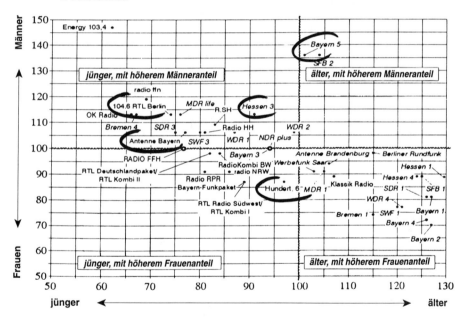

Bezüglich des After-Shave-Beispiels würde ein Media-Buyer sich für die günstigen Sender im linken und rechten oberen Quadrat der Abb. 58 (jün-ger, mit höherem Männeranteil bzw. älter, mit höherem Männeranteil) entscheiden. Die überdurchschnittliche Nähe zur Zielgruppe wird über ei-nen Index ausgedrückt, der sich aus den Faktoren „Alter" und „Geschlecht" zusammensetzt.

Die Auswertung zeigt, daß die ARD-Stationen besonders günstig in der Ansprache aller Erwachsenen ab 14 Jahren sind. Werden die Zielgruppen segmentiert, erweisen sich die privaten Hörfunkanbieter als vorteilhafter. Dies resultiert aus dem Anspruch der öffentlich-rechtlichen Stationen „Programm für alle" (HR-Slogan) zu machen, und umgekehrt aus der Tatsache, daß die Privaten sich auf bestimmte Zielgruppensegmente konzentrieren, die sie in ihrem Markt als Potential, als Versorgungs-/Marktlücke erkannt haben. Ein wirklich differenziertes Bild ergibt sich allerdings erst bei einer Auswertung auf Stunden-Basis.

Abb. 59: Preisvergleiche deutscher Hörfunksender

Zielgruppe: Frauen 14 - 49	1000-Kontakt-Kosten (DM)	Zielgruppe: Männer 14 - 49	1000-Kontakt-Kosten (DM)
1 ANTENNE BAYERN	6,44	1 ANTENNE BAYERN	6,60
2 Bayern 3	6,73	2 MDR life	6,69
3 Radio RPR	7,80	3 104,6 RTL BERLIN	6,96
4 MDR life	7,99	4 Bayern 3	7,33
5 104,6 RTL Berlin	8,16	5 Bayern 5	7,46
6 RTL RADIO SÜDWEST	8,24	6 Radio ffn	7,67
7 RADIO FFH	8,49	7 SWF 3	8,14
8 SWF 3	8,87	8 Radio Kombi BW	9,35
9 Radio Kombi BW	8,95	9 RADIO FFH	9,66
10 radio NRW	9,47	10 Hessen 3	9,85

Zielgruppe: 14 - 29 Jahre	1000-Kontakt-Kosten (DM)	Zielgruppe: HHF 14 - 49	1000-Kontakt-Kosten (DM)
1 Radio ffn	6,88	1 ANTENNE BAYERN	7,03
2 MDR life	6,91	2 Bayern 3	7,17
3 ANTENNE BAYERN	7,03	3 104,6 RTL BERLIN	8,36
4 104,6 RTL BERLIN	7,22	4 MDR life	8,39
5 SWF 3	8,08	5 Radio RPR	9,18
6 WDR 1	8,75	6 RTL RADIO SÜDWEST	9,36
7 Bayern 3	9,21	7 SWF 3	9,54
8 RADIO FFH	9,54	8 RADIO FFH	9,55
9 Radio RPR	9,65	9 Radio Kombi BW	9,68
10 RTL RADIO SÜDWEST	10,27	10 NDR plus (neu)	10,68

Zielgruppe: Gesamt	1000-Kontakt-Kosten (DM)
1 SDR1/S4 BW	2,15
2 SWF 1/S4 BW	2,33
3 Bayern 1	2,40
4 Bayern 3	2,40
5 ANTENNE BAYERN	2,81
6 WDR 4	2,87
7 Bayern 2	2,87
8 SWF 1	2,89
9 Bayern 4	2,89
10 Hessen 4	2,97

Quelle: IPA

Sonderwerbeformen

Neben der klassischen Werbeform des Hörfunkspots gibt es eine Vielzahl anderer attraktiver Werbemöglichkeiten im Programm einer Radiostation. Oft fälschlicherweise als „Schleichwerbung" bezeichnet, handelt es sich bei diesen Sonderwerbeformen um sehr effiziente Möglichkeiten der Produkt- und Markenpositionierung.

---

4 Gründe für Sonderwerbeformen

Grund 1

Die Werbebotschaft wird in einem *wenig kommerziellen Umfeld* ausgestrahlt.

Grund 2

Die Werbebotschaft *steht allein* und geht nicht in einem Werbeblock mit 10 anderen Werbespots „unter". Ein Faktor, der vor dem Hintergrund zunehmender Werbereaktanz und Reizüberflutung immer mehr zum Tragen kommt.

Grund 3

Die Werbebotschaft steht in unmittelbarer Nähe zu redaktionellen Beiträgen und erhält damit zusätzliche Glaubwürdigkeit und Kompetenz *(Imagetransfer)*.

Grund 4

Die Werbebotschaft bekommt einen *aktuellen Charakter*, wenn sie im Umfeld von Rubriken wie Nachrichten, Verkehr, Wetter, Servicemeldungen plaziert wird. So profitiert sie vom erhöhten Aufmerksamkeitswert der „news you can use".

Der Moderatorenspot ist eine Expreßwerbung für kurzfristige Angebote, Preise, Adressen (z.B. Boutiquen, Restaurants etc.). Er wird in der Sendung live vom Moderator vorgetragen und ist eine viel genutzte Werbemöglichkeit bei kleinen Radiostationen, weil sie schnell und billig ist. Ganz wichtig: die werbliche Aussage aus dem Mund des Moderators besitzt eine Art „Testimonial-Charakter".

Große Stationen verzichten auf diese Einnahmequelle, weil sie zum einen nicht besonders professionell klingt (Ferienradio-Charakter), zum anderen eine nicht ganz unumstrittene Vermischung von Werbung und redaktionellen Elementen darstellt (im Hinblick auf die Glaubwürdigkeit des Moderators).

Der angekündigte Werbespot ist eine Spielvariante des Moderatorenspots. Hierbei wird im klassischen Werbeblock der Spot eines Unternehmens eingeleitet und abmoderiert. Der Moderator kündigt den Spot an oder faßt am Ende die wichtigsten Aussagen in form eines „live tags" noch einmal zusammen (z.B. aktueller Hinweis auf eine Geschäftseröffnung).

Im Rahmen des PR-Beitrages bekommen ortsansässige Unternehmen die Möglichkeit, in den regelmäßig erscheinenden *Programmrubriken den Verbraucher* über ihre Produktbereiche in einem neutralen, redaktionellen Beitrag zu informieren. Der Name des Hauses wird dabei bis zu dreimal genannt. Die redaktionelle Gestaltung der Beiträge übernimmt die Redaktion des Senders, die sich erfahrungsgemäß zu Recht gegen soche Eingriffe in das Programm sträubt. Das Unternehmen hat bei solchen PR-Beiträgen die Möglichkeit, sich in einem kompetenten Umfeld zu präsentieren.

Diese Werbeform ist fragwürdig und sollte aus dem Programm genommen werden. Die Erfahrung lehrt jedoch, daß gerade kleinere Stationen von diesen Werbeformen leben, indem sie sich diese als Bonbon für besonders gute Spotkunden vorbehalten.

Das *Patronat* ist eine der ältesten Sonderwerbeformen, und so klingt es auch. Bereits im Nachkriegsdeutschland gab es zu Beginn und am Ende einer Sendung die Formulierung: „die folgende Sendung widmet Ihnen....". In kleinerem Rahmen wird Werbetreibenden offeriert, regelmäßig das Patronat für eine wiederkehrende Rubrik zu übernehmen:

Beispiel: „der Gartentip auf Radio XY, präsentiert von der Gärnterei Müller – Ihr Profi, wenn es grün sein soll".
Nach diesem Muster lassen sich viele Elemente des Programmes „verkaufen", wie Uhrzeit, Wetter, Verkehr, Rechtstip, Haushaltstip etc. Diese regelmäßige Wiederkehr von Rubriken zu bestimmten Zeiten erzielt eine hohe Aufmerksamkeit in einem wenig kommerziellen Umfeld.

Eine weitere interessante Sonderwerbeform stellen *Promotions* dar. Radiosender haben verschiedenste Möglichkeiten, regionale Unternehmen in Promotions zu Werbezwecken einzubinden. Die Station unterstützt das Unternehmen bei einer eigenen Aktion.

Beispiel: Eröffnung eines Möbelhauses. Radio XY unterstützt die Aktion im Vorfeld mit Ankündigungsspots im Werbeblock. Am Aktionstag selbst ist sie mit einem beliebten Moderator vor Ort, der dort auf einer Showbühne Spiele und Aktionen moderiert. Desweiteren stellt der Sender einen Ü-Wagen, von dem aus am Aktionstag eine „Live-Schaltung" in das Programm übernommen wird. Die Kunden des Marktes haben so die Möglichkeit, Radio „hautnah" zu erleben. Sie können sich an Gewinnspielen und Aktionen des Senders beteiligen und ein „bißchen hinter die Kulissen sehen". Das Radio-Management seinerseits hat die Möglichkeit, diese Aktion mit eigenen Promotion-Aktivitäten vor Ort auszustatten und als Werbeveranstaltung für den Sender zu nutzen.

Auch Unternehmen können sich an Promotions der Radiostation beteiligen. *Beispiel:* Im Rahmen des Sendergeburtstages organisiert ein großes Elektrohaus eine Autogrammstunde mit einem Fußballstar. Die Möglichkeiten der Kooperationen sind nahezu unendlich. In Kapitel IV „Promotions" wird auf diese interessante Sonderwerbemöglichkeit noch detailliert eingegangen.

Spiele und Spielsendungen binden Werbekunden zumeist in Form von *„Barter- oder Countertrades"*, also *Tauschgeschäften*, in das Programm des Senders ein: Werbetreibende stellen Preise zur Verfügung, die dann unter Nennung des Unternehmens oder der Marke an die Zuhörer verlost werden.

Da vor allem bei den soganannten *Aktionsradios* der Bedarf an Gewinnen enorm ist, verleitet dieser Bedarf leicht zu einem falschen Umgang mit der Sendezeit. Oft erhalten Unternehmen die Sendezeit viel zu günstig. Die Rendite, vor allem aber der Deckungsbeitrag des Senders ist dadurch extrem gefährdet. Ist der Preis in Relation zur Media-Leistung zu klein, muß das werbetreibende Unternehmen entsprechend zuzahlen.

Bei komplexeren Tauschgeschäften wird der gesamte Produktionsaufwand für die Sendung vom Werbekunden übernommen. Jener wiederum erhält im Gegenzug ein individuelles Paket von Leistungen, das sich meist aus klassischen Spots, Patronaten und Moderatorenspots zusammensetzt, einer *kombinierten Form von Medien-Sponsoring*.

Beispiel: Die Mineralölgesellschaft DEA, vormals Texaco, hatte zusammen mit „Antenne Bayern" einen besonderen Hörerservice entwickelt, der sich an die Zielgruppe der Autofahrer wenden sollte. Die Nähe zur Verkehrsmeldung lag auf der Hand, einer Sendeform, der besonders viele Hörer Aufmerksamkeit schenken. Zum einen weil sich durch den „ARI", das Autofahrerinformationssignal viele Autoradios ein- oder von Kassette auf Radio umschalten, zum anderen weil die Verkehrsmeldungen akustisch aus dem Programm hervorgehoben werden und einen deutlichen „Achtung-Charakter" besitzen.

Eine Positionierung der Werbeaussage von DEA im Rahmen der Verkehrsmeldungen war eine dem Markenkern adäquate und glaubwürdige Unterstützung des DEA-Anspruches der persönlichen Serviceleistungen, die spürbar über den rein technisch-logistischen Aspekt der Mineralölgesellschaft und damit auch der Kompatibilität mit Wettbewerbern hinausgeht. Es mußte also eine Präsentationsform gefunden werden, die mehr bietet als den Slogan „Die Verkehrsnachrichten, präsentiert von DEA".

Der Sachzusammenhang zwischen Meldung und Dienstleistung/Produkt sollte deutlicher hervorgehoben werden. DEA organisierte in der Folge zusammen mit „Antenne Bayern" eine Verkehrsüberwachung. Dabei kam dem Sender die besonders aktuelle Berichterstattung über die Verkehrssituation aus der Luft gegenüber dem Wettbewerber „Bayern 3" als Serviceleistung zugute. Dieser Service wurde zu speziellen Zeiten an die regulären Verkehrsnachrichten angehängt.

Sponsoring im Radiogeschäft bezieht sich hauptsächlich auf den Bereich der „*Syndication*", des zentralen Vertriebs ganzer Radiosendungen durch einen nationalen oder internationalen Anbieter.

Beispiel: Die Hitparade der ‚American Top 40' – wöchentlich produziert mit einem bekannten Moderator in Los Angeles – wird an Tausende von Radiostationen weltweit verschickt und von Pepsi gesponsort (siehe Abb. 60 im Bildteil). Der Sponsor wird im Verlauf der Sendung verschiedene Male in „Jingles" oder durch den Moderator genannt: „*...American Top 40 is brought to you by Pepsi...*". In den Werbeblöcken der jeweiligen Station wird ein bestimmtes Kontingent an Werbespots geschaltet, ein „Promo" weist im Programm auf die Sendung hin. Meist werden auch noch Promotionartikel des Sponsors verlost.

Beispiel: In manchen Fällen ist die gesamte Sendung nach dem Werbetreibenden benannt. So hatte der Kassettenhersteller TDK vor einigen Jahren täglich eine 15-minütige Sendung produziert, die sich in der Zeit zwischen 14 – 15 Uhr an eine jüngere Zielgruppe wenden sollte. Die Sendung enthielt die neuesten Hits, Klatsch aus Hollywood und wurde von einer dynamisch-jungen Moderation geleitet. Über Kassetten wurde nichts gesagt. Die Sendung hieß einfach „*TDK-home of the hits*".

E. Marketing

Im Rahmen der operativen Wertschöpfungskette ist das Marketing dem Vertrieb/Verkauf zuzuordnen. Die Bedeutung des Marketing wurde durch zunehmende Eigendynamik dieses Bereiches in den vergangenen Jahren deutlich überschätzt. Zudem wird die tradierte Form des Marketing der bereits beschriebenen Individualisierung und Dynamisierung gesellschaftlicher Strukturen immer weniger gerecht. Der Fehler liegt im System, das die Menschen, um die es ursächlich geht, zu ‚Zielgruppen' aggregiert und abstrahiert. Genereller Ansatz muß die Vermittlung der *Idee „Radio"* sein.

Marketing-Mix

Das nicht Greifbare zu visualisieren, das Atmosphärische darzustellen und das Emotionale zu transportieren, ist die Aufgabe moderner Marketing-Strategie für Radio-Stationen. Das richtige Marketing für Rundfunkstationen besteht aus zwei tragenden Säulen:

1. dem *Produkt-Mix*,
2. dem *Kommunikations-Mix*.

Die dem klassischen Marketing-Mix zuzuordnenden Bereiche „Finanz-/ Kontrahierungs-Mix" und „Distributions-Mix" haben hier weniger Relevanz und wurden darum nicht berücksichtigt.

Analog zur Strukturierung der Verkaufsabteilung in „Sell In" und „Sell Out" fächert sich auch der Bereich Marketing in zwei Richtungen auf. *Austauschbeziehungen* müssen aufgebaut, gepflegt und reguliert werden; und dies mit den beiden grundlegenden Zielgruppen jeder Radiostation:
– mit Hörern (= *Akzeptanz- oder Botschaftenmarketing*),
– mit Agenturen und Werbetreibenden (= *Ressourcen-Marketing*).

Die Marketingleitung, die vom Sales-Manager übernommen werden sollte, muß das Produkt Radio also auf zwei grundsätzlich verschiedenen Wegen vermarkten – basierend auf einem ganzheitlichen Marketing-Konzept, das aus der grundsätzlichen Unternehmensstrategie abgeleitet wurde.

Dabei hat sich die *Funktion des Marketing* in den letzten Jahren grundlegend gewandelt: von einer direkten, kurzfristigen Absatzorientierung hin zu *langfristigen, kontinuierlichen Anbieter-Nachfrage-Beziehungen*. Damit einher ging auch eine Wandlung des grundsätzlichen Denkansatzes vom „Produkt-Vermarkten" (zunächst das Produkt, dann die Vermarktungsidee) hin zu

Abb. 61: Marketing-Konzept

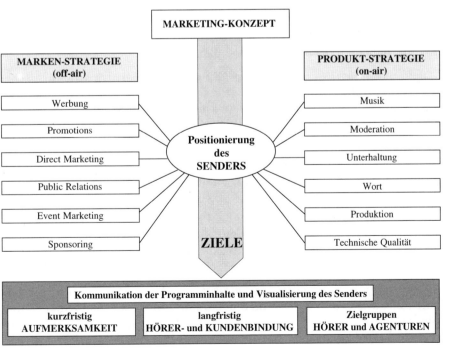

einer Kundenorientierung (den Wünschen der Kunden mit Produkten entsprechen). Die Vorgehensweise lautet also:
- Kunden-/Hörerwünsche analysieren,
- Kunden-/Hörerwünschen entsprechen,
- an Kunden-/Hörerwünschen orientieren.

Das Ziel dieses Ansatzes besteht darin, Kunden wie Hörer zu gewinnen und sie an das Produkt zu binden. Marketing bedeutet also ganz simpel, attraktiv zu sein und es zu bleiben. Daraus resultiert die Forderung an Marketingabteilungen, vorhandene Potentiale zu erkennen bzw. sie zu entdecken. Dies bedingt, ebensoviel über das eigene Produkt wie das Umfeld zu wissen, in dem es verkauft werden soll.

Wesentlich erscheint dabei, zu *neuen Qualitäten* in der Erforschung dieses Umfeldes zu gelangen. Dabei spielen die immer dynamisierteren Strukturen der heutigen *Zeit* eine große Rolle, die die immer komplexere Informationsübermittlung bedingen.

Dialoginstrumente müssen unter den Prämissen „Nähe zu immer segmentierteren Zielgruppen" und „Geschwindigkeit der Informations-Übermittlung" im Rahmen der Analyse von Kunden-/Hörerbedürfnissen die tradierten Formen des Monologisierens (= produktimmanentes Problem der elektronischen Medien) ablösen. Auf konkrete Ansätze wird im Abschnitt Öffentlichkeitsarbeit dieses Kapitels eingegangen.

Ähnlich wie beim klassischen Marketing-Mix greifen bei Radio-Stationen Werkzeuge wie generisches Produkt, Verpackung, Qualität, Service etc. (= Produkt-Mix) sowie Werbung, Promotions, Direct Marketing, PR, Event Marketing und Sponsoring (Kommunikations-Mix).

Allein das *äußerliche Erscheinungsbild* unterscheidet sich von klassischen Marketingstrategien der Markenartikelindustrie. So teilt sich das Marketing-Konzept in die Bereiche Off-Air (nicht auf dem Sender zu hören) und On-Air (auf dem Sender zu hören).

Die *Markenstrategie*, also die Kommunikationsmaßnahmen, der optische Auftritt, die Dienstleistungsaspekte gegenüber Kunden und Hörern und die Firmenkultur des Senders finden *Off-Air* statt. Die Markenstrategie repräsentiert den Sender als solchen.

Die *Produktstrategie* ist nur über das Programm, also *On-Air,* umsetzbar. Einflußfaktoren sind: die programmlichen Inhalte, Redaktionelles, Wortbeiträge, Moderation sowie der akustische Auftritt in Form von Musik, Layout, Produktionselementen und technischer Qualität.

Diese ‚harten' Faktoren werden ergänzt um die ‚*weichen' Faktoren*: dazu zählt die *Senderpersönlichkeit*, die On-Air das Wesen der Radiostation ausmacht. Die ‚weichen' Faktoren bieten Identifikationsmöglichkeiten für den Hörer und bilden all jene Bausteine der Meta-Ebene, die das Programm und seine Akzeptanz letztendlich prägen. Es ist einer der größten Management-Fehler von Radiostationen, diese weichen Faktoren nicht zu analysieren bzw. sie in Folge nicht als Steuerungsinstrumente einzusetzten.

Hier, wie in anderen Branchen, verkauft in der Wettbewerbssituation das *„Produkt über dem Produkt"* die Ware. So wie im Abschnitt „Sales" die subjektiven Verkaufsmotive eines Kunden beschrieben wurden, so entscheiden emotionale Gesichtspunkte für welche Radiostation sich Hörer entscheiden.

Beispiel aus der Markenartikelindustrie: der *Cola-Test*. Eine Blindverkostung in einer amerikanischen Talkshow legte Zeugnis davon ab, daß nicht einmal das Top-Management der beiden weltweit führenden Cola-Hersteller, „Coke" und „Pespi", die Produkte ihrer Häuser unterscheiden können – geschweige denn die Verbraucher. Dennoch bekennen sich Konsumenten in Befragungen zu ihrer „Lieblingsmarke".

Hier wird nicht das generische Produkt aufgrund von Geschmack oder Qualität gekauft (Blindverkostungen des gleichen Produktes ergeben immer wieder, daß die Geschmacksempfindung entscheidend von der Verpackung abhängt), sondern die damit verbundenen Erwartungen. Diese werden stimuliert durch eine Markenwelt, die über dem Produkt steht beziehungsweise um dieses herum kreiert wurde.

Programm- und Markenstrategie müssen also *gemeinsam* eine solche ‚*Markenwelt*' bilden, deren charakteristische Merkmale „*Emotion*" und „*Information*" darstellen. Beide Strategien setzen sich aus verschiedenen Komponenten zusammen, die untereinander divergieren, in der Summe aber den ganzheitlichen Ansatz der Marketingstrategie abbilden. Erst dann entsteht eine *Positionierung des Senders*. Besonders für den Bereich Radio gilt, daß dies nur erzielt werden kann, wenn beide Strategien von den Mitarbeitern der Station getragen werden.

Marketing funktioniert von innen nach außen, wird von internen und externen Beziehungsfeldern geprägt:
intern: von Arbeitsmethodik, Motivation und Management-Systemen
extern: von der Ausrichtung der Organisation auf den Markt, vom Denken in Kundenwünschen etc.

Die in diesem Zusammenhang auftauchende Frage nach der „*reason for being*", der Daseinsberechtigung der Organisation, konzentriert sich in der *Positionierung* des Senders und über die Instrumente des *USP*, der unique selling proposition, die diese im Wettbewerb nach außen kommuniziert. In Kapitel II, Bildung der Unternehmensstrategie, wurde die Frage der Positionierung bereits behandelt.

Die Entwicklung der Markenstrategie ist eng mit der definierten *Unternehmensleitlinie/-strategie* verbunden. Ob es sich dabei um die Überarbeitung einer bestehenden Konzeption oder die Schaffung eines neuen Ansatzes handelt, ist unerheblich; die Vorgehensweise bleibt nahezu die gleiche.

Abb. 62: Beziehungssystem

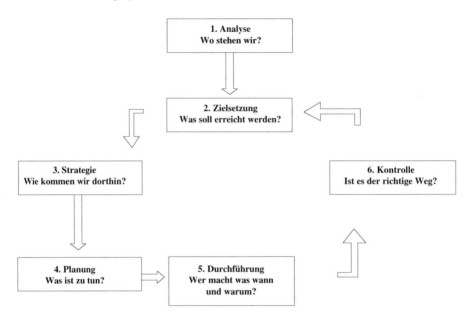

Auf die internen Faktoren wurde in den Abschnitten „Corporate Identity" und „Personal" eingegangen. Daher wird im folgenden der *Schwerpunkt auf die externen, die Kommunikationsfaktoren* zu legen sein.

Die Frage nach der richtigen Produktstrategie muß entsprechend der Unternehmensstrategie auf der programmlichen Seite umgesetzt und mit der Marketingabteilung akkordiert werden. Dies wird anschließend in Kapitel IV ausführlich erörtert.

Die folgende Chart in Abbildung 63 verdeutlicht, welche *Elemente* des Kommunikations-Mix in die Entwicklung eines gesamthaften Marketing-Konzeptes einfließen können. Die klassische Kommunikation, die Werbung (von vielen fälschlicherweise als Synonym für „Marketing" gebraucht), ist demnach nur eine von zahlreichen kommunikativen Möglichkeiten.

Die Umsetzung der Radio-Marketing-Konzepte gliedert sich in zwei Bereiche:
– das *Consumer-Marketing*, das sich an *Hörer* der Radiostation richtet,
– das *Business to Business*- oder *Trade-Marketing*, das sich an die Zielgruppe der Werbetreibenden und Agenturen wendet.

Klassische Kommunikation – Werbung

Nach den Grundsätzen der Wahrnehmungspsychologie werden vom Rezipienten im Kommunikationsprozeß nur dann Impulse aufgenommen, wenn diese über einer *bestimmten Reiz- und Aufmerksamkeitsschwelle* liegen.

Diese Schwelle wird aufgrund der Vielzahl von Impulsen immer höher geschraubt.

Wird die Reizschwelle nicht überwunden, so werden die werblichen Informationen nicht wahrgenommen, die kommunikative Maßnahme war umsonst und damit teuer. Nach einer Studie der amerikanischen Berater Clancy und Shulman sind weit über *80% aller Marketing-Kampagnen ohne erkennbaren Effekt*. Die Analyse zeigt, daß es sich bei fast zwei Drittel aller Kampagnen (68%) um Durchschnitt handelt.

Zu einer Marketing-Kampagne gehört eben mehr als nur Werbung. Diese aber nimmt an Außenwirkung und vom Budget her den größten Part ein.

Wie aber wird eine Werbekampagne wahrgenommen?

Wenn die Reizschwelle durch:
– eine ungewöhnliche Optik,
– eine interessante, packende Aussage,
– eine präzise Ansprache der Zielgruppe bzw. deren Bedürfnisse,
überwunden wird.

Dabei ist zu beachten, daß auf einem Werbeträger maximal drei Informationselemente gesondert wahrgenommen werden können. Diese lernpsychologischen Gesetzmäßigkeiten finden auch im programmlichen Teil ihren Niederschlag. Für die Entwicklung einer Werbestrategie im Rahmen des Kommunikations-Konzeptes bedeutet dies: *starke Reize, wenig Information.*

Im Rahmen der klassischen Kommunikation gibt es eine Reihe von *Möglichkeiten des werblichen Auftrittes,* die je nach Zielsetzung und Budget einzeln, am vorteilhaftesten aber in einem Media-Mix, zum Tragen kommen. Diese können sein:

1. Print. Anzeigen und Beilagen in Tages- und Wochenzeitungen, in Zeitschriften und Magazinen, Stadtzeitungen und Fachzeitschriften *(regional/überregional).*

2. Fernsehen. In den USA hat sich eine ganze Industrie darauf spezialisiert, TV-Commercials für Radiostationen zu entwickeln. Lokalfernsehen ist dabei wesentlich vorteilhafter als das nationale, da bei diesem die Flächendeckung mit der Radiostation nicht ident ist und damit der einzelne Spot selbst für landesweite Sender überproportional teuer wird (Stichwort: Streuverluste).

3. Verkehrsmittel. Die Flanken- und Komplettbemalung von Bussen, Straßenbahnen, U-und S-Bahnen sowie Taxis ist vor allem für Stadtsender eine effiziente und kostengünstige Werbeform. Es stehen zum Teil auch innerhalb dieser Fahrzeuge Werbeflächen zur Verfügung, die gebucht werden können. Der Sender ist über eine solche Visualisierung dauerhaft im Stadtbild präsent (Schaltdauer meist ein Jahr). Er wird sogar zu einem Teil dieses Stadtbildes.

Abb. 63: Kommunikations-Mix

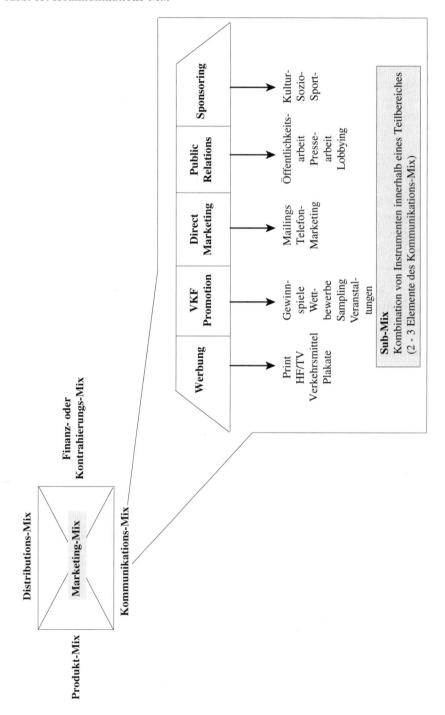

Abb. 64: Glockenkurve

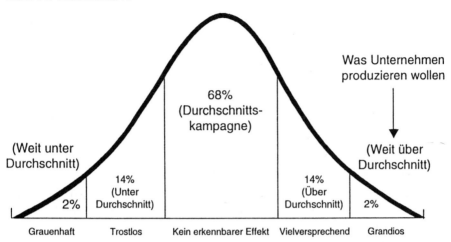

4. *Plakatwerbung.* Als sogenannte Allgemeinstellen werden Säulen, Plakatwände und beleuchtete Flächen bezeichnet, an denen Plakate in den unterschiedlichsten Dimensionen angebracht werden können. Interessant sind aufgrund der Frequenz, Plakate in der Nähe von großen Hauptverkehrsstraßen und belebten Plätzen: in Bahnhöfen, an Bushaltestellen, Flughäfen etc.

Hörfunk kommt als Werbemittel nur theoretisch in Frage, lehnen doch Wettbewerber den Spot einer konkurrierenden Radiostation im eigenen Progamm verständlicherweise meist ab.

Hier zeigt sich schon die enge Verknüpfung von Marketing und Programm. Ein Positionierungsslogan, der sich auf zahlreichen Plakatwänden – Off-Air – zur Bewerbung des Senders wiederfindet, muß sich auch in der Phrasiologie der Moderatoren, On-Air, wiederfinden. (Umgekehrt ist die Bewerbung von programmlichen „highlights" Sache der Marketingabteilung.)

Durchführung einer Werbekampagne

Eine klassische Werbekampagne ist gleich zu Einführung eines Senders von hoher Bedeutung. So werden der Name der Station, seine Frequenz und die grundsätzliche Positionierung penetriert. Ist im Budget noch etwas Luft, lassen sich ein oder zwei inhaltliche Ansätze kommunizieren.

Im ersten Planungsschritt werden die Wettbewerber im Markt, ihre Programm- und Kommunikationsstrategie analysiert. Die Ergebnisse dieser Analyse und die bereits festgelegte Unternehmensstrategie mit ihren Kommunikationsleitlinien (Kapitel II) lassen grundsätzliche Forderungen für einen garantierten Erfolg der Kommunikationsstrategie ableiten:

Diese könnten beispielsweise lauten, Radio XY als

- lokale
- professionelle
- junge Station

im Sendegebiet zu positionieren. Diese Alleinstellungsmerkmale sind noch zu allgemein. Sie müssen im nächsten Planungsschritt auf der Suche nach einer geeigneten Werbekampagne mit Inhalten gefüllt werden.

Das Profil muß sich aus dem Programm und dessen Struktur ergeben. Interessante Interviewpartner, aktuelle lokale Berichterstattung, unterhaltsame Moderatoren, junge Musik können in die Werbung eingebunden werden. Die Professionalität kann eigentlich nur durch die Leistung On-Air kommuniziert werden, läßt sich aber durch einen entsprechenden Positionierungsslogan unterstützen.

Tabelle 3

Beispiel Werbeplan für eine Einführungskampagne
(ca.200.000 Einwohner im Stadtgebiet)

1. Plakatierung über zwei Dekaden
im Stadtgebiet 180 Allgemeinstellen
Belegungskosten ca.   DM 15.000,–
Produktionskosten ca.   DM 8.000,–

2. Tageszeitungs-Insertion
12 Anzeigen 1/4-seitig plus Zusatzfarbe
in der Gesamtausgabe der Lokalzeitung
Insertionskosten ca.   DM 70.000,–

3. Beilage zur Tageszeitung
4-Seiten 20g. Belegung im Kernbereich des
Sendegebietes. Auflage ca. 150.000 plus
20.000 Stück auf besserem Papier als Handout
für Werbekunden
Belegungskosten ca.   DM 18.000,–
Produktionskosten ca.   DM 8.000,–

4. Kinowerbung
Dias im Vorprogramm der großen Programmkinos
Belegungskosten   Gegengeschäft

5. Verkehrsmittel
Belegung von 130 Flächen auf Bahn/Bussen und
allen Taxis der Stadt für ein Jahr
Belegungskosten ca.   DM 25.000,–

Neben der Suche nach Inhalten, die die Alleinstellungsmerkmale stützen könnten, ist eine *genaue Analyse der anzusprechenden Zielgruppe* erforderlich (z.B. Hörer im Alter zwischen 14 – 39), die den Sender oder die Frequenz noch nicht kennen, von einem anderen Sender wechseln sollen, öfters zwischen verschiedenen Sendern wechseln oder keine Meinung zur Wahl ihrer Radiostation haben. Eine solche Werbekampagne muß zudem den Zweck erfüllen, die Radiostation bei potentiellen Werbekunden bekannt zu machen und als soliden Geschäftspartner zu positionieren.

Zielsetzung insgesamt: bei Hörern und Kunden Aufmerksamkeit erzeugen, an die Station binden und von der Konkurrenz abgrenzen.

Eine Werbekampagne teilt sich in zwei aufeinanderfolgende Schritte, in denen die vorgenannten Zielsetzungen erreicht werden sollen:

1. *Einführungskampagne* mit starkem
   Aufmerksamkeits-Charakter

2. *Follow-up-Kampagne* mit inhaltlich-
   positionierendem Charakter

Hörer wie Kunden müssen in der Einführungskampagne auf die Radiostation und ihr Programm neugierig gemacht, zum Umschalten bewegt werden. Dies kann über die simple Bekanntmachung des Stationsnamens und der *Frequenz* geschehen.

Häufige Fehlerquelle: bei einer Produkteinführung bereits die zentralen inhaltlichen Aussagen mitzukommunizieren, mit der Idee „wenn wir schon schalten, dann muß da möglichst viel ‚rein'".

Kosten: Für die Einführungskampagne des Senders – mit einem Schwerpunkt von zwei Wochen vor Sendebeginn – sollte, inklusive Gestaltungskosten und betriebswirtschaftlicher Sicherheit (Reserve), ein Gesamt-Budget von DM 140.000 bis DM 150.000 veranschlagt werden.

Die in der Werbung versprochenen Inhalte müssen – im Sinne der *Glaubwürdigkeit* – im Programmteil erfüllt werden. Werbung für das Radio ist mit der journalistischen Arbeit für eine Zeitschrift zu vergleichen. Das auf dem Titel Ausgelobte muß inhaltlich auch geboten werden. Wirbt ein Sender beispielsweise mit dem Slogan „das Aktuellste aus unserer Region", und die Hörer erhalten die wichtigsten regionalen Informationen aber erst

Abb. 65: Formularbeispiel Konzept-Briefing

Koidl & Cie.

Konzept-Briefing

Verteiler

Kunde: _ _ _ _ _ _ _ _ _ _ _	Datum: _ _ _ _ _ _ _ _ _ _ _
Disponent Kunde: _ _ _ _ _ _ _ _ _ _	Job-Nummer: _ _ _ _ _ _ _ _ _ _
Ansprechpartner: _ _ _ _ _ _ _ _ _	Disponent intern: _ _ _ _ _ _ _ _ _

Aufgabenstellung:	Wie leitet sich die Aufgabe aus Unternehmens- und Markenzielen ab?
Institutionsziele/-strategie:	Vor welchem konzeptionellen Hintergrund bewegen wir uns?
Zielgruppendefinition:	Wen sprechen wir an?
Positionierung:	Was wollen wir als einzigartig plazieren/ verkaufen?
Benefit:	Welchen Nutzen hat der Kunde?
Werbemittel:	Welche Werbemittel sollen eingesetzt werden? Welche technische Komplexität weisen sie auf?
Aktionszeitraum:	Wann/an welchen Tagen findet die Aktion statt?
Aktions-Location:	Gibt es Restriktionen in lokaler, regionaler, dimensionaler Hinsicht?
Logistik:	Wer übernimmt Logistik, Auf- und Abbau?
Timing:	Welche Abstimmungsstufen sind vereinbart? Endtermin?
Budget:	Welche finanziellen Mittel können eingesetzt werden?
Begleitende Maßnahmen:	Wird die Aktion werblich unterstützt?

Copy Strategie

Positionierung:	Was soll der Angesprochene lernen?
Benefit:	Welcher Nutzenwert soll vermittelt werden?
Reason why:	Welcher Impuls soll generiert werden?
Response:	Was soll der Rezipient tun?

am nächsten Morgen mit der Tageszeitung, dann ist die Enttäuschung über das Produkt auch durch aufwendigste Werbemaßnahmen nicht abzuwenden.

In der *Follow-up-Phase* kann mit folgenden Elementen gearbeitet werden:
– mit Inhalten des Programmes,
– mit Bekenner-Kampagnen (Testimonial-Charakter),
– mit Slogans.

Es gilt, die Positionierung des Senders nachhaltig, Off-Air, zu unterstützen.

Mögliche Fehlerquellen: Peinliche Kampagnen mit Slogans wie „Ihr fröhlicher Sender", „Ihre aktuelle Welle", „Hör' die Profis" etc. verfehlen das Ziel. Inhalte kommunizieren sich nicht, indem sie nur formuliert werden. Sie müssen vielmehr beim Hörer ein Bild im Kopf erzeugen, das seinen Bedürfnisse anspricht.

Beispiel: Antenne Bayern warb eine Zeitlang mit dem Slogan *„Weißbier zum Hören"*. Von bayerischer Lokalkompetenz, aktueller Berichterstattung etc. wurde nichts gesagt, eben als selbstverständlich vorausgesetzt. Anstelle eines abgenutzten Klischees wurde eine *Markenwelt* vermittelt, die sich assoziativ, als individuelle Vorstellung, erst im Kopf des Rezipienten bildete. Der Slogan entsprach einer Erfüllung der Positionierungsvorgaben und stellte zugleich eine geglückte Umsetzung der „Idee Radio" dar.

Tabelle 4 **8 Schritte für eine Werbemaßnahme**

Schritt 1
Entscheidung über Werbeumfang, -mittel, und -träger. Welche Zielgruppe soll erreicht werden, welches Budget steht dafür zur Verfügung?

Schritt 2
Erstellen der Copy (Texte) und des konzeptionellen Aufhängers für das Werbematerial in Abstimmung mit Programm und Verkauf der Radiostation.

Schritt 3
Ausarbeitung der eigentlichen Gestaltungsidee mit Grafiken und Bildern als Skribble oder Layout mit Blindtext und seperatem Manuskript.

Schritt 4
Abnahme der Konzeption durch die Geschäfts- oder Marketingleitung des Senders.

Schritt 5
Beauftragung eines Reinzeichners zur Ausarbeitung von Reinzeichnungen mit Standmarken für den Drucker. Korrektur und Abnahme
der Reinzeichnungen.

Schritt 6
Erstellen von Filmen (Lithos) für die Druckerei, durch die Druckerei
selbst oder eine Lithoanstalt.

Schritt 7
Ausfertigung eines Andrucks durch die Druckerei. Korrektur und
Freigabe. Erteilung des Druckauftrages.

Schritt 8
Übergabe der Materialien an ein Distributionsunternehmen, z.B. eine
Plakatierungsfirma.

Als nächste mögliche Werbemaßnahme soll die *Plakatierung* näher betrachtet werden. Sie besitzt für Radiostationen ein *besonders interessantes Kosten-
Nutzen-Verhältnis*. Dies ist darauf zurückzuführen, daß die häufigste Nutzung des Mediums Radio beim Autofahren stattfindet. Radiohören ist also
mit dem „Außer-Haus-sein" eng verbunden.

Weiterhin eignen sich Plakate – wie die Verkehrsmittelwerbung – ganz besonders, da die Visualisierung der Radiostation in das *gesamte Stadtbild*
eingeht, deren immanenter Teil sie werden oder bleiben will. Eine kreative
Idee, ein guter „Aufhänger" macht das Plakat zu einem „eye catcher", der
mindestens 10 Tage am gleichen Ort hängt.

Häufige Fehlerquelle: Die Verwendung von Anglizismen.
Beispiel: Im Raum Frankfurt war über einen längeren Zeitraum das Plakat
einer Apfelweinkelterei für einen „Hessen-Cidre" mit dem Slogan „I am so
excited" zu sehen. Selbst jene 10% der deutschsprachigen Bevölkerung, die
mehr oder weniger gut englisch sprechen, haben wohl mit dem Wort „excited" ihre Verständnisprobleme (vor allem in der eher bodenständigen Zielgruppe der Apfelweintrinker) und auch den Bogen von ‚-cited' zu ‚Cidre' zu
spannen, ist eine Überforderung des Konsumenten, der die Informationen
schnell, im Vorbeigehen aufnehmen muß.

Ein Plakat kann:
– Autofahrer zum Um- oder Einschalten bewegen,
– die Marken- und Frequenzbekanntheit erhöhen,
– die wichtigsten Moderatoren und Programmacher in Erinnerung rufen.

Abb. 66: Job-Briefing

Koidl & Cie.

Job-Briefing

Verteiler

Kunde: _ _ _ _ _ _ _ _ _ _ _   Datum: _ _ _ _ _ _ _ _ _ _

Disponent Kunde: _ _ _ _ _ _ _ _ _ _   Projekt-Nummer: _ _ _ _ _ _ _ _

Konzept/Projekt: _ _ _ _ _ _ _ _ _ _   Job-Nummer: _ _ _ _ _ _ _ _ _

Job: _ _ _ _ _ _ _ _ _ _ _

Geplante Auslieferung: _ _ _ _ _ _ _   Disponent intern: _ _ _ _ _ _ _ _ _

Job-Beschreibung

_ _

_ _

_ _

_ _

_ _

_ _

_ _

_ _

Druck	Incentives
Format: _ _ _ _ _ _ _ _ _ _ _ _ _	Zielgruppe: _ _ _ _ _ _ _ _ _ _
Druckausführung: _ _ _ _ _ _ _ _ _	Motto: _ _ _ _ _ _ _ _ _ _ _
Auflage/Material: _ _ _ _ _ _ _ _ _	Termin: _ _ _ _ _ _ _ _ _ _ _
Verarbeitung: _ _ _ _ _ _ _ _ _ _	Stückzahl/Preisverteilung: _ _ _ _ _ _ _
Versandform: _ _ _ _ _ _ _ _ _ _	_ _ _ _ _ _ _ _ _ _ _ _ _ _
Verpackung: _ _ _ _ _ _ _ _ _ _	_ _ _ _ _ _ _ _ _ _ _ _ _ _

Timing

Datum: _ _ _ _ _ _ _ _ _ _ _ _   Erledigt bis: _ _ _ _ _ _ _ _ _ _

Erste Rücksprache: _ _ _ _ _ _ _ _   Aussteller: _ _ _ _ _ _ _ _ _ _

Mehr kann ein Plakat allerderings nicht. Den Hörer an die Station zu binden, ist Sache des Programmes. Hilfestellung, zum Beispiel beim Gespräch mit einer Werbeagentur, gibt das *„Job-Briefing"*: eine Checklist, anhand derer die wichtigsten Punkte durchgegangen werden können (Abbildung 66).

Einige Tips und Tricks
Um einen Sender bekannt zu machen, bedarf es nicht unbedingt großer Werbebudgets.

Tip 1: Viele Radiostationen *sparen* sich die *Kosten für eine Werbeagentur*. Sie stellen die Materialien mit einem entsprechend ausgerüsteten Computer in eigener Regie her. Bei der Umsetzung der selbst erstellten Vorlagen beraten dann auch meist ausführende Unternehmen wie Reinzeichner, Lithografieanstalten und Druckereien.

Jene Bereiche, die der Computer nicht darstellen kann (komplexe Skribbles, Layouts, Illlustrationen) übernehmen freie Grafiker, die die verschiedenen Aufgaben kostengünstiger übernehmen als Agenturen und teilweise auch Absprachen mit anderen Lieferanten durchführen.

Tip 2: Die einzelnen Schritte der Druckvorlage sollten stets schriftlich festgehalten werden, beispielsweise in einem *Job-Briefing*, das dem beauftragten Mitarbeiter oder Dienstleister als Protokoll mitgegeben wird. Im Falle von fehlerhaften Drucksorten muß schnell nachvollziehbar sein, um wessen Verschulden es sich handelt (Haftungsfrage bei großen Druckaufträgen).

Tip 3: Andere Kommunikationsmittel, wie *Sandwich-Reklamegänger*, die mit entsprechenden Ankündigungen durch die Innenstadt laufen (Handzettel und Sandwichplakat), können mit studentischen Aushilfen organisiert werden. Der Gesamtaufwand liegt mit Gestaltungskosten unter DM 1.000,–.

Tip 4: Werbedias, wie sie im Kino eingesetzt werden, können auch in Foyers und Cafés laufen, wenn sie mit den dafür notwendigen Geräten ausgestattet sind.

Mögliche Fehlerquellen: Der Werbe-Kreativität sind allerdings auch Grenzen gesetzt. So wird wildes Plakatieren nicht nur strafrechtlich verfolgt, sondern ärgert auch die Anrainer, und das Kommunikationsziel ist verfehlt. Ebenso verhält es sich mit Aufklebern der Radiostation, die sich überlweise an allen möglichen – und damit auch an den nicht erwünschten – Orten wiederfinden. Das gleiche gilt für Handzettel hinter PKW-Scheibenwischern. Diese Aktionen können zu Imageverlusten führen, die vor allem in kleinen und mittelgroßen Städten nur schwer zu kompensieren sind.

Public Relations (PR)

Der Bereich Public Relations teilt sich in zwei Sparten:

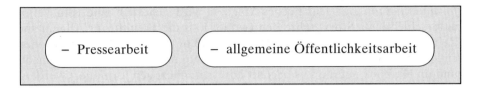

- Pressearbeit   - allgemeine Öffentlichkeitsarbeit

1. Pressearbeit

Dieser Teil der Öffentlichkeitsarbeit, der sich an andere Medien richtet, sollte für Radioleute eigentlich eine *Selbstverständlichkeit* sein, sind sie doch selbst Journalisten. Die Praxis beweist jedoch das Gegenteil: manche Stationen betreiben gar keine Pressearbeit, viele erzielen damit kaum nennenswerte Resultate.

Gute Pressearbeit ist fast ausschließlich das Ergebnis *guter Kontakte* zu Kollegen bei Tageszeitungen, Zeitschriften und dem Fernsehen. Für die Zusammenarbeit mit den Kollegen und dem eigenen, langfristigen Imagebildungsprozeß, ist eine *kontinuierliche Kontaktpflege* vorteilhaft. Presse- und Medienarbeit muß in regelmäßigen Abständen erfolgen; diese Vorgehensweise penetriert sowohl das öffentliche Bewußtsein als auch das der kontaktierten Journalisten.

Die Arbeit mit anderen Medien ist ein *Tauschgeschäft*. Sie wollen Publicity für ihren Sender, der Jounalist eine gute Geschichte. Es zahlt sich aus, eine exklusive Information oder eine Insider-Geschichte dem Journalisten frühzeitiger als anderen zu vermitteln, mit dem man besonders guten Kontakt hält. Solche Kontakte haben eine stark atmosphärische Komponente.

Noch immer legen die Journalisten der elektronischen Medien den Kollegen vom Print gegenüber eine gewisse Überheblichkeit an den Tag. Ein Kollege karrikierte einmal die Vorurteile in der Branche mit dem Ausspruch: „An der Bar stehen in der ersten Reihe die Fernsehleute, in der zweiten die vom Radio und ganz hinten die Blattmacher".

Da man sich auf Pressekonferenzen und Einladungen trifft, sollte ein Gespräch mit den ‚eigenen' Journalisten nicht vergessen werden. Gerade auf lokaler Ebene werden häufig die Anstellungsverhältnisse gewechselt, zwischen Hörfunkstationen, aber auch zwischen verschiedenen Mediengattungen. So kann der Kollege vom Lokalteil der örtlichen Zeitung ein paar Wochen später Leiter der Lokalredaktion im eigenen Sender sein. Ein nicht unwesentlicher Faktor für gute Pressebeziehungen!

Die Bedeutung des eignen Mediums sollte auf keinen Fall überschätzt werden. Wärme, Witz, Humor und auch Selbstironie sind eine hervorragende Basis für persönliche Kontakte.

Vorgehensweisen

Im ersten Schritt der Pressearbeit geht es darum, herauszufinden, nach welchen *Grundsätzen* die jeweilige Publikation *Beiträge aufnimmt oder In-*

formationen umsetzt. Das Forbes-Magazin wird sicherlich eine vom Tenor unterschiedliche ‚Story‘ schreiben (wollen) als die Frankfurter Allgemeine Zeitung oder eine Fachzeitschrift. Dem muß mit adäquaten Informationen entsprochen werden; das heißt, die Geschichte muß inhaltlich ‚vorgedacht‘ und im Hinblick auf die Leserschaft adressatenbezogen formuliert werden.

Der *Anschriftenverteiler* muß nach den verschiedenen Ansprechpartnern und Mediengattungen differenziert aufgebaut und permanent aktualisiert werden. Die hohe Personal-Fluktuation gerade bei den ‚neuen Medien‘ macht einen Presseverteiler innheralb von wenigen Monaten unbrauchbar. Neben der *Mediengattung* (Zeitung, Zeitschrift, lokales Medium) muß eine Adressatenauswahl hinsichtlich der *Inhalte* der Aussendung enthalten sein (regionales, lokales, überregionales Interesse bzw. Publikums- oder Fach-ebene).

Wann nehmen die Medien Notiz vom Sender?

Neben den klassischen Medien sollten *Pressemitteilungen an Presseagenturen* und *freie Journalisten* sowie *Pressebüros* nicht vergessen werden. Sie setzen eine Geschichte oftmals schneller durch, als dies bei der direkten Ansprache von Journalisten-Kollegen der Fall ist. Freie Journalisiten haben ein besonders starkes Interesse, ihre Story mehrfach zu plazieren, verdienen sie doch an jeder einzelnen Veröffentlichung.

Ein weiterer, zu berücksichtigender Aspekt der Zusammenarbeit mit anderen Medien besteht darin, daß diese *mit der Station im Wettbewerb um Werbezeit stehen.* Die Tageszeitung eines Verlagshauses, dem selbst zahlreiche Radiostationen angehören, wird sich anders verhalten als eine Lokalzeitung, die sich im privaten Radiomarkt nicht engagiert.

Handelt es sich um eine *professionelle journalistische Pressemitteilung,* die tatsächlich von Belang ist, so wird sie sicherlich auch verarbeitet. Die zur Verfügung gestellten Informationen müssen in jedem Fall einwandfrei und präzise sein. Zur Aufgabe von Journalisten gehört es, eingehende Informationen in kurzer Zeit auf ihre Verwertbarkeit hin zu überprüfen.

Eine klare Überschrift, das wichtigste halbfett in ein paar Zeilen und ein knapper Text helfen dabei, eine Pressemeldung schnell und übersichtlich zu präsentieren. Ausführungen und zusätzliche Informationen sollten mit einem P.S. am Ende des Textes versehen werden, wenn sie von Belang sind. Es könnte sonst sein, daß der Redakteur diesen Informationen nachtelefonieren muß, um sie in Erfahrung zu bringen, was die Veröffentlichung verzögert.

Die Wahrscheinlichkeit der Veröffentlichung steigt in jedem Fall mit der Aktualität, der öffentlichen Relevanz oder den Identifikationsmöglichkeiten für die Rezipienten des kontaktierten Mediums. Folgende Faktoren erhöhen die publizistische Relevanz einer Meldung:

> – *Aktualität*   – *Kuriosität*
> – *Emotionalität*   – *Prominenz*

Eine Meldung muß sich also selbst verkaufen. Tut sie dies nicht, so war sie entweder schlecht aufgebaut, uninteressant oder langweilig. Wobei letzteres am schwersten wiegt.

Neben der klassischen Pressemitteilung sind *Pressekonferenzen* ein wirksames Mittel der Pressearbeit, weil sie – zusätzlich zur reinen Informationsvermittlung – die Möglichkeit zum *persönlichen Kontakt* bieten.

Anlässe können sein
– ein neues Programm-Schema   – Stationsgeburtstag
– Einweihung neuer Studios   – Präsentation der aktuellen Mediadaten

Eine Pressekonferenz ist immer auch eine ‚Party‘, auf der man Kollegen trifft, Informationen austauscht und neue Kontakte schließt. Ein guter Sender bietet das Podium dafür.

Tip: Journalisten müssen zu unzähligen Pressekonferenzen – man muß sich schon etwas Besonderes einfallen lassen, um in Erinnerung zu bleiben.

Voraussetzung dafür ist ein reibungsloser Ablauf. Die Räumlichkeiten müssen den Anforderungen an die Präsentationstechnik genügen (Akustik, Raumgröße, Bestuhlung). Neben Dia- und Overhead-Projektoren für den Vortrag ist eine große Pinnwand für die Auswahl von Schwarzweiß- und Farbfotos hilfreich, die zuvor durch einen Profi erstellt wurden. Es ist genau abzusprechen, wie der Ablauf der Veranstaltung sein soll, wer wann was sagt. Für eine entsprechende Bewirtung muß gesorgt sein, das ist die Basis für eine gute Atmosphäre und offene Gespräche.

Das Wesentlichste an einer Konferenz ist die *Nachbearbeitung*. Ein nochmaliger telefonischer Kontakt oder ein kurzes Schreiben erhöhen die Wahrscheinlichkeit der Publizierung. Schließlich hilft ein Ausschnittdienst bei der Dokumentation aller Veröffentlichungen.

2. Öffentlichkeitsarbeit
Das Wesentliche an der Öffentlichkeitsarbeit ist die Kommunikation mit dem Hörer. Gängigste Kommunikationswege sind hier:

> – die Hörerpost,
> – das Hörertelefon,
> – öffentliche Veranstaltungen.

Diese Kontaktnahmen sind als wichtige Quellen für Erkenntnisse in bezug auf die Situation einer Radiostation im Markt anzusehen. Die Frage nach der Repräsentativität stellt sich überhaupt nicht. Vielmehr handelt es sich bei den Aussagen um richtungsweisende Trends, wie das Programm einer Radiostation bei den Hörern rezipiert wird.

Kaum eine Radiostation im deutschsprachigen Raum *schöpft die Möglichkeiten der Befragung von Hörern* und die sich daraus ergebenden Feed-back-Möglichkeiten für das Programm *richtig aus.* Nicht nur die Qualität des Programmes, der Musik und der Moderatoren läßt sich leicht abfragen, auch wann und wo der Hörer das Programm empfängt, was er dabei tut und welche soziale Stellung er einnimmt. Die Vorteile einer kleinen Stichprobenbefragung wurden im Abschnitt ‚Marktforschung' besprochen.

Im Rahmen der Hörerbetreuung hat eine Radiostation in erster Linie *Hörerpost* zu beantworten. Zumeist erfolgt eine Kategorisierung der eingehenden Schreiben nach:
1. aktionsbezogener Hörerpost,
2. informationsbezogener Hörerpost,
3. spezifischer Hörerpost.

Die *aktionsbezogene Hörerpost (1)* ist für die Erforschung des Erfolgs eines Senders nicht relevant, da sie sich auf Gewinnspiele und Wettbewerbe

Abb. 67: Empfangsbericht

HERZLICHEN DANK FÜR IHREN EMPFANGSBERICHT
We acknowledge your reception report

vom/dated:
Über unseren Sender/On our transmitter:
UKW:/VHF-FM:
Stereo

Wir wünschen Ihnen weiterhin einen recht guten Empfang unserer Sendungen.
We hope that you will always have good reception of our programmes.

Mit freundlichen Grüßen
With best regards

bezieht. Einzig die Quantität der eingegangenen Post verdeutlicht dem Management den Erfolg oder Mißerfolg einer Aktion.

Die *informationsbezogene Hörerpost (2)* reicht in den Bereich der qualitativen Auswertung von Informationen. Es werden hier aber auch Fragen der allgemeineren Art gestellt. Das American Forces Network (AFN) hat zu diesem Zweck das „Question-Book" (Fragebuch) herausgegeben, eine mehrseitige Informationsbroschüre, die auf die häufigsten Fragen von Hörern Antwort gibt. Andere Sender haben Standard-Briefe entwickelt, die diese Fragen unter Zuhilfenahme von Textbausteinen vollschematisiert beantworten. Oft geht es in solchen Briefen auch um den Wunsch nach Autogrammkarten, besondere Musikwünsche oder die Zusendung einer Empfangsbestätigung, wie sie vor allem von Hobbyfunkern angefordert werden.

Die *spezifische Hörerpost (3)* ist die ergiebigste Quelle für Hörermeinungen. Die Schreiben sind zum Teil jedoch mit Vorsicht zu bewerten. Studien belegen, daß jene Hörer, die sich schriftlich oder mündlich äußern, ohnehin eine bis zu neun mal höhere Bindung an den Sender haben als andere. Das bedeutet, daß die Meinung jener, die öfter mal umschalten, hier nicht zum Vorschein kommt. Es wäre aber wesentlich, zu erfahren, warum überhaupt umgeschaltet wurde.

Die viel selteneren, kritischen Schriftstücke der Hörer sind also bei weitem wichtiger zu werten, als die positiven. Verbessern kann nur, wer weiß, worauf es ankommt.

Das Eintreffen von Briefen mit 70% positiven Inhaltes kann also nicht dergestalt interpretiert werden, daß genau so viele Hörer dem Programm gegenüber vollkommen positiv eingestellt seien (in Gesellschafterversammlungen wird dies gern von den Programmverantwortlichen so dargestellt). Zudem beinhalten einige Briefe mit offensichtlich positiven Äußerungen eine versteckte Bewerbung.

Die Adressen aller Absender sind in eine *Hörerdatenbank* einzugeben und in Direkt-Marketing-Aktionen des Senders zu verwerten.

Das *Hörertelefon* ist ein beliebteres Barometer der Hörergunst, greifen viele doch rascher zum Telefon als zu Papier und Stift. Vor allem Autofahrer, die über viele Kilometer dem Sender intensiver zuhören als andere Mediennutzer, äußern sich oft besonders aufschlußreich über die Qualität des Programmes.

Wichtig ist, die geäußerte Meinung ernst zu nehmen. Weiterhin, sie sinnvoll zu interpretieren: welche sachlichen, programmlichen oder strukturellen Probleme des Senders stecken hinter der zumeist ungelenk ausgedrückten, subjektiven Äußerung?

Neben diesen *qualitativ auswertbaren Anrufen* erreichen den Sender auch Telefongespräche aus anderen Gründen: *aktionsbezogene call ins'* einer

Abb. 68: Fragebogen Hörertelefon

Datum	Uhrzeit
Lob	Name
Beschwerde	
Werbemittel	Straße
Musikwunsch Irrläufer	
'Lied-Sucher'	PLZ Ort
'Stammkunde'	
Frage zum Programm	Bemerkungen/Notiz
Frage zu Aktion	
Frage zu Technik	
Frage zur Frequenz	
Frage zur Organisation	
Verkaufsunterlagen	
Können wir uns gelegentlich bei Ihnen melden?	NEIN JA Telefon-Nr.
Auf welcher Frequenz empfangen Sie uns?	Senderausfall/Störungen? Siehe Erfassungsbogen Technik!

Wie oft haben Sie so in den letzten 14 Tagen unsere Radiostation gehört?

Wann hören Sie gewöhnlich Radio?   Gestern auch?

05.00 Uhr	09.00 Uhr		
09.00 Uhr	13.00 Uhr		
13.00 Uhr	17.00 Uhr		
17.00 Uhr	21.00 Uhr		
21.00 Uhr	01.00 Uhr		
01.00 Uhr	05.00 Uhr		

Am Arbeitsplatz?

Alter:	bis 25	25-30	30-35	35-40	40-45	45-50	45-50	über 50	Alter nach Stimme geschätzt ( )

männlich	weiblich	Arbeiter/in	Haushaltsgröße:
berufstätig	nicht berufstätig	Angestellte/r	
in Ausbildung	Hausfrau/-mann	Selbständig	

speziellen Sendung, die sich auf Spiele oder Wünsche beziehen oder einfach Fragen nach dem gerade gespielten Titel.

Zu nächtlicher Stunde erreichen den Sender oft Anrufe, die sich auf *Lebenshilfe und Orientierung* beziehen. Fast alle Moderatoren kennen das Problem, mit suizidgefährdeten, geisteskranken oder verwirrten Menschen umgehen zu müssen. In solchen Fällen sollte eine kirchliche oder psychologische Beratungsstelle im Rahmen einer kontinuierlichen Zusammenarbeit involviert werden.

Selbst kleinere Radiostationen sollten sich ein *permanent besetztes Hörertelefon* leisten. Um die Kosten für diese Mitarbeiter gut zu nutzen, können ihnen einfache Schreibarbeiten oder Auswertungen und ähnliches aufgegeben werden.

Beispiel: Radio Gong hatte diese Mitarbeiter und Mitarbeiterinnen im Sendestudio plaziert, wo sie neben dem Hörertelefon auch die GEMA-Musiklisten (bei Computer-Sendeplänen nicht notwendig) und Gewinnerlisten führten, Tonträger vorbereiteten oder zurücksortierten und den Ablauf der Werbung überprüften.

Diese Mitarbeiter am Hörertelefon sollten über ein *Formular* verfügen (Abb. 68), das den Grund und die Herkunft sowie die wesentlichen demographischen Kennziffern des Anrufers festhält. Dieses Protokoll kann zum Bestandteil der täglichen Redaktionskonferenz dienen.

Beispiel: im Hessischen Rundfunk werden alle Anrufer durch den Leiter vom Dienst entgegengenommen. Im Sendeprotokoll steht später oft zu lesen: „15 Anrufe allgemeinen Inhaltes".

Trade Marketing

Neben den Hörern, an die sich der Großteil der kommunikativen Aktivitäten richtet, darf die *Zielgruppe der Agenturen und Werbekunden* nicht vergessen werden. Dieser Teil der Öffentlichkeitsarbeit soll – entsprechend der bisherigen Strukturierung – als *Sell-In-Kommunikation* (hineinverkaufsorientierte Maßnahmen) bezeichnet werden.

In erster Linie geht es bei dieser um die *Selbstdarstellung* der Radiostation im Wettbewerbsumfeld: die zentralen Buchungsdaten, wie Zielgruppe, Tausendkontaktpreis, Reichweiten usw.

Die Kommunikation mit Fachleuten darf deswegen *keinesfalls informationsüberladen* sein. *Grund:* Entscheider in Unternehmen und Agenturen werden heutzutage mit Informationsmaterial und Daten von Radiostationen förmlich „zugeschüttet".

Die *Handelsargumentation muß schlüssig, einprägsam* und vor allem *objektiv* sein. Ebenso wie das Consumer-Marketing, so basiert auch das Trade-Marketing auf den Grundzügen der Unternehmensstrategie und der verabschiedeten Kommunikationsleitlinie. Die wichtigsten Kernaussagen der Positionierung finden sich hier – auf die Zielgruppe der Experten adaptiert – wieder.

Beispiel: Der französische Radiosender ‚*NRJ*' faßt in einem einfachen *Salesfolder* (4-seitig, DIN A4) die *wichtigsten Anzeigen* für die regionalen Kunden noch einmal zusammen. Die Überschriften der Anzeigen ähneln denen, die auch in Deutschland für die Bewerbung von Radiosendern verwendet werden. Anzeige 1 *(„NRJ: Sur 4 millions d' auditeurs chaque jour en France, 2 millions d'exclusifs!")* vermarktet die enorme Tagesreichweite des Senders. Danach hören 4,5 Millionen Franzosen Radio NRJ, davon 2 Millionen ausschließlich diesen Sender, der ihn damit zur Nummer 2 im französischen Radiomarkt macht. Dies wird in Anzeige 2 *(NRJ No. 2 en France)* deutlich. Die dritte Anzeige stellt detaillierter die Kontaktstärke von Radio NRJ in den Vordergrund *(NRJ: Un GRP Star)*. Zur Vermarktung einer Radiostation kann also von Marketingseite aus noch viel beigetragen werden.

Neben Anzeigen in Fachzeitschriften ist *Direct Mailing* eine effiziente Form der Kundenansprache. Solche Initiativen zeigen vor allem dann Wirkung, wenn sie regelmäßig erfolgen. Die direkte Kundenansprache in Form von Briefen, Sendungen, aber auch Telefonanrufen hat mehrere Vorteile für Radiostationen:

Zum einen ist es eine *vergleichsweise preisgünstige Form des Kontakts*. Die Entwicklung, Gestaltung, Herstellung und Aussendung von Mailings (bei ca. 1500 Ansprechpartnern) kostet nicht einmal soviel, wie eine ganzseitige Anzeige in den meisten lokalen Tageszeitungen. Dabei ist diese Form der werblichen Ansprache so selektiv und effizient, wie kaum eine andere. Die Streuverluste – eine gute Adreßdatei vorausgesetzt – sind nicht signifikant und das Produkt landet auf den Schreibtischen der wichtigen Entscheider.

Zudem sind die Direct Mailing-Aktivitäten auf lokaler Ebene noch begrenzt. Das Medium hat also weitestgehend eine *Alleinstellung* und darum einen *hervorragenden Recall*, wenn die Angeschriebenen einige Tage später telefonisch kontaktiert werden, um zu fragen, ob hinsichtlich der Inhalte Fragen bestehen. Wird dieses Gespräch durch die Mitarbeiter des Senders in ein Verkaufsgespräch verwandelt, so vergrößert sich der Kredit einer soliden, langfristigen Geschäftsverbindung.

Direkt Mailings sollten mindestens einmal pro Monat ausgesendet werden, um eine relevante Wirkung zu erzielen. Gute Aktionen werden zwischen sechs und neun Monaten im voraus geplant. Die einzelnen Schritte, vor allem auf der Produktions- und Gestaltungsseite, nehmen viel Zeit in Anspruch. Der Vier-Farben-Druck ist natürlich der attraktivste Auftritt, eine Zwei-Farben-Variante ist aber auch eine gute Alternative für schmalere Budgets.

Kreativität ist gefragt, wenn es um aufmerksamkeitsstarke Kunden-Mailings geht.

Abb. 69: Fachkampagne Beispiel Radio ‚NRJ'

3 LETTRES POUR 4,5 MILLIONS D'AUDITEURS QUOTIDIENS.

Magie : 4,5 millions d'auditeurs hypnotisés, chaque jour, en France !
Dont 2 millions d'exclusifs qui n'écoutent que NRJ.
Car NRJ, ce n'est pas seulement le phénomène FM, ce n'est pas seulement
la 2ème radio commerciale en France sur les moins de 50 ans,
NRJ c'est un média en soi, spécifique à une mentalité
socio-culturelle que vous ne touchez nulle part ailleurs. C'est magique.

Source : Sondage Médiamétrie Juin 1987

Beispiel: Antenne Bayern war vor die Aufgabe gestellt, die alljährlich wiederkehrenden Berechnungen der neuen Media-Analyse ihren Kunden wirksam zu unterbreiten. Von Antenne Bayern erreichte die Entscheider wenig später ein Paket. Es enthielt eine in den Antenne Bayern-Farben gestaltete Schachtel, auf der neben dem Logo des Senders zu lesen stand: „Wir haben gut abgeschnitten". In der Schachtel, befand sich ein Schokoladenkuchen (echt!) an dem ein Stück fehlte. An dieser Stelle war ein ensprechend großes, dreieckiges Stück Pappe eingefügt, auf dem zu lesen stand: „21%". Eine wortgetreue und wirklich gelungene Umsetzung einer „pie chart" (kreisförmiges Diagramm)!

Tip: Es empfiehlt sich, zur Dokumentation und als Erinnerungsstütze eine kleine *Direct Marketing-Sammlung anzulegen.*

Sehr werbeeffizient können auch *Newsletter* sein (siehe Abb. 70 im Bildteil). Sie geben Aufschluß über:
– die Aktivitäten des Senders, wie Promotions und Veranstaltungen,
– Veränderungen im Programm,
– Veränderungen auf personeller Seite.

Diese Newsletter enthalten keine „Aufforderung zum Tanz", also direkt mit dem Verkauf zusammenhängende Inhalte, sondern sollen den Entscheider über die Sendestation und ihre Mitarbeiter informieren. Grundlage dazu ist die Vorstellung, daß nur dort, wo Wissen herrscht, Vertrauen entstehen kann.

Die Newsletter eignen sich selbverständlich auch als Beilage regelmäßig erfolgender Presseaussendungen oder als Material für Fan-Clubs.

Die dem Hörfunk angemessenste Form der werblichen Darstellung ist die *Demokassette.* Jeder Moderator, jeder Redakteur sammelt über einen gewissen Zeitraum *seine besten „breaks",* also Moderationen, Beiträge, Reportagen usw. Daraus und aus dem für den Sender charakteristischen „Sound" (Musik, Jingles etc.) wird dann eine 15 – 20 minütige Demokassette des Senders produziert.
Zumeist werden diese Demokassetten wie eine Sendung aufgebaut, durch die einer der bekannten Moderatoren führt. Dies eröffnet die Möglichkeit, Interviews mit dem Sales Manager, kurze Statements wichtiger Kunden und andere journalistische Darstellungsformen zu nutzen, *um in lockerer Form Inhalte über Sender und Werbezeitenverkauf zu kommunizieren.* Diese Audio-Kassette wird entsprechend oft kopiert und in einer gestalteten Hülle des Senders an Agenturen und Werbekunden verschickt.

Die Räumlichkeiten des Senders und die Studios sind eine Werbemöglichkeit, die oft zu wenig in Betracht gezogen wird. Viele Kunden mögen die besondere Atmosphäre der Radiostudios, andere, vor allem lokale Kunden, informieren sich gerne, wie Radio gemacht wird und wer die Leute „hinter den Kulissen" sind.

Wenn vor Ort schon Presseveranstaltungen organisiert werden, sind die Voraussetzungen zur Veranstaltung von *Kunden-Parties* schon geschaffen. Dabei besteht keinerlei Notwendigkeit, die Einladung zu einer Show der Superlative ausarten zu lassen, im Gegenteil, haben die meisten Agenturleute doch schon Erstaunliches, nur schwerlich zu Überbietendes gesehen.

Radio und Werbezeitverkauf sollten nicht im Vordergrund der Party stehen, handelt es sich doch um eine langfristige Imagemaßnahme und kein Verkaufsgespräch.

In einem Kreativgespräch mit Marketing und Verkauf sollte stets ein Thema, ein *Aufhänger für die Veranstaltung* gefunden werden.

Tip 1: Interessant werden solche Parties über die Zusammensetzung der Gäste. Um dem etwas nachzuhelfen, schicken kluge Organisatoren die Einladungsliste mit („Wenn der kommt, komme ich auch"). Kontakte zu machen, Kollegen oder potentielle Geschäftspartner kennenzulernen, ist für alle Beteiligten das Wichtigste an einer solchen Veranstaltung.

Tip 2: Zwei bis drei Monate zuvor mit der Planung beginnen. Alleine das Aussenden sollte fünf bis sechs Wochen vor der Veranstaltung geschehen, um den zumeist mit Terminen reichlich eingedeckten Gästen ausreichend Möglichkeit zu geben, auch diesen Termin einzuplanen.

Tip 3: In jeder Stadt gibt es kleinere *Catering-Unternehmen*, die eine solche Party ausstatten. Mit Getränken und kalten Snacks belaufen sich die Kosten auf durchschnittlich DM 15 – DM 25 pro Gast (incl. Service). Ein zusätzlich engagierter *Musiker* kostet pauschal DM 500 bis DM 800,–. Ein *Karikaturist* sorgt zusätzlich für gute Stimmung und ein Gastgeschenk, das jeder mit nach Hause nehmen kann. Ein *Fotograf*, der Fotos von Gästen und Mitarbeitern des Senders macht, eröffnet schließlich die Möglichkeit zur Nachbearbeitung. Jeder Kunde erhält einige Tage später ein Schreiben, in dem für den Besuch gedankt wird zusammen mit einem Photo.

Eine Kundenveranstaltung muß also nicht teuer sein, um ihr Ziel zu erreichen.

Beispiel: In regelmäßigen Abständen veranstaltet die Personalberatergruppe „Korn Ferry"-Vernissagen junger Künstler und Künstlerinnen. Die internationalen Headhunter schlagen so mehrere Fliegen mit einer Klappe:
- Sie bieten einen besonderen Anlaß, sich zu treffen (Lockvogel).
- Sie schaffen den Rahmen für gelöste Gespräche und neue Kontakte.
- Sie profitieren vom sozialen Image, das der Förderung von Kunst anhängt.

Zusammenstellung der wichtigsten Möglichkeiten der werblichen Ansprache von Werbekunden und Agenturen:

1. *Anzeigen* in Fachzeitschriften wie „Werben & Verkaufen", „Horizont" u.ä. erscheinen wöchentlich und sind eine wichtige Informationsquelle für die Branche. Die Anzeige sollte knapp und präzise die Vorteile einer Schal-

tung auf Radio XY darstellen und im Kommunikations-Dschungel ein Mindestmaß an Aufmersamkeit erzeugen. *Ziel: Imagebildung.*

2. *Salesfolder*, die die wichtigsten Daten und Aussagen zum Werbezeitenverkauf beinhalten, werden direkt an Kunden und Agenturen verschickt. Dies setzt voraus, daß der Sender über eine exzellente Kundenkartei verfügt, die permanent aktualisiert wird. Diese Salesfolder können verschiedenartig gefaltet und kreativ aufgemacht sein und erzielen dann viel Aufmerksamkeit. *Ziel: kurzfristige Kundenakquisition.*

3. *Newsletter* erscheinen regelmäßig, z.B. einmal im Quartal und informieren auf vier bis fünf Seiten (ein- bis zweifarbig, DIN A4-Papier, geheftet) ganz allgemein über alle Aktivitäten des Senders. *Ziel: langfristige Kundenbindung.*

4. *Demobänder* stellen die Station, ihr Programm, die Macher und die Werbemöglichkeiten – mit den Mitteln des Radios – akustisch vor und transportieren damit auch das Faszinosum, das nicht „Beschreibbare" dieses Mediums. *Ziel: Imagebildung, Information und Akquisition.*

5. *Kundenparties* nutzen die Räumlichkeiten und die Atmosphäre der Sendestudios zu einer Möglichkeit, Kundenkontakte zu intensivieren und zu pflegen. *Ziel: langfristige Kundenbindung, Imageaufbau, Kontaktpflege.*

IV. Promotions

„Das Schild ist's, das die Kunden lockt"

La Fontaine

A. Verkaufsförderung als Schnittstelle

Promotion (Verkaufsförderung) nimmt im Kommunikationsmix von Unternehmen generell eine bedeutende Position ein. In allen Bereichen der Wirtschaft, bis hin zum Investitionsgüterbereich, wird dieses Instrument erfolgreich eingesetzt. Vor allem die interaktiven Möglichkeiten – also der aktivierte Kontakt mit den Kunden – veranlaßt Unternehmen mehr und mehr, finanzielle Mittel für diesen Bereich zu investieren, der auch als „below the line" bezeichnet wird.

Im Konsumgüterbereich – besonders im Bereich der Nahrungs- und Genußmittel – ist dieses ehemals vernachlässigte Stiefkind der Werber oftmals das entscheidende Mix-Instrument. Vor allem interessiert sich die Industrie für eine kurzfristige, rasche Umsatzbelebung durch Promotions. Es geht vorrangig um folgende Ziele:

- Bekanntmachung eines neuen Produktes oder einer neuen Verpackung,
- Markenbekanntheit kurzfristig steigern,
- Impulskäufe zu initiieren, um somit Versuchseffekte („sampling") zu erzeugen,
- Attraktivität steigern, um langfristige Kundenkontakte aufzubauen,
- Werben und Verkaufen an der Schnittstelle zwischen Hersteller und Kunde – dem Handel,
- Kaufauslösende Momente am Point of Sales (POS) generieren,
- Verbesserung der Distribution.

Für die Macher einer Radiostation ist es wichtig, diese Funktionen der Verkaufsförderung (VKF) auch bezüglich anderer Unternehmen und Branchen zu kennen, da das Instrument vor allem in seiner Vernetzung mit diesen Parteien wirksam ist. Eine Promotion funktioniert – ebenso wie jedes andere Management-Projekt – dann am besten, wenn das Konzept auf *synergetische Ergebnisse* angelegt ist.

Sich Synergien zunutze machen

Radiopromotion befindet sich an der Schnittstelle zwischen dem On-Air- und dem Off-Air-Bereich und wird deshalb auch genau in diese Segmente gegliedert. Die absolute Mitte der Schnittstelle bilden die sogenannten „Tie Ins" („Einflechter").

Die Markenstrategie des Senders und das Programmkonzept sind beide Resultat der Unternehmensstrategie und lassen sich darum optimal in Programm und Marketing wechselseitig umsetzen.

Es stehen bei Promotions nicht nur die eigenen Interessen im Vordergrund. Vielmehr sind Promotions *Spielball zur Verknüpfung zahlreicher Interessengruppen.* So können zum Beispiel Kunden der Station – Markenartikelhersteller, regionale Handelsketten, Dienstleister –, aber auch die Zuhörer und die Mitarbeiter der Station in die gleiche Konzeption eingebunden werden.

Wesentlich ist es in diesem Zusammenhang, die *klassische Denkweise von Strategie und Taktik abzulegen* und die *Methodik des vernetzten Denkens* anzunehmen. Die klassische Frage allein, „Wo stehe ich, wo ist mein Ziel und mit welcher Strategie verfolge ich es?", ist heute nicht mehr ausreichend.

Statt dessen kann die Analyse der Fragestellung, wieviele Interessengruppen involviert sind, welche Ziele jede einzelne Partei verfolgt, und wie man im Zentrum dieser verschiedenen Interessen, auf der Basis eines gemeinsamen Nenners, ein Konzept realisiert, zum gewünschten Erfolg führen.

Für eine Radiostation bedeutet dies, *möglichst alle Partner des eigenen Unternehmens einzubeziehen, um größtmögliche Synergien in allen Bereichen zu erzielen.* Diese Vogehensweise promotet auch den eigenen Sender am besten; das Programm und seine Macher werden bekannter; es wird dadurch wiederum leichter, um Hörer zu werben und als Sonderwerbeform neue Werbekunden oder Sponsoren zu gewinnen.

Zielgruppen und Ziele von Verkaufsförderungsaktionen einer Radiostation :

● Hörer (Endverbraucher)	—>	Hörerbindung
● Werbekunden	—>	alternative Werbeform
● Werbeagenturen	—>	Agenturmarketing
● eigene Mitarbeiter	—>	Motivationsinstrument

Kurze Übersicht über die wichtigsten Begriffe

On Air-Promotion

Hierbei handelt es sich um *Gewinnspiele, Ratespiele oder Aktionen*, die über einen längeren Zeitraum mit den Hörern des Senders *im Radioprogramm* veranstaltet werden. Zumeist läuft die Beteiligung der Hörer über das Telefon. Der Vorteil für den Radiosender liegt darin, den Hörer über die bereits erwähnten „Viertelstunden" an den Sender zu binden. Zumeist sind es einfache Fragen oder kleine Spiele, die der teilnehmende Hörer – stellvertretend für die gesamte Hörerschaft – löst.

Off Air-Promotion

Diese Promotionform findet *außerhalb des Senders* in der Stadt oder der Region statt. Es sind Auftritte, die notwendig sind, um das optische Erscheinungsbild des ansonsten unsichtbaren „Produktes" Radio zu penetrieren. Auch haben die Hörer die Möglichkeit, vor Ort – live – zu erleben wie Radio gemacht wird und die Moderatoren kennenzulernen. Beispielsweise in einem sogenannten *Remote-Studio*: einem mobilen Studio, in dem, zur Veranschaulichung für die Besucher einer Messe, Sendebetrieb „gespielt" wird.
Wichtig ist, bestehende Events zu nutzen, zu denen zahlreiche Besucher kommen, und nicht allein auf die Anziehungskraft der eigenen Station zu hoffen. Messen, Großveranstaltungen, Konzerte, Stadtfeste, Weihnachtsmärkte, Sportveranstaltungen eignen sich besonders, da hier eine hohe Fluktuation für möglichst viele Hörer-/Kundenkontakte sorgt.
Bewährt haben sich sogenannte „give aways", kleine Werbegeschenke für die Hörer in der Preisklasse von 0,50 – 5,00 Mark.

In Store-Promotion

Vor allem lokale Stationen führen diese Promotionform häufig durch, bei denen der Radiosender *von der Aktivität eines Werbekunden berichtet*, indem er *von dort aus sendet*. Er bietet als „Sonderwerbeform" dem Unternehmen an, mit einem Aktionsstand oder einem mobilen Studio vor Ort zu sein, einen Moderator zu entsenden und – je nach Budget des Auftraggebers – ein oder mehrere Male im Programm des Senders über diese Veranstaltung live zu berichten. Geeignet sind dazu: Eröffnungen von Möbelhäusern, Supermärkten, Fachgeschäften sowie Einweihungen oder Jahrestage.

Tie In-Promotion

Sie ist die Verbindung der drei vorgenannten Promotionformen. Es handelt sich hier um eine Off-Air-Aktivität (z.B. Aktionen und Spiele auf einem sendereigenen Messestand), die aber kurzfristig ins Sendeprogramm (On-Air) eingespielt wird.

Im Verlauf dieses Kapitels werden noch zahlreiche Tips und Ideen für die Umsetzung von Promotionideen gegeben. Diese Anregungen sind keinesfall als Anleitungen zu verstehen. Die Rahmenbedingungen jeder einzelnen schon bestehenden oder geplanten Station sind maßgeblich.

Bei Promotions gilt es zu beachten, daß durch den Gesetzgeber und das „UWG" (= *Gesetz gegen den unlauteren Wettbewerb*) sehr enge Grenzen gesetzt werden. Grundidee dieses Gesetzes ist, daß sich alle Marktteilnehmer *fair* verhalten müssen. Es ist deshalb durchaus zu empfehlen, in der konzeptionellen Phase Fachjuristen hinzuziehen, die die Durchführbarkeit einer Promotion auf diese Zusammenhänge hin überprüfen.

Planung und Ablauf von Promotions

Verkaufsförderungsaktionen müssen sorgsam geplant werden. Sinnvollerweise hält man sich dabei an ein einmalig *festgelegtes Schema*, einen *Verkaufsförderungsregelkreis*. Er hat die Aufgabe, die Durchführung von Promotions in der Praxis zu erleichtern. Er zeigt die Haupt- und Nebentätigkei-
ten im Planungsprozeß auf und läßt Rückkopplungen zwischen den
einzelnen Planungsstufen zu – ein Vorteil gegenüber klassischen Ablaufbe-
schreibungen, bei denen dies nicht berücksichtigt werden kann. Auch ein
Überspringen von Arbeitsstufen ist so möglich. Abbildung 71 zeigt einen
solchen Regelkreis.

Erstens: Informationsphase. Hier werden alle zur Verfügung stehenden Daten gesammelt und hinsichtlich der Promotion analysiert.

Abb. 71: Verkaufsförderungsregelkreis

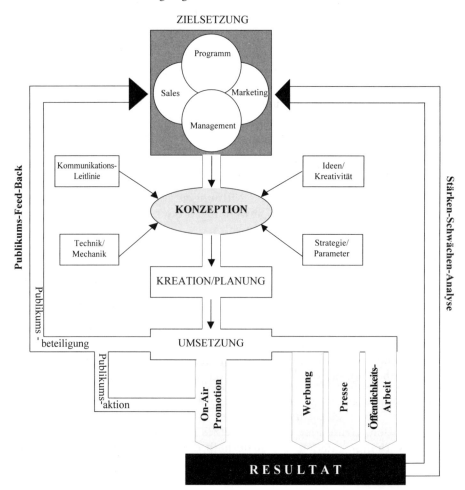

Dabei sollten objektive und subjektive Daten in die Überlegungen einbezogen werden. *Objektive Informationen* liefern beispielsweise Zahlen über:

- Marktwachstum,
- Marktanteil,
- Verkauf/Vertrieb,
- Vertriebslücken,
- Hörer pro durchschnittliche Stunde,
- Hörer gestern,
- Reichweite,
- Einzugsgebiet.

Subjektive Informationen liefern unter anderem:

- Meinungen und Prognosen der Mitarbeiter,
- Trendanalysen,
- „Bauch-Gefühle",
- Einschätzungen von Werbekunden, Lieferanten und Hörern,
- psychologische Zielgruppendefinitionen.

Nach einer sorgfältigen Evaluierung des Marktes und den damit in Zusammenhang stehenden innerbetrieblichen und betriebswirtschaftlichen Kennziffern wie Umsatz, Gewinn oder Deckungsbeitrag müssen die erarbeiteten Daten in Form einer *wertenden Analyse mit dem Marketing-Mix des Radiosenders in Einklang gebracht* werden, zu dessen Bestandteil auch der Bereich Verkaufsförderung zu zählen ist. Dazu gehören:

- Marken-/Produktstrategie,
- Positionierung,
- Zielgruppen,
- Verkauf/Außendienst,
- Verkaufsförderung,
- Werbung,
- PR,
- Direkt Marketing,
- Finanzmix.

Weiterhin sind der gesamte Markt, seine verschiedenen Strömungen und das Wettbewerbsumfeld zu beachten. Auf Basis dieser Matrix können dann die verschiedenen Chancen und Möglichkeiten herausgearbeitet werden. Auf sie werden dann die Zielsetzung und Strategie für das Verkaufsförderungskonzept abgestimmt.

Zweitens: Formulierung der Zielsetzung.
Um die vorgenannten Synergien, die eine Promotion erzeugen kann, auch nutzen zu können, müssen dazu die vier wesentlichen operativen Arbeitsbereiche der Radiostation – Programm, Marketing, Verkauf und Geschäftsleitung – eng zusammenarbeiten. Es wird konkretisiert, was genau erreicht werden soll. Die Zielgruppen werden definiert, um so zu einer Strategieformulierung für die Promotion zu gelangen.

Drittens: das Konzept.

Hier kumulieren die verschiedenen Einflüsse und Ansätze. Ein Unternehmen kann sich bestehender Promotionstechniken bedienen (z.B. der „Follow me"- oder der „Mystery Shopper"-Technik, später noch erläutert) oder ganz die eigene Kreativität spielen lassen, beziehungsweise beides miteinander kombinieren. Ein individuelles Promotionkonzept hat den Vorteil, daß die Promotion an das eigene Radioformat adaptiert wird.

Zentraler Punkt in der Konzeption ist die *Fortsetzung der in der Unternehmensstrategie festgelegten Kommunikationsleitlinie.* Die Promotion versteht sich als ein Baustein der Visualisierung oder tiefergehenden Penetration ihres Ansatzes. Der wertvolle Effekt von Promotions ergibt sich aus dem spielerischen „Selbst-Erleben" dieser Positionierung durch den Hörer, den Kunden, den Agenturklienten.

Folgende Strategiegrundsätze sollten näher skizzieren, wie der Weg zur Erreichung der gesetzten Ziele aussieht:

1. Grundsätzliche Philosophie
2. Zielgruppendefinition
3. Kommunikations-Plattform
4. Maßnahmen/Aktivitäten
5. Budgetvolumen
6. Budgetverteilung – Split
7. Zeitraum
8. Gebiet
9. Manpower

Die *Philosophie (1)* zeigt dabei die langfristige Planung des Senders, hinsichtlich der *Zielgruppenansprache (2)* durch Verkaufsförderungsaktionen, auf. Es kann nicht oft genug gesagt werden, daß die Einzelaktivitäten des Senders kaum Effekte erzielen, wenn sie nicht mit den übrigen Kommunikationsinstrumenten abgestimmt sind. Der Sinn verschiedener Wege der Einflußnahme durch werbliche Maßnahmen besteht nicht zuletzt darin, daß der Kunde, Konsument, Hörer, Partner etc. auf unterschiedlichen Wegen die stets gleiche Positionierung, Message, Information erhält, diese also indirekt, weil durch sich selbst, bestätigt sieht.

Eine derartige „Einheitlichkeit" wird auf der *Kommunikationsplattform (3)* der Radiostation festgelegt. Sie findet sich natürlich auch im Programm des Senders wieder. Die Phrasiologie, die Slogans der Moderatoren, die Jingles, Trailer und Verpackungselemente setzen diese Strategie On- wie Off-Air um. Ausgangspunkt ist dabei die Positionierung des Senders über das sogenannte Verbraucherversprechen – die unique selling proposition (USP).

All diese Einflüsse (1 – 9) gehen in die Kreation und Gesamtplanung der Promotion ein. Dazu bedarf es vor allem eines *„Aufhängers"*. Dieser kann einen saisonalen, aktuellen oder lokalen Bezug haben, oder er ist einfach ungewöhnlich witzig und unterhaltsam. Es muß ein Aufhänger sein, der das Publikum anzieht und die Aufmerksamkeit auf die Radiostation lenkt.

Beispiele: Eine ungewöhnliche Spielidee, wie die *Coca Cola* Promotion *„Ganz Wien sucht einen Ferrari-Schlüssel"*, kann ebenso erfolgreich sein, wie die Verknüpfung mit einem aktuellen regionalen Event.

So war *Antenne Bayern* über Jahre bei den *„Kaltenberger Ritterspielen"* mit Promotionteams, Übertragungswagen, Off-Air-Aktivitäten und Give Aways erfolgreich präsent.

Bei beiden Aktivitäten wurden unterschiedliche Zielgruppen angesprochen. Wesentlich war es, den Kontakt mit Hörern unterschiedlicher Szenen als Chance zur Interaktion zu nutzen.

Das Gespräch mit Hörern bietet – über die Publikumsbeteiligung an Promotions und Veranstaltungen des Senders – die Möglichkeit eines Feedbacks: eine *Stärken-Schwächen-Analyse* kann auf dieser Grundlage erfolgen. Wird dieses Analyse-Instrument systematisiert, zum Beispiel über regelmäßige Befragungen und Gesprächsaufzeichnungen mit Hörern, bietet sich die Möglichkeit der Feinsteuerung: zum einen bei der Planung anderer Veranstaltungen, vor allem aber auch im programmlichen Bereich.

Die *Publikumsbeteiligung* erst macht eine Verkaufsförderungsveranstaltung für die Radiostation attraktiv. Besonders erfolgreich wird die Aktivität des Senders durch die *Vernetzung mit anderen Medien* dargestellt. Es geht hier um jenes Publikum, das zukünftig erreicht werden soll, den Sender bis jetzt aber noch gar nicht eingeschaltet. Über die Vernetzung mit anderen Medien ist die Chance gegeben, neue Hörerkreise anzusprechen und zu gewinnen. Aus dem Remote-Studio (s. ‚Außenveranstaltungen', S. 174) von einer Konsumentenmesse kann beispielsweise ein Messereport gesendet werden. Die dort veranstalteten Publikumsspiele werden übertragen und dadurch eine Verzahnung mit dem Bereich On-Air-Promotions erzielt.

Aber auch die Umsetzung in den anderen Kommunikationsinstrumenten des Marketing-Mix fördert die Wirkung der Promotion. So sollten vor allem periodisch wiederkehrende Events eines Senders in der klassischen Kommunikation ebenso wie in der Pressearbeit und den Direkt Marketing Aktivitäten (z.B. Newsletter an Agenturen) umgesetzt werden.

Tabelle 5 ist eine Checkliste für die Planung und Durchführung von Promotions im Radio (siehe S. 168/169). Erfolgreiche Promotions bedürfen einer extrem aufwendigen Vorarbeit und -planung sowie der Nachbearbeitung und Auswertung. Positive wie negative Erfahrungen müssen in den Planungsprozeß zukünftiger Vorhaben integriert werden.

Tabelle 5

Promotion Checkliste

- **Zielsetzung**
  1. Ist die Zielsetzung klar? ☐
  2. Haben Sie die Idee der Promotion bei Dritten getestet? ☐
  3. Ist die anzusprechende Zielgruppe definiert? ☐
  4. Könnte Ihre Idee zu dieser Zielgruppe passen? ☐

- **Recht**
  1. Sind die wettbewerbsrechtlichen Fragen geklärt? ☐
  2. Haben Sie einen Fachanwalt konsultiert? ☐
  3. Könnte es zu Problemen mit bereits laufenden Promotions ☐
     dritter Anbieter geben? ☐
  4. Sind Musik und Wortrechte freigegeben? ☐

- **Planung und Konzeption**
  1. Um welche Art von Promotion handelt es sich? ☐
  2. Welche Mechanik wird angewendet? ☐
  3. Wann und wo findet die Promotion/Veranstaltung statt? ☐
  4. Was ist der Aufhänger der Promotion? ☐
  5. Wer soll sich wie daran beteiligen? ☐
  6. Auf welchen Ebenen soll die Promotion umgesetzt werden? ☐
     * Off-Air
       Plakatwerbung ☐
       Verkehrsmittel ☐
       Anzeigen ☐
       Regional-TV ☐
       Give Aways, Werbegeschenke ☐
       Flugblätter, Hand Outs, Aufkleber, Wimpel, Ballons ☐
       Werbehostesseneinsatz ☐
     * On-Air
       Moderation ☐
       Trailer/Promos ☐
       Vor Ort Reporter ☐
       Ü-Wagen, Remote Studio ☐
       Standleitung, Technik ☐

Promotion Checkliste (Fortsetzung)

● **Briefing**
   1. Ist die Agentur eingewiesen? ☐
   2. Sind alle Abteilungen des Hauses informiert und
      eingewiesen? ☐
      * Redaktion ☐
      * Musikredaktion ☐
      * Technik ☐
      * T & C ☐
      * Marketing/Verkauf ☐
      * PR und Öffentlichkeitsarbeit ☐
      * Unterhaltungsabteilung ☐
      * Promotionkoordinator ☐
      * Hostessen/Supervisor ☐

● **Arbeitsschritte und Aufgabenverteilung**
   1. Texte ☐
   2. Musik ☐
   3. Produktion ☐
   4. T & C ☐
   5. Moderation . ☐
   6. Vor Ort Reporter ☐
   7. Techniik ☐
   8. Werbung ☐
   9. Organisation/Abwicklung ☐

● **Ablauf der Veranstaltung**
   1. Haben alle die Mechanik verstanden? ☐
   2. Sind die Preise vorrätig; entsprechen sie der Auslobung? ☐
   3. Kann der Preis wirlich von jedem genutzt werden? ☐
   4. Gibt es eine Ziehung? Wurde an den Notar gedacht? ☐
   5. Sind Sie sicher, daß es auch einen Gewinner geben kann? ☐
   6. Sind alle Mitarbeiter auf den Kontakt mit Hörern
      vorbereitet? ☐
   7. Gibt es einen schriftliche Ablaufplan mit Zuständigkeiten? ☐
   8. Sind die Teilnahmebedingungen geklärt worden? ☐
   9. Ist die Zuständigkeit der Nachbearbeitung /
      Auswertung geklärt? ☐

B. Off-Air-Promotions

„Tue Gutes und rede darüber", das ist notwendig, um das sogenannte *„brand switching"* zu initiieren, also neue Hörer für den Sender zu gewinnen. Das bedeutet aber auch, daß das eigene Medium als Werbemöglichkeit ausscheidet. Wer also kann ein interessanter Partner von Off Air-Promotions für eine Station sein?

Verglichen mit der Markenartikelindustrie, kann sich fast keine Radiostation Promotions dieser Art leisten. Die notwendige Vernetzung mit klassischen Werbeformen, wie Zeitungs- und Zeitschriftenanzeigen oder dem Lokalfernsehen, ist *kostenaufwendig* und übersteigt die meisten für solche Kampagnen vorgesehenen Budgets.

Lösung: meist werden Verkaufsförderungsaktionen über sogenannte *„Joint-Promotions"* finanziert.

Auf Basis von *Gegengeschäften, Counter-* oder auch *Bartertrades* genannt, ist es zwei oder mehreren Parteien möglich, ohne relevanten Cash-Aufwand, selbst große Promotions zu finanzieren und durchzuführen. In solchen Fällen bietet die Radiostation kostenlose Spots, die die Promotion bewerben und gleichzeitig die Co-Veranstalter nennen, zum Beispiel die Tageszeitung der Region, die ihrerseits Anzeigen schaltet. Ein Sponsor stellt Sachpreise als Anreiz für eine Publikumsbeteiligung und wird dafür von beiden Medien genannt.

Der Wert der Publizität bemißt sich allerdings nicht allein durch die Kontaktleistung der Medien. Vor allem die Outlets und Geschäfte der Sponsoren, wie Handel und einzelne Kaufleute, bieten über die Möglichkeit der Distribution von Teilnahmekarten, Give-Aways und der Plazierung von Postern in Schaufenstern enorme Möglichkeiten der Ausdehung der „Kontakt- und Werbestrecke".

Kooperationen (Joint-Promotions)

Kooperationen eignen sich sogar mit jenen Partnern, die Produkte im Bereich *fast moving consumer goods* herstellen, also jene Produkte, die sich besonders schnell umschlagen, weil sie häufig gekauft werden. Einer der Artikel mit dem höchsten Warenumschlag im Handel ist Milch. Weiterer Vorteil: Milch steht morgens – zur „prime time" – auf dem Küchentisch. Auf der Seitenfläche des Milchkartons bietet sich ausreichend Fläche, um das Stationslogo vielleicht mit einem Hinweis auf die Morgensendung oder ein Gewinnspiel unterzubringen. Mit der Molkerei könnte dieses Geschäft auf Basis eines Bartertrades abgewickelt werden, zum Beispiel gegen Werbezeit oder eine Einbeziehung in das Gewinnspiel.

Beispiel: Radio Vermont veranstaltet regelmäßig den „Milk Run", eine Art Spaß-Marathon für alle, bei dem Kellner 100 Meter weit Milchgläser jonglieren müssen.

Abb. 72: Kooperatioswerbung Renault – Radio NRJ

Daneben eignen sich die klassischen Impulsprodukte wie Süßwaren und Soft
drinks für Kooperationen mit Markenartikelherstellern. Auch sie können
eine hohe Frequenz und damit eine vorteilhafte Kontakt- und Werbestrecke
vorweisen.

Beispiel: ,*NRJ'* Frankreich führt regelmäßig Aktionen mit der beliebten Orangenlimonade „Orangina" durch.

Im Zentrum der Überlegungen, welche Industrieunternehmen man best-möglich als potentielle Partner ansprechen sollte, steht ein Vergleich der Kernzielgruppen: an welche richten sich beide Produkte – Markenartikel und Radiosender?

Beispiel 1: Der Radiosender *NRJ* in Frankreich unterhält seit Jahren eine enge Kooperation mit dem Automobilhersteller Renault. Im Rahmen der Zusammenarbeit entwickelte man eine „Edition NRJ", die sich vor allem an jugendliche Zielgruppen wendet. Die Rechnung ging auf. Das *Modell Renault 5* verkaufte sich unter der „Edition NRJ" (mit speziellen Ausstat-tungsmerkmalen: darunter natürlich ein besonders gutes Autoradio sowie Schonbezüge in den NRJ-Farben) in wenigen Monaten ganze 22.000 mal.

Beispiel 2: Auch eine Fast-Food-Kette kann ein starker Partner sein. *McDo-nalds* beteiligt sich regelmäßig an Aktionen von Radiosendern. Das Tausch-geschäft liegt auf der Hand. Der Hamburger-Anbieter vermittelt die Joint-Promotion über Tablett-Unterleger, in den Overhead-Displays über der Theke und kann jeder Bestellung etwas beilegen – einen Aufkleber, eine Teilnahmekarte oder einen Give away des Senders.
Die Radiostation bietet im Gegenzug die Nennung des Partners in Gewinn-spielen und in den Ankündigungen, Trailern oder Moderatoren-Liners. Dabei handelt es sich um jene vorgefertigten Moderationstexte, die auf Karteikarten im Studio stehen und zu bestimmten, im Sendeplan des Mode-rators vorgemerkten Sendezeiten, von ihm verlesen werden.

Die *vorteilhafteste Überschneidung* mit der eigenen Zielgruppe ergibt sich bei *Kooperationen mit Konzertveranstaltern.* Der Radiosender kündigt die Konzerte des Veranstalters mittels aufwendig vorproduzierter Spots im eigenen Programm an. Dafür erhält die Radiostation folgende Rechte:

1. Prädikat: „... wird präsentiert von Radio XY",
2. Nennung des Prädikates in den eigenen Funk-Spots,
3. Nennung des Prädikates in angemessener Größe auf den Plakaten des Veranstalters,
4. Eindruck des Logos der Radiostation auf allen Eintrittskarten für das Konzert,
5. Nennung der Radiostation durch den Announcer des Sängers oder der Gruppe unmittelbar vor Beginn des Konzertes,
6. Dekoration des Veranstaltungsortes, Saales mit großen Spanntranspa-renten des Senders,
7. Plazierung eines Verkaufsstandes oder -wagens vor dem Veranstaltungs-ort zum Verkauf von Merchandisingartikel des Senders sowie Einsatz von Promotionhostessen,
8. Exklusiv- oder Vorabinterview mit dem Sänger oder der Gruppe.

Dazu ist ein Standardvertrag erforderlich, der festlegt, in welchem Umfang das Konzert auf dem Sender beworben wird und welches Nutzenprofil des Konzertveranstalters die Radiostation im Gegenzug beanspruchen kann.

Außenveranstaltungen

Kern der Außenveranstaltung ist das mobile Studio. Größere Stationen verfügen über *zwei mobile Einheiten*:

1. Die eine ist das sogenannte *Remote Studio*. Hierbei handelt es sich um ein in Flightcases eingepacktes Studio, das in diesen transportiert und leicht aufgebaut werden kann. CD-Player, Bandmaschinen, Mikrofone, Plattenspieler und sogar die Tonträger werden dort verwahrt. Die Kabel sind durchweg Steckanschlüsse, so daß die Einheit binnen weniger Stunden steht, um beispielsweise von einer großen Publikumsmesse zu senden.

2. Die andere Einheit ist der *Übertragungswagen (Ü-Wagen)*. Hierbei handelt es sich um einen innen komplett als Studio ausgestatteten LKW oder Bus. Die meisten Ü-Wagen haben eine eigene Stromversorgung. Aus Kostengründen werden sie nur dann eingesetzt, wenn Telefonleitungen oder Mobiltelefonverbindungen aus qualitativen Aspekten nicht ausreichen, z.B. weil Musik, Konzerte oder ganze Sendungen übertragen werden müssen.

Dabei ist der Einsatz von Ü-Wagen nichts Neues. Schon im April 1936 konstruierte der Radio Club Basel einen ersten Ü-Wagen. Dieser war zugegebenermaßen eher ein Reportageauto. Gleichwohl war damals wie heute

Abb. 73: Erster Reportagewagen von Radio Basel 1936

die Faszination für Radio vor Ort ausschlaggebend dafür, sich mit einem mobilen Studio „unters Volk zu mischen".

Ü-Wagen gibt es in allen Formen und Farben – um aufzufallen, werden immer aufwendigere Modelle angeschafft (siehe Abb. 74 im Bildteil).

Beispiel: Der Nürnberger Sender *Radio Franken* besaß einen US-Truck, der im hinteren Bereich ein Studio beherbergte, das den Besuchern einer Veranstaltung ermöglichte, Radio hautnah zu erleben. Im vorderen Bereich befand sich eine Veranstaltungsbühne. Mit diesem auffällig gestalteten Übertragungswagen reiste der Sender mit einer dafür zusammengestellten Roadshow (Schlagersänger, Unterhaltungsprogramm, Moderation) durch die Region, um für sein lokal/regional positioniertes Programm zu werben und damit auch in den einzelnen Orten unter dem Motto „Radio Franken unterwegs" präsent zu sein.

Neben einer selbst konzipierten Road-Show bieten sich zahlreiche Einsatzmöglichkeiten für den Truck. So kann er auf Messen eingesetzt und in den Messestand integriert werden. Er dient als rollende Discothek für Jugendveranstaltungen und als Übertragungseinheit für vor-Ort-Veranstaltungen von Werbekunden, wie Eröffung eines Möbelhauses, Firmenjubiläum etc.

Kleinere Stationen haben die Möglichkeit, sich zahlreicher Pools zu bedienen, die Ü-Wagen in verschiedenen Größen für Übertragungen zur Miete bereit halten. Bereits in einem Mercedes Kastenbus findet die komplette Ausstattung Platz, um von Veranstaltungen senden zu können. Dies kann mittels einer eigenen Sendeanlage geschehen – vor allem bei Lokalsendern. Das im Ü-Wagen produzierte Signal wird über den Sender im mobilen Studio an das Funkhaus geschickt. Von dort wird es in das normale Netz eingespeist. Viele Stationen benutzen ihre kleinen Übertragungseinheiten natürlich auch, um aus einem weiten Einzugsbereich Reportagen aus der Region, vom Sport oder von aktuellen Geschehnissen für das Programm zu erstellen und zu senden. Manche Stationen verfügen auch über ein permanentes Außenstudio.

Beispiel: Vor allem Stadtsender, wie der Münchener Sender *Radio Xanadu*, richten sich mit einer kleinen Einheit an prominenter Stelle im Zentrum einer Stadt ein. Im Falle Xanadu war es das Schaufenster eines großen Münchener Kaufhauses. Trauben von Menschen sahen zu, wenn zu bestimmten Stunden aus der Fußgängerzone gesendet wurde. Durch die Zuschauer gewann aber auch das Programm. Ein Kollege des Senders berichtet, daß Hörer auf die absonderlichsten Ideen gekommen seien, um die Aufmerksamkeit des Moderators auf sich zu lenken und somit auch im Radio erwähnt zu werden. Für die Hörer der Sendung bedeutete dies immer wieder, mit Überraschungen und Kuriosem aus ihrer eigenen Stadt, von ihren eigenen Nachbarn konfrontiert zu werden. Den Höhepunkt stellte schließlich eine Kuh dar, die einer der Zuschauer mitbrachte.

Beispiel: Bei *Radio Gong* war der Stationsgeburtstag einer von zahlreichen wiederkehrenden Events. Die Vorbereitungen dazu begannen 6 Monate vor dem Ereignis mit der Suche nach geeigneten Sponsoren.

Nach zahlreichen Präsentationen waren es McDonalds, Marlboro, die Bundeswehr und die Würzburger Hofbräu, die sich als Hauptsponsoren an der Großveranstaltung beteiligten. Zunächst mußte das direkt am Main gelegene Festgelände von Elektrikern mit einem entsprechenden Stromleitungsnetz ausgestattet werden. Vor allem das mobile McDonalds-Restaurant, das in der Mitte des Platzes aufgebaut wurde, benötigte einen besonders starken Anschluß. Auch die Toiletten durften nicht vergessen werden.

Neben dem McDonalds-Restaurant plazierte das Unternehmen seine Kinderaktivitäten wie Kindertheater, Hüpfburg, Ronald McDonald-Show usw. Wichtig war, für alle Altersgruppen der 15.000 Besucher ein attraktives Unterhaltungsprogramm zu bieten. Die Würzburger Hofbräu installierte ihr Festzelt, die Bundeswehr ein Informationszelt. Für diese Gegenleistung kam eine in der Nähe stationierte Schnellbooteinheit, die direkt am Veranstaltungsgelände die Gäste zu Sturmbootfahrten auf dem Main einlud. Ein Würzburger Bäckermeister hatte analog zur Frequenz des Senders einen 9,71 Meter langen Obst-Kuchen gebacken, der auf dem Festgelände zugunsten eines karitativen Zwecks verkauft wurde. Marlboro bot Bull-Riding und Motorradsimulation, ein örtliches Elektronikhaus Torwandschießen mit einem prominenten Fußballer.

Weiterhin war auf einen Radpanzer ein riesengroßer, heliumgefüllter Zeppelin installiert worden. Ein Flagscheinwerfer strahlte nachts den Zeppelin an, auf dem Spanntransparente mit dem Slogan des Senders aufgezogen waren. Die örtlichen Konzertveranstalter stellten eine Konzertbühne und das technische Equipment, Schallplattenfirmen vermittelten Kontakte zu deutschen Bands wie Purple Schulz oder Wolfgang Fierek, die dann Konzerte gaben. Zwischendurch wurde immer wieder in das Programm geschaltet, um die Bevölkerung zu einem Besuch auf dem Festplatz zu animieren.

Wichtig: regionale Attraktionen einzubauen, um den lokalen Bezug des Senders zu seinem Sendegebiet zu kommunizieren.

Im vorliegenden Beispiel waren es der regionale Oldtimer Automobil-Club, der seine Wagen präsentierte und zum Mitfahren einlud, aber es traten auch Bands aus der Region auf, von einer Jazz-Big Band über eine 50er Jahre Revivalband, bis hin zu einer Popgruppe aus Würzburg. Ein Autohaus aus der Region organisierte einen kontinuierlichen Shuttle-Bus-Service mit Kleinbussen aus der Innenstadt zum Festplatz.

Die Planung von Events für Radiostationen verläuft auf zwei unterschiedlichen Ebenen, die gezielt zusammengeführt werden müssen:

erstens: die Planung der Off-Air-Aktivitäten, also von der Sicherstellung der Ersten Hilfe durch Sanitäter, bis zur Koordination der Sponsoren und des Ablaufs des On-Stage-Programmes;

zweitens: nicht nur während der Veranstaltung, auch davor und danach muß eine On-Air-Umsetzung über das eigene Medium erfolgen. Diese Ebene ist die für eine Radiostation wirksamere. Zu leicht übersieht man angesichts von 15.000 Besuchern, daß die 10-fache Menge die Veranstaltung über das Radio erlebt.

Neben im Programm geschalteten Trailern, die auf den Aktionstag hinwiesen, waren es beispielsweise zahlreiche Gewinnspiele um den Sendergeburtstag von Radio Gong. So gab es einen Flug mit dem Heißluftballon der Würzburger Hofbräu, eine Tour in einem Oldtimer innerhalb eines Corsos von über 50 Fahrzeugen durch Unterfranken und sogar eine Fernreise zu gewinnen. Letztere mußte im Sinne des Senders eine On-Air-Umsetzung im Programm finden. Da der gesamte On-Air-Betrieb von Sendeplänen gesteuert wird – einzubeziehen sind Nachrichten, Verkehrsdienst, Aktualität, Wetter etc. – mußte eine minutiöse Abstimmung im Timing der gesamten Veranstaltung und des laufenden Programmes stattfinden.

Beworben wurde die Veranstaltung – neben den Trailern, Gewinnspielen, Interviews und Ankündigungen im eigenen Programm – über Anzeigen in der lokalen Tageszeitung (siehe Abb. 75) und Handzetteln, die im Stadtgebiet verteilt wurden.

In den Vereinigten Staaten hat sich eine ganze Industrie auf Außenveranstaltungen in Kombination mit Promotions eingestellt. So bietet beispielsweise das Unternehmen *„Giant Boom Box"* überdimensionale Spezialanfertigungen für solche Events. Wirklich spektakulär ist das Modell „Giant Money Machine" (siehe Abb. 76 im Bildteil). Dabei steigt ein Zuschauer in eine Art Telefonzelle. Ein am Boden befindliches Gebläse wirbelt nun Dollarscheine auf. In der Mehrzahl handelt es sich um 1$-Scheine, es befinden sich aber auch 10 und 100-Dollar-Scheine darunter. Der Kandidat muß nun innerhalb einer Minute soviele Scheine durch einen Schlitz nach draußen schieben, wie möglich. Eine andere Entwicklung des, zugegeben sehr amerikanischen Unternehmens, stellt eine überdimensionale Juke-Box auf dem Fahrgestell eines LKW-Shop für Merchandising-Artikel des Senders dar.

Radio in der Luft

Ein Zeppelin über dem Veranstaltungsgelände oder ein Heißluftballon der örtlichen Brauerei wurden bereits erwähnt. Diese Form der werblichen Darstellung hat mehrere Vorteile:
- Sie ist aufmerksamkeitsstärker als andere Werbemöglichkeiten,
- sie kann durch Sponsoren langfristig finanziert werden,
- Plätze in den Gondeln und Kabinen können an Hörer verlost werden.

Abb. 75: Einführungskampagne ‚Radio Gong‘

Wir feiern!
- Feiern Sie mit!

Wir haben Grund zum Feiern: Radio Gong Mainland sendet jetzt ein Jahr.

Feiern Sie also mit uns auf dem **Festplatz Talavera/Mainwiesen!** Am

7. Mai 1988 - 10 bis 22 Uhr

Großes Volksfest mit Super-Attraktionen:

**Schnellbootfahren auf dem Main, Heißluft-Ballon-Fahrt,
ein gemütliches Bierzelt der Würzburger Hofbräu, die große
Ronald-McDonald-Show, Marlboro-Motorrad-Synchron-
Rennen, das gesamte Radio Gong Mainland-Team und
natürlich viel Musik.**

Radio Gong Mainland präsentiert:

Purple Schulz   **Wolfgang Fierek**
(»Verliebte Jungs«)   (»Resi, i hol' di mit mein' Traktor ab«)

Ball Bearing Dixielanders
Big Band der Würzburger Jazzinitiative
Spielmannszüge der TG Heidingsfeld
und des Elferrates
Mauro
(der italienische Tenor aus Kitzingen mit seinem
Sommer-Hit »Buona Sera - Ciao, ciao«)

sowie die Gruppe
Blue Moon
(der Sound der Fifties)

**Eintritt
frei!**

Fluggeräte übernehmen aber auch andere Aufgaben.

Beispiel: So dient der amerikanischen Radiostation *KKZZ* in Lancaster, Kalifornien, ein *Heißluftballon* unter dem Namen „*Hot Air 1*" dazu, in den frühen Morgenstunden, der Drive time, Meldungen über Staus und Verkehrsaufkommen durchzugeben. Ein Wettbewerb, in dem ein Name für den Heißluftballon gesucht wurde, involvierte die Hörer der Region.

Give aways und Merchandising

Ein weiterer wichtiger Baustein in der Visualisierung einer Radiostation ist die Entwicklung von *Give aways*. Ziel dieser Geschenke ist, das Logo, die Frequenz und den Slogan des Senders bekannt zu machen. Beliebte Promotionartikel für Radiostationen sind Streichhölzer, Schlüsselanhänger, Kaffeetassen, Kugelschreiber, Bleistifte, Buttons, Reversnadeln, Pins und anderes mehr.

Eine besondere Funktion nehmen dabei die *T-Shirts* ein: sie gehören zum Radio wie die Musik und die Nachrichten. Zum einen werden sie vom Hörer als deutlich wertigeres Geschenk eingestuft als die übrigen Präsente, zum anderen lassen sich daran wiederum zahlreiche Aktivitäten anknüpfen. Radiohörer haben die Neigung, starke Bindungen zu ihrer „Lieblingsstation" aufzubauen. Dies geht oftmals über die Treue, den gleichen Sender eingeschaltet zu lassen, weit hinaus. Viele entwickeln sich zu echten Fans, die überdies ein starkes Bedürfnis haben, dies anderen mitzuteilen. Mit einem T-Shirt werden diese Hörer zu wandelnden Plakatwänden, besser noch, sie geben ein Testimonial, eine persönliche Empfehlung ab. Die bekennende Wirkung der T-Shirts hat sich als äußerst werbewirksam erwiesen. Zahlreiche Stationen verkaufen ihre Leibchen auf Volksfesten oder sendereigenen Events, um aus den Erlösen karitative Institutionen zu unterstützen.

Beispiele: Die Radiostation *KGW* in Oregon legt im Jahr T-Shirts mit den verschiedensten Motiven auf. Darunter auch ein *Happy Birthday Packy-Shirt.* Packy ist ein Elefant aus dem örtlichen Zoo. Ein Sponsoraufdruck auf dem Hemd und der Erlös aus dem Verkauf kommt der Einrichtung zugute.

Antenne Bayern verteilte *Tausende von T-Shirts* zusammen *mit Luftballons* auf Volksfesten, Marathons und Konzerten, mit dem Erfolg, daß jede dieser Veranstaltungen durch Hunderte von Menschen zu einem Antenne Bayern-Event wurde.
Ein Bekenntnis der besonderen Art veranlaßt die Hörer von *Radio KABC* das T-Shirt ihres Senders auf dem Körper zu tragen. Es ist das *5 Uhr-Morgen-Club-Shirt,* das es, so die Aufschrift, nur für jene Frühaufsteher zu gewinnen gibt, die sich bereits um 5 Uhr morgens an Gewinnspielen des Senders beteiligen.

Aus dem Markenfaszinosum der Sender läßt sich – wenn die Marke stark genug ist – ein Geschäft entwickeln. Zahlreiche Sender haben ein *eigenes*

Merchandisingprogramm (siehe Abb. 77 im Bildteil). Dabei handelt es sich um wertige Artikel, die mit dem Logo des Senders bedruckt, beflockt, geprägt oder graviert sind. Größere Sender wie Radio Hamburg, NRJ oder Antenne Bayern verschicken ihren *Versandkatalog*, damit die Hörer daraus bestellen können. Darin finden sich Artikel wie Radios, Kleidung, Sportzubehör oder Freizeitgegenstände.

Oftmals organisieren sich mehrere Sender zu einem Einkaufspool, der die verschiedenen Artikel zentral, zu günstigen Konditionen in Fernost erwirbt. Die Radiostationen lassen diese erst vor Ort mit ihrem eigenen Markenaufdruck versehen. Die Existenz eines solchen Versandhandels wird im Senderprogramm beworben.

Beispiel: Die Attraktivität von Radio ‚*NRJ*‘ in Frankreich ist so groß, daß der Sender in der Lage ist, *ganze Kollektionen* in den *Groß- und Fachhandel* sowie in die *Kaufhäuser* des Landes zu bringen. In jeder Abteilung, jeder Warengruppe finden sich Artikel und Produkte, die unter dem NRJ-Label erscheinen. Neben Fensterjalousien, Bettbezügen, Bademänteln, Kosmetikbeuteln, Skiern und Uhren, gibt es auch Federmäppchen, Schreibutensilien, Jogginganzüge, Reisegepäck, Taschen, Sweat-Shirts und vieles mehr.

Die Hersteller der Waren wissen um die Attraktivität sowie das dynamische Image des Senders, vor allem bei jungen Zielgruppen, und nutzen dies zur Absatzsteigerung. NRJ profitiert von der Sichtbarkeit des Markenauftritts in jungen Szenen. Über eine Vermarktungsgesellschaft bietet NRJ den Markenauftritt bestimmten Herstellern als *Lizenzrecht* an. Die erwerbende Firma hat damit das Recht erworben, beliebig viele Produkte unter dem Markennamen NRJ zu vermarkten. Diese Verträge werden zumeist auf eine bestimmte Zeit geschlossen und beinhalten neben einem vom Lizenznehmer zu zahlenden Basisbetrag eine Umsatzbeteiligung auf die verkauften Artikel.

Clubs und Cards

Um eine optimale Höreranbindung zu erzielen, entwickeln viele Sender ein *Club-Konzept*. Das Organ der Basiskommunikation stellt die *Club-Zeitschrift* dar. Es ist leicht möglich, über ein standardisiertes Mailingprogramm ein *persönliches Anschreiben* beizulegen, wie zum Beispiel in Form einer *Tektur*, einer beigehefteten Seite (siehe Abb. 78 im Bildteil).

Ein solches Blatt berichtet monatlich über die Veranstaltungen und Events des Senders, stellt die neuesten Platten und deren Künstler, neue Kinofilme und Programmneuheiten vor.

Am meisten interessiert die Hörer, zu erfahren, wie die Macher des Senders aussehen. Jeder Mensch entwickelt eine Vorstellung von Personen, die er ausschließlich hören kann, und es wächst der Wunsch, den Sprecher zu sehen. Im Clubmagazin kommen andere Hörer zu Wort, die in einem Interview bekannte Moderatoren fragen durften, „Was ich schon immer einmal

von XY wissen wollte..“; Moderatoren berichten über ihre Lieblingsrezepte,
ihre Urlaubspläne, und es wird reichlich Werbung für Merchandisingartikel,
die Plattenindustrie und Werbekunden des Senders betrieben.

Zum Angebot eines Clubs gehören auch *Hörerreisen*, die ebenfalls in der
Clubzeitschrift und im Programm ausgelobt werden. Zusammen mit einem
örtlichen Reiseveranstalter oder Reisebüro wird den Mitgliedern des Clubs
ein attraktives Reiseprogramm zu einem besonders günstigen Preis offeriert,
der sich aus der Werbeleistung des Senders für den Veranstalter ergibt.
Oftmals begleitet ein Moderator des Senders die Reise, um den Club-Cha-
rakter der ‚großen Radio-XY-Familie‘ zu unterstützen. Überhaupt geht es
bei der Club-Idee darum, Stammhörer noch näher an den Sender zu binden.
Dies geschieht vor allem über Vergünstigungen.

Zahlreiche Radio-Clubs geben an ihre Mitglieder *Karten* aus, die neben dem
„VIP-Gefühl“ auch zur Inanspruchnahme finanzieller Vergünstigungen be-
rechtigen. So stehen Club-Mitgliedern ausgewählte Veranstaltungen, große
Konzerte, Kleinkunstdarbietungen und Discothekenbesuche zum Clubtarif
offen. Zu Vorpremieren neuer Filme werden die Mitglieder ebenso eingeladen, wie Reisen zu interessanten Konzertveranstaltungen, die längerer An-
fahrtstrecken bedürfen.

Vor allem in den USA entwickeln sich *kreditkartenähnlichen Mitgliedsaus-
weise* zum eigentlichen Vorteil für die Hörer. Viele dieser Karten geben den
Hörern das gehobene Gefühl, „Karteninhaber“ zu sein, wie das bei den
gängigen charge cards der Fall ist.

Die Radio-Club-Karten aber sind besser. Man muß keine monatlichen Zah-
lungen leisten, es gibt keine Aufnahmegebühr, man kann nicht gekündigt
werden, und die Karte hilft beim Geldsparen, denn: über die bereits formu-
lierten Vorteile haben Inhaber amerikanischer Radio-Karten weitaus größere finanzielle Vorteile. Plattenläden, Kleider-Shops, aber auch Möbelläden
und Restaurants akzeptieren die Karte und gewähren Discounts. Wie bei
einer richtigen Kreditkarte wird eine Kopie angefertigt, die dem Management der entgegennehmenden Einrichtung und den Leitern des Radio-Clubs
Aufschluß über die Akzeptanz und Wirksamkeit gibt.

Der Trend, Kreditkarten auszugeben, hat neben dem Aufbau des Images für
den Sender vor allem die *Funktion*, die *Kundenfrequenz* in den Geschäften
und Restaurants zu *erhöhen*, die sich als *Werbekunden* beteiligen. Es werden
also neue Werbekunden für die Station gewonnen, alte zufrieden gestellt,
und die Loyalität der Hörer belohnt.

Allerdings sind zahlreiche rechtliche Einschränkungen bei der Ausgabe
solcher Karten zu beachten. Unter anderem muß darauf vermerkt sein, daß
es sich dabei um *keine Kreditkarte* handelt und der Discount nur für jene
Waren und Dienstleistungen gilt, die im Programm der entsprechenden
Radiostation ausgelobt wurden.

TRAILER

CONCERT-T.: kündigen Konzerte an, die der Sender präsentiert
→ einzel- = 1 Konzert / 1 Künstler
→ sammel- = Übersicht über mehrere Konzerte

IMAGE-T: Selbstdarstellung von Sendungen, Sendereihen oder des Gesamtprogramms; ohne Aktualität

AKTIONS-T: Aufruf an die Hörer, anzurufen oder zu schreiben; z.B. für Gewinnspiele / Musikwünsche o.ä.

TUNE-IN-T: Ankündigung einer Sendung, die außerhalb der Haupthörzeit liegt ("heute Abend zu Gast:...."); hohe Aktualität

PREVIEW-T: Themenübersicht über eine aktuelle Sendung kurz vor der Ausstrahlung; höchste Aktualität

REMINDER-T: Fassen eine bereits ausgestrahlte Sendung zusammen ("Haben sie heute das Morgenmagazin gehört?"); höchste Aktualität

PROMO - T.   Hinweis auf die Promotion-Arbeit des Senders, z.B. Club-Hefte,
Infobroschüren, Merchandising-Artikel, Partys u.a.

Wichtige Begriffe im Radio Business
Off-Air

Account Executive	Kundenbetreuer
Bartertrade	Gegengeschäft
Below the line	Verkaufsförderung
Brand switching	Markenwechsel
Cluster	Segment
CB	Corporate Behaviour
CC	Corporate Communications
CU	Corporate Culture
CD	Corporate Design
CI	Corporate Identity
Countertrade	Tauschgeschäft
fast moving consumer good	Konsumgut des täglichen Bedarfs
GM	General Manager
Give Away	Werbegeschenk
GfK	Gesellschaft für Konsumentenforschung
Group Head	Abteilungsleiter
GRP	Gross Rating Point
HR	Hessischer Rundfunk (ARD)
In Store	Im Laden
Joint Promotion	Kooperationswerbung
Key Visual	Erkennungsmerkmal
Mafo	Marktforschung
Media Buyer	Werbezeiteinkäufer
PD	Programm Direktor
Sales Manager	Verkaufsleiter
Salesman	Außendienstmitarbeiter
Sell-In	Hineinverkauf
Sell-Out	Abverkauf
Station Meeting	Betriebsversammlung
Syndication	Syndikatisierung (zentral produzierte und verwaltete Radioprogramme [American Top 40])
T&C	Traffic & Continuity
TKP	Tausendkontaktpreis
Tektur	Beihefter (Magazin)
Tie In	Zuschaltung
USP	Unique Selling Proposition (Alleinstellungsmerkmal)

diostation zu guter Letzt Verlosungen und
gliedern durchführen. Dazu wird entweder
t oder der Name des Mitgliedes aufgerufen.
speziellen Club-Sendungen, die einmal pro

fünf Regeln beachtet werden, wenn man
rten bei Radiopromotions entscheidet:
o leicht wie möglich sein. Möglichst viele
hst schnell erhalten
Nutzenprofil für den Hörer aufweisen und
chen anderen Promotions absetzen
auf die Radio-Station bezogen sein; dies
ehung von Sponsoren, aber es sollte nicht
r Massenaussendung sein
lung mit einem Bestätigungsformular Gül-
sich die Möglichkeit, zahlreiche demogra-
ür die Marktforschung nutzbar zu machen
langfristige Aktion, nicht als „single shot"

ameist auf bekannte Techniken zurück.
eit der individuellen Adaption auf die
s. Manchmal kreieren Brainstormings im
Zufall interessante oder außergewöhnli-
Beispiele, die sich mitunter selbst nicht

die eigene Station zu promoten, steht
on hat ihn – er ist sozusagen das Basismo-
ng. Zahlreiche Promotions beschäftigen
ich dazu bewegen läßt, den Aufkleber
erten Stelle anzubringen. Auf die Proble-
leber wurde bereits hingewiesen. Eine
echanik ist die sogenannte „Follow-me-

Verbefläche darstellt, wäre beispielsweise
alle Tankstellen-Shops der Region einzu-
leber am besten an der Kasse aus. Auf
n erklärt. Der Hörer ist nun aufgefordert,
W, Bus oder Motorrad anzubringen.

Radio Business
Roman M. Koidl

Abb. 79: Promotionbeispiel „Follow-me-Technik"

Großes Gewinnspiel

Radio Charivari-Hörer können bis zu **10.000,– DM** gewinnen.

Spielen Sie mit!

Radio von heute.

Charivari
Würzburg **97.1**

Radio Charivari

ist der Sender mit Ihrer Lieblingsmusik, der Sie außerdem mit wichtigen Informationen und interessanten Tips versorgt. Nicht zu vergessen unsere aktuellen Verkehrsmeldungen, die zum selbstverständlichen Service gehören.
Auf welcher Frequenz?
Natürlich auf UKW 97.1.

Unser Gewinnspiel

Das ist aber noch nicht alles.
Bei uns können Sie jeden Tag **100,– DM** und am 12.7.88 sogar **10.000,– DM** bei der großen Abschlußfete im Biergarten des Hofbräu-Kellers gewinnen.

Sie wollen wissen, wie?
Ganz einfach!

Kleben Sie gut sichtbar einen bunten Charivari-Aufkleber an Ihr Fahrzeug, dann stellen Sie Ihr Radio auf die Frequenz **UKW 97.1** ein und hören gut zu.
Der weitere Ablauf unseres Gewinnspiels wird Ihnen von unseren sympathischen Moderatoren erklärt.

Sie wollen wissen, wo es die bunten Charivari-Aufkleber gibt?

Fast überall:
– im Hofbräu-Laden
– in allen Geschäften, die bei Radio Charivari werben
– an allen Lotto- und Toto-Annahmestellen
– in allen Parkhäusern
– bei allen ADAC-Informationsstellen
– und natürlich bei uns.
Übrigens, falls Sie noch Fragen haben, können Sie uns auch anrufen, denn nicht vergessen, Radio Charivari macht's möglich auf **UKW 97.1**.

Dieses Charivari-Gewinnspiel wird unterstützt von der Würzburger Hofbräu.

Würzburger Hofbräu
Das Gute bewahrt. Seit 1643.

Über den Sender wird erläutert, daß es z.B. DM 100,– in bar zu gewinnen gibt, wenn ein Redaktionsfahrzeug des Senders einen Hörer entdeckt, der seinen Aufkleber deutlich sichtbar am Fahrzeug angebracht hat. Mittels einer Live-Schaltung via Mobil-Telefon in den laufenden Sendebetrieb, fordert der Reporter nun über das Radio den vor ihm fahrenden Hörer auf, anzuhalten, um den Gewinn entgegenzunehmen. Ein kurzes Interview mit dem glücklichen Gewinner wird als Motivation für andere Hörer gesendet, sich an der Promotion zu beteiligen und ebenfalls Aufkleber an ihren Fahrzeugen anzubringen.

Natürlich ergibt sich daraus für die Radiomacher ein werbewirksamer Effekt – der Aufkleber rollt und rollt und rollt. In manchen Fällen sieht man noch die Aufkleber von lokalen Radiostationen an Autos haften, obwohl die Sender schon vor Jahren Konkurs anmelden mußten.

Finanziert wird die Ausschüttung des 100-Mark-Sofortgewinnes und eines Hauptpreises von einem Sponsor. Nach jeder Einspielung wird der Sponsor erwähnt. Die eigentliche Ziehung On-Air ist dabei nur von bedingter Wichtigkeit. Natürlich kann eine Ausschüttung von DM 100,- nur einmal, bestenfalls zweimal am Tag erfolgen; eine solche Promotion muß schließlich über mehrere Wochen laufen. Der Reportagewagen wird also zur besten Sendezeit losgeschickt. Der Gewinn eines einzelnen wird von der Masse der Zuhörer miterlebt, der tatsächliche Gewinner steht also stellvertretend.

Diese Wirkung von Gewinnspielen – die auch für den unglaublichen Erfolg von Wunschsendungen in allen Altersklassen verantwortlich ist – kann die Station nun über den Tag hinaus verlängern, ohne abermals DM 100,- investieren zu müssen. Es wird dazu ein sogenannter *Trailer* produziert.

Er erläutert das Spiel und sendet in einem kurzen Ausschnitt die glückliche Reaktion des Tagesgewinners in Originalton (O-Ton). Unter Nennung des Sponsors wird dem Hörer suggeriert, daß das Fahrzeug annähernd permanent unterwegs sei, um 100-Mark-Scheine unter die Hörerschaft zu bringen.

Beispiel: Eine Promotion wie diese kann zu Problemen führen, die ich selbst einmal hautnah erlebt habe. Da alle Reportagefahrzeuge, genauso wie das Promotion-Suchfahrzeug, auffällig in den Farben des Senders lackiert werden, stoppten mich auf dem Weg zu Terminen manchmal Autofahrer und keilten mich ein, um von mir die ihrer Meinung nach rechtmäßige Herausgabe von 100 Mark zu verlangen. Nicht zuletzt seit diesen Erlebnissen ist mir gewahr, daß für viele beim Geld der Spaß aufhört.

Ansonsten ist man mit Aufklebern im Hinblick auf die Durchführung von Promotions mit Sicherheit immer auf der Seite des Erfolges, weil sie so einfach zu verstehen und durchzuführen sind. Zahlreiche witzige und originelle Verkaufsförderungsaktionen erweisen sich als Flop, weil ihre Mechanik deutlich zu komplex und damit für die Hörer nicht mehr nachvollziehbar ist.

Bei Aktionen mit Aufklebern sollten in jedem Fall zwei Faktoren berücksichtigt werden:
1. der Aufkleber soll von *hoher Qualität* sein. Vor allem bei Regen und starker Sonneneinstrahlung verlieren die meisten Labels ihre Farbintensität und sehen unschön aus, sind somit kein gutes Renommee für das Haus, für das sie eigentlich werben sollen.
2. muß seine *Distribution gesichert* sein. Nur wenn alle interessierten Hörer den Aufkleber mühelos erhalten können, ist eine optimale Umsetzung der Aktion gewährleistet. Die regionale Zeitung, Geschäfte, Tankstellen, Kioske und andere Outlets können die Stripes auslegen.

Bei der Distribution der Aufkleber gibt es unzählige Möglichkeiten der Joint-Promotions mit Sponsoren, Werbezeitkunden und anderen Medien. Abbildung 80 zeigt, wie einfallsreich amerikanische Stationen bei der Entwicklung von Promotions sind.

Abb. 80: Aufkleber-Promotions USA

Wie nun schlägt man einem Hersteller, einem Dienstleister oder einem Handelsunternehmen eine Aktion vor, die sich mit dessen Interessen trifft? Dazu beschäftigen wir uns einen Moment mit der Verkaufsförderungserfahrung anderer Unternehmen, um zu verstehen, wie man eine Radiostation in dieses System einbringen kann.

Handel und Fast-Food-Unternehmen zum Beispiel betreiben Shops. Das Ziel dieser Firmen ist, eine möglichst hohe Kundenfrequenz zu erreichen. Diese Zielsetzung teilt sich in zwei Phasen:

- Zum einen geht es den Unternehmen darum, mittels eines sogenannten „Sogeffektes" Kunden in die Läden, Shops und Outlets zu ziehen.
- Zum anderen geht es um das Ziel, den Kunden mittels einer „In-Store-Aktivität", also einer Spiel- oder Beschäftigungsmechanik, möglichst lange im Geschäft zu halten, um so den durchschnittlichen Bon (Umsatz pro Kunde) zu steigern.

In den Beispielen der Abbildung 80 sind die Rückseiten der Aufkleber zumeist als Coupons gestaltet. Da offeriert ein Pizzaservice gegen Vorlage des Coupons bei der Bestellung von zwei Pizzen eine als kostenlose Zugabe; ein Geschäft bietet nach der gleichen Mechanik 30 Cents Rabatt auf alle Multi-Packs der Firma Pepsi Cola; und die Fast Food Kette Wendy's bietet ein Freigetränk. Der Nutzen, der sich für die Radiostation ergibt, liegt zum einen in der Distribution der Aufkleber und Werbemittel, die in allen an der Promotion beteiligten Geschäften erhältlich sind, andererseits in der Tatsache, daß Hörer von Radio XY permanent Vorteile genießen.

Beispiel: Der amerikanische Radiosender *WKIX*, eine ‚Top 40'-Hitstation in Raleigh, North Carolina, führte vor Jahren eine *sehr erfolgreiche Follow-me-Kampagne* durch. Sie lief unter dem Motto „*stick and win"* (kleb' auf und gewinn'). Das Auffälligste am Erfolg der Promotion war die unglaubliche Verbesserung hinsichtlich des optischen Auftretens und der Visualisierung des Senders in der Stadt.

Innerhalb von 10 Wochen trugen über 150.000 Autos der Region den Sticker von WKIX. Zusätzlich wollte der Sender Sponsoren gewinnen und dokumentieren, daß die Station jetzt auch ein jüngeres Publikum erreicht. Wie bereits erläutert, benötigt man für eine solche Aktion ein auffälliges Auto. Da die ganze Promotion nur 10 Wochen laufen sollte, entschloß sich der Promotiondirektor, ein altes Fahrzeug zu kaufen – eines, das noch etwa drei Monate fahrtüchtig war. Nach einem Aufruf über den Sender fuhren 75 Hörer ihre „alte Kiste" auf den Parkplatz eines Einkaufszentrums. Unter dem Staunen von 300 Zuschauern wählten der Programmdirektor und der Technikchef schließlich ein Fahrzeug aus. Es war ein Cadillac aus dem Jahr 1967, erstanden für ganze 300 Dollar.

Das Fahrzeug wurde nun wie ein Aufkleber der Radiostation bemalt und gestaltet. Der große Zwei-Tonnen-Sticker begann in den Straßen nach kleinen Aufklebern auf den Autos zu suchen. Die eigentliche Attraktion war aber gar nicht die Mechanik des Spiels, sondern das alte Auto. Fortwährend kam es zu technischen Problemen mit dem Wagen; dies wurde dann via Sender übertragen. Einmal blieb der Wagen stehen, dann funktionierten die Hupe und bei 35 Grad Hitze die elektrischen Fensterheber nicht, einmal lief die Heizung auf vollen Touren, oder sie fiel komplett aus. Eines Tages sagte der Reporter während einer Übertragung: „der Wagen brennt ... ich melde mich später wieder".

Die Zuhörer liebten diese Pannen. Jeder kennt die Probleme, die man mit einem alten Auto haben kann, und so konnte sich jeder mit der Situation und in der Folge auch mit dem Sender identifizieren. Mechaniker und Servicebetriebe riefen an und erboten sich, den Wagen kostenlos Instand zu setzten, Werkstätten boten einen 24-Stunden-Service an.

Der eigentliche Wettbewerb hatte genauso diesen eigentümlichen Charakter. Es waren keine großen Preise, die es zu gewinnen gab, wenn der Reporter über den Sender sagte, „Ich fahre hinter einem roten Toyota her, der Fahrer hat 90 Sekunden Zeit um rechts ‚ranzufahren und zu gewinnen". Es gab ein paar LP's, die das Musikformat von WKIX widerspiegelten, Konzertkarten, $ 28,25 in bar oder T-Shirts als Preise, also nichts Aufsehenerregendes, aber die Macher waren der Ansicht, daß es effizienter ist, mehreren wenig, statt wenigen mehr zu geben.

Die Sticker wurden über die örtlichen ‚Burger King'-Stores vertrieben. Die Hamburger-Kette war damit so zufrieden, daß sie die gesamte Mannschaft des Senders zu einem großen, „exklusiven" Essen in ein Steakhaus einluden. Der Parkplatz und die Drive-in-Schlange bei Burger King war während der Promotion so lang wie noch nie.

Die Promotion diente natürlich auch dazu, neue Werbekunden zu gewinnen. Die Macher der Aktion postierten sich mit ihrem Schrottauto vor dem Geschäft eines potentiellen Kunden und kündigten an, die ersten 10 Autofahrer mit einem WKIX-Sticker bekämen je eine LP gratis. Der Kunde war nicht selten überrascht von der Resonanz auf die Aktion und vor allem über das Alter der Teilnehmer, das zumeist genau der Zielgruppe seiner Klientel entsprach. So entwickelte sich die Promotion zu einer gut funktionierenden Akquisitions-Mechanik.

Was machte diese Aktion so erfolgreich? Einzig und allein wohl das alte Auto. Die Frage, ob es noch weiterfahren würde und die Aktion damit fortgesetzt werden könne, ob der Wagen wieder anfinge zu brennen, das alles involvierte auch jene Hörer, die derzeit gar nicht teilnehmen konnten, weil sie sich Zuhause, im Büro oder im Stau befanden. Jeder erlebte die Spannung, die Atmosphäre und die kleinen Überraschungen dieser ungewöhnlichen Konzeption, die vor allem über die Sympathiewerte des alten Autos gewann. Aber auch die Vergabe von LP's, die dem Musikformat des Senders entsprachen, die Give aways, die verbesserte Visualisierung des Senders im Stadtgebiet durch Tausende „mobiler Litfaßsäulen" und die Möglichkeit, neue Kunden zu gewinnen, machten diese Promotion außergewöhnlich erfolgreich.

Die Spielvarianten, mit denen es möglich ist, die Follow me-Technik auszukleiden, sind unendlich. Die simpelste Methode, *Sponsoren in die Promotion einzubinden*, ist jenes *Modell*, das zahlreiche Radiostationen mit *McDonalds* auf der ganzen Welt durchführen. Der angehaltene Gewinner erhält einen Preis von 10 Dollar in bar und ein freies Essen für vier Personen unter den „goldenen Bögen".

Beispiel: Eine Variante der zahlreichen Aufkleberspiele entwickelte die amerikanische Radiostation *KBPI* in Denver, Colorado. Der Sender forderte seine Hörer zu einem Wettbewerb unter dem Motto auf: „Show us your BPI" (etwa: zeigen Sie uns ihre Umsetzung von ‚BPI'). Als Preis lobte der Sender 10.000 US Dollar in bar aus. Die Hörer waren aufgefordert, den Namen der Station in allen erdenklichen Weisen zu visualisieren.

In über 120 Varianten präsentierten die KBPI-Fans ihre Kreativität: von der Komplett-Lackierung eines Kleinlasters, über die Herstellung einer BPI-Bremsleuchte im Heck eines Autos, Fallschirmspringer im BPI-Formationsflug, bis hin zu einer BPI-Autoformation von 39 Autos. Sieger des Kontests war ein Plakat von 20 mal 40 Meter Ausmaß, das handbemalt von einem Hochhaus herunterhing. Neben der Visualisierung des Senders in der Stadt war es vor allem die spielerische Auseinandersetzung der Hörer mit dem Programm und der Positionierung des Senders, die die Macher interessierte.

Weitere Tie In-Beispiele

Aufkleber-Spiele, die über die Follow me-Technik umgesetzt werden, sind nur eine von zahlreichen Tie In-Promotions. Hier einige andere bekannte Beispiele:

On Air In Flight

Der amerikanische Sender *WFTM* übertrug Teile seines Klassikprogramms im Rahmen einer *Kooperation mit der US-Fluggesellschaft American Airlines*. Selbst Werbekunden des Sender hatten die Möglichkeit, sich über Sponsorships im Rahmen dieses In Flight-Unterhaltungsprogrammes zu beteiligen. Die Promotion stellt eine interessante Technik dar, neue Zielgruppen und Hörer über *sampling*, also den Test des Produktes, zu gewinnen.

Radio Hochzeit

Lange vor Fernsehsendungen wie Traumhochzeit oder Flitterwochen gab es bei der Radiostation *KLZ* in Denver, Colorado eine ähnliche Veranstaltung. Der Bräutigam hatte über den Sender um die Hand seiner zukünftigen Frau angehalten. Die Trauung fand in den Studios des Senders statt, Trauzeuge waren die beiden Morgenmoderatoren des Senders. Die Trauung des Paares hatte einen starken *Testimonial*-Charakter – also eine Empfehlung. Anderen Hörern wird verdeutlicht, daß die Bindung dieser beiden Hörer an den Sender so hoch ist, daß sie diesen sogar in eine so persönliche Angelegenheit wie die Hochzeit involvieren.

Der Hessische Rundfunk (*hr3*) richtete Hochzeitspaaren die Party aus und berichtete live von den Feierlichkeiten. Noch aufwendiger gestaltete Radio *KUBE* in Seattle die Hochzeitspromotion. Der Sender richtete einem Paar eine komplette Hochzeit inklusive der diamantenbesetzten Goldringe, der Gaderobe, der Party, Photographen und Limousine aus. Die Studios wurden dazu von Dekorateuren in eine Kirche verwandelt, die Hochzeitsuite ebenso wie der Ballraum in einem der Luxushotels angemietet. Über 500 Paare bewarben sich, um im Radio getraut werden zu können.

Ostereiersuche

Ganz Würzburg beteiligte sich an einer saisonal geprägten Promotion von *Radio Gong*. Dabei hatten Promotionmitarbeiter des Senders in der ganzen Stadt Ostereier versteckt. Bei Auffinden sollten sich die Hörer an den Sender wenden. Sponsorenpreise und ein wertiger Hauptpreis korrespondierten zu Nummern, die in den Eiern zu finden waren. Ziel des *Suchspieles* ist es, möglichst eine ganze Stadt in den Event einzubeziehen und die lokale Kompetenz des Senders über die Fundorte zu kommunizieren.

Man in the Van

„Der Mann im Laster" ist eine bekannte Figur beim Radiosender *KOY* in Phoenix, Arizona. Der auffällige Kleinlaster ist mit zwei Mechanikern und vollem technischen Equipment ausgestattet, um größere und kleinere Pannen an Autos, Motorrädern und LKW zu beheben. Der Laster meldet Staus, verteilt in diesen gelegentlich Getränke und Give aways und bietet Hörern die Möglichkeit, aus dem Stau heraus zu telefonieren. Die Technik „*Rat und Lebenshilfe*", die auch immer wieder von Tageszeitungen aufgegriffen wird, zählt zu den erfolgreichsten Mechaniken.

Telefoninformation

Die Technik „*Rat und Lebenshilfe*" bietet der *Hessische Rundfunk* seinen Hörern in einem Telefonservice an. Die jeweils letzten Verkehrsnachrichten werden gespeichert und sind über eine spezielle Telefonnummer von einem Endlosband, etwa vom Autotelefon aus – wohl dem, der eines hat –, jederzeit abrufbar. Radio *WLOO* in Chicago bietet den gleichen Sevice für Wettervorhersagen.

Knack den Safe

Radio *KPSI* in Palm Springs, Kalifornien, bediente sich des „*Tresorspiels*". Der Preis von 20.000 US-Dollar wurde von einem regionalen Einkaufszentrum zur Verfügung gestellt. Die Hörer des Senders wurden aufgerufen, sich zu dem Einkaufszentrum zu begeben und ihr Glück mit einem vierstelligen Code zu versuchen. Tausende probierten es. Der Gewinner besaß die Chance, aus dem geknackten Tresor soviele 1-Dollar-Scheine mitzunehmen, wie er in der Lage sei, vom Boden mit einem Griff aufzuheben. Da die Kombination lange nicht geknackt wurde, lief die Promotion mehrere Wochen. Oftmals wird diese Promotiontechnik mit einer On-Air-Aktivität verknüpft. So ergeben sich die Zahlen zum Öffnen des Safes aus Antworten, die befragte Hörer über Wochen hinweg beantworten müssen. Definiertes Ziel: eine Erhöhung der Hörerbindung an den Sender.

Einkaufsparadies

Zusammen mit den Händlern und Geschäften der Region betreibt Radio *WOOD* im US-Bundesstaat Michigan seit über 10 Jahren eine erfolgreiche Promotion, die auf *finanziellen Vorteilen für den Hörer* basiert. Die Promotion nennt sich „Radio WOOD's 50%-Tag". Während dieses Tages haben die Hörer des Senders die Möglichkeit, auf einer Messe, die von den teilnehmenden Geschäften veranstaltet wird, zur Hälfte des Preises einzukaufen. Die Unternehmen haben an Ständen dieser Messe die Möglichkeit, für ihre Produkte und Dienstleistungen zu werben, um so Kunden zu erreichen, denen das Geschäft oder die Dienstleistung bisher unbekannt war.

Der Sender positioniert sich als ‚die Station für schlaue Füchse'. Zwischendurch werden On-Air Einkaufs- und Geschenkgutscheine verlost, um die Aufmerksamkeit für die Veranstaltung zu erhöhen.

Rekordwetten

Unzählige Menschen haben den Wunsch einen *Rekord* aufzustellen. Zahlreiche Radiostationen auf der ganzen Welt unterstützen diesen Wunsch. Am beliebtesten sind Eßwetten. Zu Recht sind sie im Zeitalter immer größer werdender sozialer Unterschiede umstritten. Es ist zweifelhaft, ob sie der Förderung des eigenen Images wirklich zuträglich sind. Zumeist werden solche Wettbewerbe unterstützt von Fast Food-Restaurants, die besonders bei Kindern beliebt sind. Radio *WZTA* war an dieser Zielgruppe interessiert und veranstaltete mit einer Fast Food-Kette für Pfannkuchen einen Wettbewerb in der Altersklasse 11 bis 12. Der Gewinner schaffte in der vorgegeben Zeit von 15 Minuten 75 Stück! Im Zeichen eines auch in den USA zunehmenden Ernährungsbewußtseins sicherlich ein falscher Imagebaustein.

In der Umkehrung wird ein Schuh daraus: Der Nachmittags-Host der Station *WRKI* in Conneticut unterstützte in einem Marathon die Paul Newman-Stiftung für kranke Kinder. Der Moderator setzte sich auf den ersten von 25.000 Stühlen des Yale Bowl-Sportstadions. Für jeden Dollar, den ein Anrufer bei seiner Radiostation spendete, setzte sich der Radiomann einen Sitz weiter. Er schaffte sie alle. Natürlich ließ sich die Aktion leicht in anderen Medien umsetzen, nicht zuletzt aufgrund der Unterstützung durch Paul Newman selbst.

Good Citizen

Die Radiostation mit sozialem Verantwortungsgefühl ist ein sehr positiver, weil humanitärer Ansatz für Promotions. Vor allem öffentlich-rechtliche Rundfunkanstalten, wie der *ORF* oder der *Hessische Rundfunk* (Hilfe für Bosnien, Ruanda), aber auch zahlreiche private Radiostationen starten Geldspendeaktionen für Hilfsmaßnahmen in Katastrophengebieten, werben bei Großfirmen um Sachspenden und begleiten Konvois in die Krisengebiete. Aber auch lokale Stationen haben die Möglichkeit, sich als „guter Nachbar" im besten Sinne darzustellen. Dabei müssen es nicht immer Geldzuwendungen sein.

Radio *KLSY* in Seattle erfand für Kinder die *„Teddy Bear Patrol"*. Die Hörer des Senders wurden aufgerufen, Teddybären zu kaufen oder nicht mehr benötigte Teddybären zur Verfügung zu stellen. Diese wurden dann bei einer der Filialen der Peoples Bank abgegeben, die diese Aktion finanziell unterstützte. Die gesammelten Bären wurden auf die städtischen Notarzt- und Polizeiwagen verteilt und waren für jene Kinder gedacht, die durch Unfälle in traumatische Situationen geraten waren.

Absurd

Absurditäten liegen nah, wenn man von ihnen hört, aber sie sind sehr schwer zu erfinden. Das Absurde an sich birgt die Möglichkeit hoher Sympathiewerte, wenn die Aktion lustig und amüsant ist und aus der Reihe des Alltäglichen fällt. Um Kontinuität und damit Verständlichkeit zu bieten, bedarf es eines Aufhängers. Dies kann beispielsweise die *Umsetzung bekannter Sprichworte* sein. Der Sender *KBMZ* in Kansas City tat dies in einer zweiwöchigen Hitzeperiode, indem er das Sprichwort „Es ist so heiß, daß man ein Ei auf der Motorhaube braten kann" wörtlich nahm. Die Umsetzung wurde absurd zelebriert, das Produkt tatsächlich vom Moderator verspeist. Die Aktion war über Tage hinweg ein Stadtgespräch.

Rubbel-Bingo

Eine in der Produktion aufwendige, aber effiziente Promotion-Mechanik, die viele Verbraucher im deutschsprachigen Raum bereits aus den Consumer Promotions der Markenartikelindustrie kennen, sind das *Bingo* oder das Rubbel Bingo. Radio *KNIX* in Phönix, Arizona hat diese Technik erfolgreich eingesetzt. An die Hörer wurden Rubbelkarten verteilt. Unter den Rubbelflächen befanden sich Buchstaben. 20% aller Karten waren so präpariert, daß in den vier Feldern die Buchstaben „K", „N", „I" und „X" freigerubbelt werden konnten. Der Hörer hatte dann die Möglichkeit, seine Karte an den Sender zu schicken und erhielt einen der durchaus wertigen Sachpreise.

Die Rückseite dieser Rubbelkarten ist grundsätzlich geeignet für einen Sponsoraufdruck, sie kann aber auch als Abziehfläche für einen Aufkleber des Senders gestaltet sein.

Spannender wird diese Mechanik, wenn die Hörer die Karte einige Tage lang aufbewahren müssen, weil ihnen täglich im Programm des Senders eine Quizfrage gestellt wird, aus deren richtiger Beantwortung das Abrubbeln eines bestimmten Feldes hervorgeht. Die Spannung steigt dann, wenn aufgrund der Technik fast alle Teilnehmer drei der vier Felder richtig geöffnet haben. Somit steigt die Spannung bis zum letzten Tag, die Hörerbindung wird deutlich verbessert.

Mystery Shopper

Eine Technik, die oft auch als „Mystery Man" oder der „Mann in Weiß" präsentiert wird. Den Hörern wird im Programm mitgeteilt, daß ein Mitarbeiter des Senders, ganz in Weiß gekleidet, in der Stadt Preise vergibt.

Die französische Radiostation *NRJ* spielte einen Sommer lang diese Mechanik mit all jenen Hörern der Region Paris, die nicht in Urlaub gefahren sind. Das Publikum wurde aufgefordert, den Reisepaß einzustecken und sich das täglich im Programm bekanntgegebene Codewort zu merken. Wurden Sie vom Mystery Man im Stadtgebiet angesprochen, welchen Sender sie hörten, so sollte die Antwort lauten: „Ich höre Radio NRJ und das heutige Codewort lautet ...". Im Falle der korrekten Antwort, mußte der Hörer bereit sein, sofort mit dem NRJ-Mitarbeiter zum Flughafen zu fahren. Der Preis war eine Fernreise in einen Ferienclub, gesponsert vom französischen Reiseveranstalter *Nouvelle Frontières*, der sich ebenso wie NRJ hauptsächlich an eine jugendliche Zielgruppe wendet.

Der Sender *WJLQ* aus Florida fand für diese Promotionspielart eine weitere Idee. Ein Mann im weißen Smoking fuhr einige Wochen in einer weißen Limousine durch die Stadt und zahlte Passanten das Eis, die Pizza, den Einkauf, das Essen im Restaurant, die Post am Schalter oder die Tickets an der Kinokasse. Da er sich nicht zu erkennen gab und WJLQ auch keine On Air-Ankündigung betrieb, entwickelte sich der Mann in Weiß ohne Unterstützung des Senders zum Stadtgespräch. Diese Form der *teaser promotion* zielt darauf ab, Neugier zu wecken und Spannung aufzubauen, auf deren Auflösung alle wie gebannt warten. Die Promotion wurde von der *National Association of Broadcasters (NAB)* zu einer der besten Promotions der letzten Jahre gewählt.

Auswählen der Preise

Im Rahmen einer repräsentativen *Umfrage* des Senders *WEBC* in Florida wurde unter anderem nach der Wertigkeit der Preise gefragt. Dabei stellten die Meinungsforscher fest, daß die Hörer einen Preis von 1.000 Dollar als attraktiver einschätzten, als einen Preis von 10.000 Dollar. Der Grund, so das Institut, läge darin, daß die meisten Hörer es statistisch für wahrscheinlicher halten, den kleinen Preis zu gewinnen.

Im Hinblick auf die zumeist angebotenen Sachpreise wurde festgestellt, daß Frauen, Männer und Kinder deutlich unterschiedliche Erwartungen an ihren Gewinn haben. Da der Gewinn maßgeblich die Beteiligung an einer Promotion beeinflußt, ist es sinnvoll, die Preise während verschiedener Tagesabschnitte (day parts) analog der Hörerstruktur zu vergeben.

So verlost WEBC nur zu Tageszeiten mit einer hohen weiblichen Hörerbeteiligung Mikrowellenherde – sie stehen nach wie vor ganz oben in der amerikanischen Hitliste hinsichtlich besonders attraktiver Preise.

D. On-Air-Promotions

Von den eben besprochenen Tie In-Promotionformen, die nur zeitweise eine Umsetzung im Programm finden, nun zu den Möglichkeiten des Senders, Verkaufsförderungsmaßnahmen komplett via Sendeprogramm anzugehen.

Auch in der operativen Managementebene sind die Phasen Off-Air, Tie-In und On-Air nachvollziehbar. Der Bereich *Off-Air* wird von der *Promotion/Marketingabteilung* konzipiert und durchgeführt, die Programmdirektion informiert gehalten und dann um Airplay-Bewerbung gebeten. *Tie Ins* können nur in enger Zusammenarbeit zwischen *Marketing und Programm* entstehen. Von der Kreation bis zur Umsetzung sind beide Bereiche involviert.

Sämtliche *On-Air*-Aktivitäten werden von der *Redaktion* und der *Programmdirektion* geplant und durchgeführt. Die Abteilung Marketing wird darüber informiert gehalten, um beispielsweise die Aktion in der PR-Arbeit oder dem Bereich Sales des Senders nachzuhalten. Der letzte Aspekt ist besonders wichtig, da die meisten On-Air-Promotions über die Vergabe von Geschenken und Preisen funktionieren, die zumeist von Werbekunden und Sponsoren des Senders zur Verfügung gestellt werden.

Grundsätzlich strukturieren sich die *Möglichkeiten der Hörer*, sich an Aktionen und Spielen des Senders zu beteiligen in vier Bereiche bzw. Medien:

> – Telefon
> – Brief oder Karte
> – Telefax
> – Teilnahmekarten (-box) in Geschäften
>   von Sponsoren und Werbekunden

Die Beteiligung von Hörern an einem Programm ist aus zweierlei Hinsicht wünschenswert:
– Zum einen erhält das Programm den interaktiven Charakter des *Mitmach- und Aktionsradios*: es ist immer etwas los, es gibt permanente Aktivitäten, bei denen den Hörern etwas geschenkt wird.
– Die eigentliche Wirkung von Gewinnspielen ist die *Identifikation* der breiten Masse der Zuhörer *mit dem einzelnen Gewinner*.

Mögliche Fehlerquelle: Hörer bei Ratespielen „ungefiltert" auf den Sender zu lassen. Werden nämlich zu viele Hörer nacheinander im Programm präsentiert, die falsch geraten haben, wird das Programm langweilig und der Sender präsentiert scheinbar nur „Looser" (Umkehrung des Identifikationseffektes!). Viele Programmdirektoren lassen darum ausschließlich „Gewinner" auf den Sender.

Beispiel: Seit Jahren macht der Südwestfunk mit seinem überaus erfolgreichen Programm *SWF 3* anderen Anstalten vor, wie es geht. Jeder Hörer, der in das Programm aufgenommen wird, wurde zuvor von einem Produzenten hinsichtlich Ausdrucksfähigkeit, Sprache und allgemeiner Intelligenz vorab ausgewählt. Der Sender ruft die Hörer oftmals auch zurück, um Querulanten auszuschließen, die lediglich die Sendung stören wollen. So kommt es, daß SWF 3 in der Einschätzung der Hörer *als intelligenteres Programm eingestuft* wird.

Die Durchführung von On-Air-Promotions setzt voraus, daß die Hörer das Spiel verstanden haben. Auch bei einfachsten Spielmechaniken hat die große Masse der Hörer schon Probleme, das Spiel ganz zu verstehen. Wenn dann in Radiostationen davon ausgegangen wird, das Publikum sei ohnehin unterbelichtet und das Programm dementsprechend simpel aufgemacht wird, so ist das der Anfang vom Untergang einer Station.

Die Programmacher müssen sich darüber im klaren sein, daß das Radio ein Begleitmedium ist, das durch die Hörer nicht mit jener uneingeschränkten Aufmerksamkeit verfolgt wird, wie jene es sich wünschten oder wie dies beim Fernsehen der Fall ist. Es kommt bisweilen vor, daß in Magazinsendungen mit politisch-aktuellem Hintergrund nach der Aufforderung an das Publikum, sich zu dem politischen Sachverhalt zu äußern, Hörer anrufen, die vollkommen unvermittelt fragen, was es zu gewinnen gäbe, man habe doch zum Anrufen aufgefordert. Auch bei Gewinnspielen muß zahlreichen Hörern nochmals die Frage gestellt werden, die sie nicht verstanden haben, manchmal akustisch, manchmal aufgrund der Aufregung. Mit diesem Hörerverhalten muß gerechnet, und es müssen vom Sender entsprechende Maßnahmen ergriffen werden.

Promotion-Technik: Telefon

Spiele mit Telefonbeteiligung, aber auch Umfragen, Musikwünsche per Telefon und Meinungsumfragen in der Sendung werden auch unter dem Stichwort *„call ins"* zusammengefaßt.

Roulette-Technik

Wahrscheinlich ist die Roulette-Technik der Klassiker überhaupt. Die Hörer werden aufgerufen, bei Sender XY anzurufen, um sich an einem Glücksspiel zu beteiligen. Eine Variante ist das Spiel *Jock in the box.* Dabei muß der Hörer erraten, welcher Moderator der Station ihm gleich von einer Cart oder einem Band zu seinem Gewinn gratulieren wird. Tipt er auf den richtigen Jockey, so erhält er einen Preis. Ziel der Promotion ist die Penetration der On-Air-Personalities, also der Moderatoren und Sprecher.

Für jede Gelegenheit gibt es unendliche viele Adaptionsmöglichkeiten dieses Spiels. Zu Weihnachten werden die Hörer gefragt, wieviele Tannenzapfen vom Baum fallen, zu Ostern, wieviele Eier gefunden werden, zur Fußball-WM, wieviele Tore im Studio fallen und so weiter.

Beispiel: Sponsoren und Werbekunden lassen sich hervorragend in diese Spieltechnik einbinden. Vom Sender *WPOP* im amerikanischen Hartford wird eine besonders erfolgreiche Aktion berichtet. Der Sender nahm auf Cartridges alle Fahrzeuge auf, die in den USA verkauft werden. Das Band gab jeweils folgende Geräusche wieder: Öffnen einer Garagentüre, Starten und Hochfahren des Motors, Herausfahren aus der Garage und Hupen. Ein Sprecher verkündete Modell und Typ, nachdem der Hörer zuvor seinen Tip abgegeben hatte. Lag er damit richtig, so gehörte das Fahrzeug ihm. Erwähnenswert: unter den Gewinnen der Sponsoren befanden sich Autos von Mercedes, BMW, Porsche und Rolls Royce.

Technisch wurde das Ganze mit sogenannten *Jingle-Karussells* gemacht, in denen sich, wie in einem Magazin, die Carts befinden. Der Moderator bedient nur einen Knopf und weiß selbst nicht, welche der Carts eingelegt wird. Der Anteil an Kleinwagen im Karussell war selbstverständlich höher, als der der hochwertigen Fahrzeuge. Das Ganze ist beliebig mit Reisezielen und -veranstaltern als Sponsoren adaptierbar.

Uhrzeiten-Spiel

Eine weitere Umsetzung des Glücksspiels ist das Uhrzeitenspiel. Der anrufende Hörer wird gefragt, in welche Richtung, Ost oder West, er starten möchte. Der Soundeffekt eines fliegenden Flugzeugs wird auf seinen Hinweis hin gestoppt. Der Hörer ist nun gefragt, die Uhrzeit jenes Ortes auf der Welt anzugeben, die ihm vom Moderator als Landeort des fiktiven Flugzeugs genannt wurde.

Jack-Pot

Eine Möglichkeit, den Jack-Pot zu spielen, ist das *Geld-Telefon.* Dabei wird Hörern zunächst der Stand des Jackpot verkündet. Der Mitspieler am Telefon ist nun aufgefordert, einem Band zuzuhören, welches das Einwerfen verschiedener Münzen in ein Münztelefon wiedergibt. Der Hörer hat den korrekten Stand des Jackpots, beziehungsweise den Betrag der eingeworfenen Münzen zu erraten. Liegt er richtig, gehört der Jack-Pot ihm, liegt er falsch, erhöht sich der Pot für den nächsten Kandidaten.

Die Mechanik findet in vielen Stationen als *Powerplay* oder *Kraftrille* eine Umsetzung. Dabei wird ein neuer Musiktitel zu Beginn der Woche als Kraftrille angekündigt, im weiteren Verlauf der Woche aber ohne Ankündigung besonders häufig im Programm gespielt. Erkennen die Hörer den Titel als Kraftrille, so sind sie aufgefordert, beim Sender anzurufen. Dem Hörer wird dann eine Frage zumeist aus dem Bereich Musikgeschichte gestellt. Beantwortet er diese korrekt, so gewinnt er den Jackpot, ansonsten erhöht sich dieser um einen fixen Betrag. Der Geldbetrag ist zumeist in Einkaufsgutscheinen eines Werbekunden, zum Beispiel eines Plattengeschäftes, erhältlich.

Akustische Ratespiele

Der Banddreher ist eine der simpelsten Formen der On-Air-Beteiligung von Hörern, weil sie jeder sofort versteht. Dabei wird dem Teilnehmer eine Melodie rückwärts, wahlweise auch zu schnell oder zu langsam vorgespielt. Der Hörer muß Titel und Interpreten erraten.

Die Herstellung regionaler Kompetenz läßt sich über das *Dialektspiel* herstellen. Diese Mechanik eignet sich vor allem für Sender mit einem schlagerorientierten, volkstümlichen Programmformat. Den Hörern werden kaum mehr gebräuchliche Worte aus verschiedenen Dialekten der Region vorgespielt. Das Spiel hilft vor allem, ältere Zielgruppen zur Beteiligung an einer Radioaktion zu motivieren. Heimatpflegeverbände sind dabei eine wahre Fundgrube für Hinweise.

Auf Sympathiewerte setzt man mit dem Spiel *Kindermund*. Dabei umschreiben Kinder einen Begriff, den die Hörer erraten müssen. Besonders vom Fernsehen wird diese Technik gerne verwendet.

Wissensspiele

Spiele wie *Einer gegen alle, Schlaumeier* oder *Trivial Pursuit* setzen auf den Typ ‚Besserwisser'. Viele Hörer beteiligen sich an solchen Wissensspielen nicht, aus Angst sich zu blamieren. Zumeist laufen die Spiele über mehrere Wochen oder bedürfen eigener Sendungen. Dabei wird ein Hörer aufgebaut, der als Wissenskönig fungiert. Andere haben die Chance, immer wieder gegen den aktuellen Champion mit Fragen aus allen gesellschaftlichen, kulturellen und politischen Bereichen anzutreten. Basis dieses Spiels sind zumeist Fragenkataloge, wie sie in zahlreichen Brettspielen des Spielwarenhandels erhältlich sind. Das Spiel unter dem Namen Trivial Pursuit wurde vom Hersteller des bekannten gleichnamigen Brettspiels finanziell unterstützt.Über Fragen, die sich auf Land und Region beziehen, die zum Sendegebiet der Station gehören, läßt sich hierüber ein regionaler Bezug herstellen. Der Sender verbessert zugleich seine Lokalkompetenz, die als Einschaltmotiv bei Hörern von Lokalsendern an Platz 1 steht.

Die Umsetzung dieser Mechanik in der Sendeform *Traumreise* ist besonders wegen ihres Preises sehr beliebt. Dabei haben die Hörer die Möglichkeit, nach dem Knock-out-Verfahren touristische Fragen zu einem Land oder einer Stadt zu beantworten. Der Sieger gewinnt eine Reise in dieses Land. Die Fragen und die als Preis zur Verfügung gestellten Reisen werden von Reiseveranstaltern oder Tourismusbüros gestellt, die als Sponsoren fungieren. Zumeist ist ein Vertreter des Sponsors als Schiedsrichter oder „akustischer Reiseleiter" im Studio anwesend und gibt kleine Hinweise und Tips.

Beispiel: Mit Aktualität und Nachrichten beschäftigt sich das Spiel *Fernschreiber*. Der Wiener Sender *Ö3* hat aufgrund des andauernden Erfolges seine Sendung „Das 100.000-Schilling-Quiz" zu einem festen Programmbestandteil gemacht. Dabei werden dem Teilnehmer Beiträge, Reportagen und

Nachrichten der vergangenen Woche vorgespielt. Der Moderator knüpft daran Fragen, wie den Namen wichtiger Entscheidungsträger, Orte des Geschehens und mehr. Ziel des Spiels ist es, die Hörer zu einer verstärkten Aufmerksamkeit gegenüber der aktuellen Berichterstattung des Senders zu motivieren. Sinngemäß: wer in der Woche aufpaßt, kann am Sonntag viel Geld gewinnen.

Eine tagesaktuelle Variante ist das *Fernschreiberspiel*. Dabei werden dem Hörer mehrere Meldungen des Tages verlesen, von denen eine falsch ist. Der Teilnehmer hat die falsche zu identifizieren.

Beispiel: Der Sender *hr3* vom Hessischen Rundfunk spielt mit seinen Hörern in einer Vormittagssendung das *Entenspiel*. Dabei handelt es sich um einen zumeist unwahrscheinlichen Korrespondentenbeitrag aus aller Welt. Der Hörer ist nun aufgerufen zu raten, ob es sich dabei um eine „Ente", also eine Lüge handelt oder nicht. Schnell haben die hr3-Hörer herausgefunden, daß die unwahrscheinlichsten Geschichten meistens wahr sind.

Beispiel: SWF3 spielte lange Zeit mit seinen Hörern ein *Statistikspiel*. Dabei traten nach dem Knock-out-Verfahren jeweils zwei Hörer gegeneinander an. Der Moderator zitierte aus aktuellen Statistiken, die bekanntermaßen zu allen möglichen und unmöglichen Lebenslagen erstellt werden. Derjenige Hörer, der dem offiziell ermittelten Wert am nächsten kam, erreichte die nächste Runde. Hauptsächlich wählte der Sender absurde oder unglaubliche Erhebungen aus, die dem Unterhaltungsanspruch der Sendung gerecht wurden.

Servicedienste

Der Hörer kann nicht nur für Spiele oder eine Programmgestaltung, sondern auch zu Servicediensten motiviert werden. Ein für das Image des Senders als schnellste Informationsquelle vorteilhafter Dienst war die Erfindung des *Phone Rangers*. Der Sender macht sich dabei die Neigung vieler Menschen zunutze, soziale Dienste an der Gesellschaft erfüllen zu wollen und als Gegengabe von dieser geehrt zu werden. Der Preis – wenn man so will – ist also kein materieller, sondern soziales Ansehen.

Als Phone Ranger kann sich jeder bewerben, der ein Fahrzeug und ein Autotelefon besitzt. Die Adresse wird in eine Kartei aufgenommen, zusammen mit der Autotelefonnummer. Der sich beteiligende Hörer erhält eine vertrauliche Code-Nummer und einen exklusiv für die Aktion gestalteten Aufkleber, der ihn als Phone Ranger des Senders ausweist. Der Aufkleber garantiert ihm sein Ansehen über den kleinen Kreis von Menschen hinaus, die ihn persönlich kennen: in seinem Fahrzeug kann jeder den ‚guten Helden' erkennen.

Vorrangige Aufgabe des Rangers ist die Übermittlung von Staus und Verkehrsproblemen an den Sender. Dies geschieht unter Nennung des vertraulichen Codes. Die Meldung wird dann im O-Ton – der Hörer ist also im

Radio zu hören – im Verkehrsdienst der Radiostation zwischen den anderen Meldungen gesendet.

Die Sender wissen, daß die Polizei Verkehrsprobleme erst dann weiterleitet, wenn alle anderen Aufgaben erfüllt sind. Bis dahin haben sich allerdings oft mehrere Kilometer Stau gebildet, manchmal sogar schon wieder aufgelöst.

Ziel einer weiteren Aktion ist es, über die ‚news you can use‘-Technik die Servicepositionierung des Senders herauszuarbeiten. In Vormittagssendungen werden Hörer dazu aufgerufen, ihren besten Haushaltstip zu verraten. Die besten Tips werden mit einem Blumenstrauß belohnt, den ein örtliches Blumengeschäft gegen entsprechende Nennung im Namen des Senders ausliefert.

Persönliche Nummern

Bedingt durch immer feinere Media-Analysen, in denen die großen Marktforschungsunternehmen die Hörgewohnheiten und Medienpräferenzen der Bevölkerung untersuchen, entwickeln Radiostationen Promotions, die eine besonders *hohe Hörerbindung* versprechen.

Beispiel: Einen großen Aufwand betrieb Radio *KLSY* in Washington. Der Sender legte mit Hilfe von Sachsponsoren und Werbekunden eine *Art Versandhauskatalog* auf, der zusammen mit einer *individuellen Nummer* an jeden Haushalt im Einzugsbereich des Senders verschickt wurde. Der Katalog beinhaltete fast 100 Geschenke, die, gemäß des Stationsnamens, in die Kategorien „K“, „L“, „S“ und „Y“ aufgeteilt waren. Zusätzlich gab es eine „Fantasy Line“ mit Überraschungspaketen und Geldpreisen. Insgesamt hatten die Präsente einen Wert von über 1 Million Dollar. Jeden Morgen zur besten Sendezeit wurde vom Moderator eine der verteilten Nummern aufgerufen. Identifizierte ein Hörer die Nummer auf seinem Katalog, so konnte er innerhalb von 15 Minuten beim Sender anrufen. Ein Glücksrad bestimmte dann eine der fünf Kategorien. Daraus konnte der Hörer einen Preis seiner Wahl aussuchen.

Einfacher läßt sich diese Aktion auch unter Beteiligung einer Handels- oder Fast Food-Kette durchführen. In allen Läden des unterstützenden Unternehmens sind Teilnahmekarten für die Aktion erhältlich, die vor Ort ausgefüllt und in eine Teilnahmekartenbox eingeworfen werden müssen. Täglich um die gleiche Zeit wird ein Name verlesen. Der Hörer hat dann 15 Minuten Zeit, sich zu melden, um einen Preis entgegenzunehmen.

Vorteil: Der Sender sammelt unendlich viele Adressen für andere Aktionen, auch für Bereiche wie Mitglieder-Club oder Direkt Marketing.

Familiennamen

Eine weitere Dimension erhält die Technik, wenn der Moderator ankündigt, es werde eine Familie Schmidt, Meier, Müller sein, die heute aufgerufen werde. Als nächstes fordert der Moderator alle Bekannten von Familien mit diesem Namen auf, diese darüber zu informieren, Radio XY einzuschalten, da sie heute möglicherweise ein unerwarteter Gewinn überraschen könnte.

Einfach absurd

Der bekannte amerikanische Moderator *Rick Dees* fordert seine Hörer gelegentlich dazu auf, den größten *Blödsinn mitzumachen* – zweifellos unterhaltsam. So suchte er in seiner Morgen-Show Hörer aus Los Angeles, die bereit waren, ein bekanntes Kinderlied im Programm zum besten zu geben – allerdings mit drei Eßlöffel Schokoladencreme im Mund. Ein anderer Hörer auf Leitung Zwei mußte erraten, um welchen Titel es sich handelt. War die Artikulation deutlich genug und der Tip des zweiten Mitspielers richtig, erhielten beide einen Preis.

Wünsche per Telefon

Die größte Erfolgsgeschichte im Radio sind *Wunschsendungen* aller Art. Jede Altersklasse möchte wünschen und grüßen und damit natürlich auch einmal auf dem Sender präsent sein. Wunschsendungen haben mit Abstand die größten Einschaltquoten und sind aus keinem Hörfunkprogramm wegzudenken. Die meisten Sender belassen es bei Musikwünschen. Vor allem bei Programmen für ältere Zielgruppen werden jedoch auch Grüße vermehrt zugelassen.

Große Sender erhalten Tausende von Anrufen pro Tag. Daher wird zumeist eine eigene Sammelnummer eingerichtet. Um den Aufwand zu minimieren, hängen an diesen Leitungen zwanzig bis dreißig Anrufbeantworter. Ein Produzent ist in Koordination mit einem Musikredakteur damit beschäftigt, die Anrufer und deren Wünsche nach den Grundsätzen des sendereigenen Musikformates auszuwählen und zu einer Sendung zusammenzustellen. Um der Sendung ihren Fluß zu erhalten, wird die Mischung aus Telefonanrufen und Plattenwünschen zusammengeschnitten und in der überarbeiteten Fassung gesendet, das heißt Grüße und überlange Monologe der Hörer auf das Wesentliche gekürzt.

Eine Live-Alternative ist das sogenannte *Off-Air-Editing*, das leider nur bei wenigen Stationen im deutschsprachigen Raum technisch vorgesehen ist. Dabei zeichnet der Moderator ein eingehendes Telefongespräch auf, während das Programm mit Musik weiterläuft. Die kurze Aufzeichnung, die eine Frage zum Programm, zum aktuell spielenden Titel, ein Wunsch oder eine Kritik sein kann, wird durch den Moderator im Studio rasch bearbeitet und nach Beendigung des gerade laufenden Musikstückes gesendet.

Vorteil: Die Hörer gewinnen den Eindruck, daß der Sender hörernah und für alle und alles offen ist. Keine Frage scheint zu dumm, alle werden ernst genommen und gewinnen subjektiv das Gefühl, das Radioprogramm beeinflussen und mitgestalten zu können.

Promotion-Technik: Post

Hörer machen Programm

Die Interaktion von Hörer und Sender befindet sich auf dem Höhepunkt, wenn der Hörer in die Lage versetzt wird, selbst ein komplettes Programm zu gestalten. Im Rahmen dafür geeigneter Sendungen, zum Beispiel im Vormittagsprogramm, sind die Wettbewerbe *Meine Musikgeschichte* oder *Meine Geschichte* populär geworden. Die Hörer werden aufgefordert, per Brief ihren Lieblingsmusiktitel mitzuteilen und eine Geschichte zu erzählen, die mit diesem Titel verbunden ist. Zumeist handelt es sich dabei um ‚unser Lied‘, das zwei Menschen symbolisch miteinander verbindet.

Am authentischsten stellt sich die Geschichte dar, wenn sie von der betreffenden Person selbst erzählt wird. Im Anschluß wird dann der Musiktitel gespielt. Alle anderen Hörer sind nun aufgerufen, aus den gesendeten Beiträgen ihre Lieblingsgeschichte zu wählen. Der Hörer mit der favorisierten Geschichte gewinnt einen Tagespreis, vielleicht ein Abendessen mit jener Person, die er mit diesem Musiktitel verbindet. Obwohl sich für die Hörer ein größerer Aufwand an diese Promotion knüpft, erhalten die meisten Stationen auf solch einen Aufruf mehr Post und Geschichten, als sie jemals senden können.

Eine Variante ist die Promotion *Love Letters* oder auch *Ich hab' Dich gern*. Hier haben vor allem jüngere Hörer die Möglichkeit, ihrer Liebe oder ihrem Liebeskummer über Gedichte und Briefe Ausdruck zu verleihen. Die Aktion hängt stark von gratwandlerischen Fähigkeiten des Moderators ab. Bei vielen Sendern entwickelt sich die Sendung nämlich zur unfreiwilligen Comedy-Show.

Wetten

Da die Wettervorhersage für den Hörer den höchsten Service-Wert darstellt, stellt die Wetter-Wette eine ideale Verknüpfung mit den Informationsserviceleistungen des Senders dar.

Beispiel: Regelmäßig spielt *Antenne Bayern* mit seinen Hörer die *Wetter-Wette*. So wurden die Hörer den Herbst über aufgefordert, Postkarten mit einem Tip einzusenden, wann im bayerischen Neuburg an der Donau wohl in jenem Jahr der erste Schnee fallen würde. Die Spieldauer erstreckte sich über drei Monate. Über 12.000 Hörer beteiligten sich an dieser Aktion, deren Hauptgewinn ein Winterurlaub in Tirol war.

Eine Variante der Wetterwette ist der *Moderations-Marathon*. Dabei stellt sich in den Sommermonaten ein Moderator zur Verfügung, der solange ‚non-stop‘ moderiert, bis zum Beispiel die Sonne wieder scheint. Die Hörer werden aufgefordert, auf Postkarten mitzuteilen, wieviele Tage oder Stunden der Moderator auf seinem Platz bleiben wird.

Über die Sommerferien werden die Hörer aufgerufen, *Urlaubs-Postkarten* aus ihren jeweiligen Urlaubsorten zu senden. Jene Hörer, die nicht verreisen, können statt dessen wetten, woher die am weitesten entferte Postkarte kommen wird. Als Hauptgewinn kann eine Reise in dieses Land ausgelobt werden.

Unterhaltung

Der Sender *WNBC* in New York rief seine Hörer dazu auf, die besten *Witze* einzuschicken, die sie kennen. Die Radiostation konnte aus über 15.000 Einsendungen wählen. Eine Jury prämierte die besten Witze mit Sach- und Geldpreisen.

Ratespiele

Auf Hörerbindung setzt der Wettbewerb ‚*Wer hat das gesagt?*‘. Eine Woche lang sind auf dem Sender Aussagen berühmter Persönlichkeiten zu hören. Das Publikum hat die Aufgabe, die Personen an der Stimme zu erkennen und über die Woche auf einer Postkarte zu notieren. Aus den richtigen Lösungen wird ein Gewinner gezogen.

Glücksspiele

Hier werden Hörer aufgefordert, die Seriennummer von einem 100-Mark-Schein auf eine Postkarte zu notieren und an den Sender zu schicken. Aus dem Topf der Einsendungen zieht der Moderator eine Nummer und verliest sie. Der Gewinner hat 60 Minuten Zeit, sich beim Sender zu melden. Gegen Vorlage des Originals wird der Hunderter verdoppelt.

Fax-Beteiligung

Das Fax hat mittlerweile eine Verbreitung erreicht, die es zuläßt, dieses Medium in allgemeine Publikumsspiele von Radiostationen miteinzubeziehen. Vor allem in Vormittagssendungen mit einem hohen Höreranteil unter berufstätigen Schichten, mit zahlreichen Büroangestellten, ist die Beteiligung per Fax enorm. Die Verschriftlichung läßt außerdem zu, daß die Hörer sich an komplexeren Aktionen, wie dem Schreiben von Gedichten und anderem beteiligen können.

Beispiel: Das *Faxfieber* ist eine Aktion, die *Antenne Bayern* lange und mit Erfolg gespielt hat. Der Sender erhielt bisweilen über 200 Faxe pro Tag von Mitarbeitern aus Unternehmen, die sich an der Gestaltung ihres Programmes aktiv beteiligen wollten. Jeweils zu Beginn der Sendung gab der Moderator eine Art ‚Motto‘ aus. Die Hörer sollten nun zu diesem Thema Kreativität entwickeln.

Die siegreiche Mannschaft – als Juror fungierte der Moderator selbst – bekam am Ende der dreistündigen Sendung einen Besuch von einem Vertreter des Senders abgestattet. Dazu fuhr ein Reporter mit einem Reportagewagen und einem Preis sowie mit Krapfen und Kuchen in das Büro des Teilnehmers oder des Teams. Diese wurden kurz interviewt, der Preis übergeben und im Studio ein Musikwunsch erfüllt.

Zusammenfassung

Das zentrale Motiv beim Einsatz von On-Air-Promotions ist die Nutzung der eigenen Möglichkeiten des Mediums. Damit werden, wie bei allen Promotionformen, zwei Zielsetzungen verfolgt:
- Hörer stärker an die Station zu binden
- Neue Hörer für den Sender zu gewinnen.

Mit den einzelnen Ansätzen, die in diesem Kapitel vorgestellt wurden, lassen sich unterschiedlichste Gewichtungen in der Imagepositionierung des eigenen Senders erzeugen. Es ist das Geschick des Managements, die verschiendenen Elemente über das Jahr hinweg zu einem stimmigen Gesamtbild zu formieren.

In jedem Fall benötigen Promotions einen wie auch immer gearteten „Aufhänger", um eine „reason for being", eine Existenzberechtigung zu erhalten. Diese Gründe können sein:
- Feiertage und Feste
- Geburtstag des Senders
- Unterhaltung und Spaß
- Gesellschaftliche Verantwortung
- Aktualität
- Saisonale Anlässe.

Eine Promotion ist immer nur so gut wie ihre Möglichkeiten zur Vernetzung mit anderen Kommunikations- und Marketinginstrumenten. Dazu gehört in erster Linie die Umsetzung im eigenen Programm. Ankündigungen durch vorproduzierte Trailer und Liner Cards für Moderatoren gehören ebenso dazu wie die Nachbearbeitung.

Zur Vernetzung der Promotion mit anderen Kommunikationsinstrumenten gehört ebenso, die Interessen möglicher Sponsoren und Werbekunden von vorneherein mit einzubeziehen sowie die Ziele und Absichten der Kunden als Maßstab für die Entwicklung des Events zu nehmen. Die Analyse der Kundenwünsche – Hörer und Werbekunden – sollte zur Entwicklung der Promotion beitragen, nicht die Vermarktung einer Idee des Programmdirektors. Der Trend vom Produktmarketing zum Kundenmarketing galt im Radio schon immer – und er gilt noch.

Famous Last Words

*„Keep your feet on the ground and
keep reaching for the stars."*

(Casey Kasems letzte Worte
jeder US Top 40-Sendung)

Literatur- und Quellenverzeichnis

The American Comedy Network "The Method to Madness" New York, 1995

Atschul, Kurt Müssen Hörer auch zuhören? Absatzwirtschaft 6/92

Bayerische Landeszentrale für neue Medien, Lokale Funkplanungsdaten 94/95 München, 1994

Bendixen, Peter Handbuch Kulturmanagement Stuttgart, 1992

Bunzel, Reed Guidlines for Radio: Promotion Washington, USA, 1981

Bunzel, Reed Guidlines for Radio: Promotion II Washington, USA, 1981

Bunzel, Reed Guidlines for Radio: Copywriting Washington, USA, 1982

David, Miles Making Money with Coop New York, USA, 1986

Du, Zeitschrift für Kultur Radio. Im Ohr die ganze Welt Zürich, 1994

Gesellschaft für Konsumentenforschung Strukturdaten Radiogebiet Würzburg Nürnberg, 1987

Gomez, Peter/Zimmermann, Tim Unternehmensorganisation: Profile, Dynamik, Methodik Frankfurt, New York, 1992

Interdisziplinäre Berater- und Forschungsgruppe, Basel. Studie zur wirtschaftlichen Tragfähigkeit von Lokalradios in Bayern, Basel, 1988

Infratest Kommunikationsforschung Lokalfunkanalyse Bayern München, 1992

IPA Hörfunk-Handbuch 1994 Hamburg, 1993

Journalist Job-Index 1992 Remagen, 1992

Keith, Michel C. Broadcast Voice Performance Stoneham, USA, 1989

Keith, Michael C. Radio Programming Stoneham, USA, 1987

Keith, Michael C. The Radio Station

Krause, Joseph M. Stoneham, USA 1989

Köhler, Anne Massenmedien im Wandel Referat, München, 1988

Kotler, Philip Marketing Management New Yersey, USA, 1989

Marking, Robert Guidlines for Radio: Promotion III Washington, USA, 1988

McDonald, Jack Handbook of Radio Promotion

Holsopple, Curtis R. Publicity & Promotion Blue Ridge, USA, 1991

Monday Morning Replay Fachzeitschrift Ausgabe 113

2. April 1990 Farmington Hills, USA

Moyes, William C. Successful Radio Promotions Washington, USA, 1988

Moyes, William C. Megasales Washington, USA, 1989

Olins, Wally Corporate Identity Frankfurt/New York 1990

Paiva, Bob The Program Directors Handbook Blue Ridge, USA, 1983

Stanko, Michael K. Die 10 Stärken des Hörfunks Hamburg, 1992

von La Roche, Walther Radio Journalismus

Buchholz, Axel München, 1988

Werben & Verkaufen Die Reichweiten der Media Analyse München, 1993

Abbildungsverzeichnis